TILO REICHOLD

AUFBRUCH
INS
ABENTEUER

NEW GENERATION-Media
AUDIO . VIDEO . PRINTMEDIEN . SHOP

Danke!

Ich möchte mich bei allen bedanken, die mich bei der Umsetzung der Arbeiten an diesem Buch unterstützt und beraten haben. Besonders danke ich meiner Frau Kessi, Dirk Strobel, Tanja und Andreas Walther, Sara Jorde, Marina Steinert, Michael Dost, Werner Tanner, Ulrike Millard, Roland Werner, Freia Reichold und der NEW GENERATION-Gemeinschaft. Danke für all eure liebevolle Unterstützung!

Impressum

© 2012 Tilo Reichold

2., überarbeitete Auflage, März 2015
© NEW GENERATION-Media
Augustusburger Str. 167, D-09126 Chemnitz
Tel.: +49 (0)371-8344290
Mail: info@newgeneration.de
www.NewGeneration.de

Satz und Layoutgestaltung: Michael Dost, Marina Steinert
Druck und Verarbeitung: GGP Media GmbH, D-Pößneck
Umschlagfotos: SUPER FOTO Chemnitz (Portrait), NEW GENERATION Fotoarchiv, © Artur Zebrowski - Fotolia.com (Hintergrundgrafik)
Fotos und Fotomontagen: privat, NEW GENERATION Fotoarchiv, © mrallen - Fotolia.com (Seite 35), © James Thew - Fotolia.com (Seite 252)

Printed in Germany
ISBN 978-3-9814598-1-4

Inhaltsverzeichnis

Vorwort des Autors

Ich freue mich, dass du dieses Buch zur Hand genommen hast und mich auf einer Lesereise durch einige besondere Stationen meines bisherigen Lebens begleitest. Für mich war es sehr spannend, noch einmal zurückzuschauen und vergangene Situationen wieder aufleben zu lassen und dabei zu entdecken, welche außergewöhnlichen Abenteuer und Erlebnisse hinter mir liegen.

Meine Geschichte erzähle ich nicht als inhaltlich vollständigen und chronologisch geordneten Sachbericht. Ich habe manches, was ich für dieses Buch nicht so wichtig empfand, weggelassen und wieder anderes etwas länger ausgeführt. In einigen Dialogen sind die Inhalte komprimiert oder mit Themen aus weiteren Gesprächen und Begegnungen dieser Zeit inhaltlich zusammengefasst. In Berichten früherer Erlebnisse habe ich aus Diskretionsgründen von den meisten Personen die Namen geändert.

Ich wünsche dir, dass dieses Buch auch für dich eine interessante Entdeckungsreise wird, auf der du Neues kennenlernst und vielleicht sogar selbst das Abenteuer deines Lebens findest.

Viel Freude beim Lesen!
Tilo Reichold

Teil

1

Auf der Suche
nach Leben

Kapitel 1
Wilde Zeiten

Zurück in die Vergangenheit

Es war ein trüber Wintertag. Der eisige Wind wehte mir ins Gesicht und fröstelnd stapfte ich in vorgetretenen Fußspuren durch den hohen Schnee. Ich hatte Mühe, die Stelle in dem tief verschneiten Gelände zu finden. Nach einigem Suchen stand ich vor einem schneebedeckten Hügel. Hier musste es sein! Ich bückte mich und begann den Schnee beiseite zu schieben, bis ich auf die darunter liegende Steinplatte stieß. Vorsichtig kratzte ich das Eis von der Platte. Langsam ließen sich Schriftzeichen erkennen. Mit meinen kalten Fingern wischte ich die eingravierten Buchstaben frei. Dann konnte ich ihn deutlich lesen: *den Namen meines Vaters.*

Minutenlang stand ich regungslos da und starrte auf die Schrift. In meinem Inneren begannen die Erinnerungen an meinen Vater aufzusteigen und immer wieder kreisten meine Gedanken um den schrecklichen Unfall, der ihn so plötzlich aus dem Leben gerissen hatte.

Ich musste an unsere letzte Begegnung denken. Wie anders wäre sie verlaufen, wenn ich geahnt hätte, dass wir uns nie wieder sehen! Damals war unser Verhältnis nicht immer das beste gewesen. Besonders mit Beginn meiner Teenagerzeit hatten wir uns oft missverstanden und gestritten.

Mein Vater hatte nicht mehr miterleben können, welchen Weg mein Leben seit meiner Jugendzeit genommen hatte.

Meine Gedanken schweiften zurück. Erinnerungen wurden in mir wach. Und je länger ich daran dachte, umso deutlicher stand der ganze Weg meiner Kindheit und Jugend vor meinem inneren Auge.

Ein schwieriges Alter

„Tilo, nach dem Essen müssen wir mal zusammen reden", sagte mein Vater mit ernster Miene, als wir mit unserer Familie am Frühstückstisch saßen.

„Wieso denn? Hab ich etwa wieder was ausgefressen?", gab ich kleinlaut zurück und ging in meinen Gedanken die letzten Tage durch.

‚Der Elternabend…!', schoss es mir plötzlich durch den Kopf. Gestern war mein Vater in der Schule zum Elternabend gewesen und nach solchen Treffen warteten meist keine Lobeshymnen auf mich. Und tatsächlich, mein Instinkt hatte mich nicht getäuscht. Als ich nach dem Frühstück allein mit meinem Vater am Küchentisch zurückblieb, kam er sofort auf das Thema zu sprechen.

„Gestern beim Elternabend hat mich deine Lehrerin beiseite genommen und mir erzählt, dass du dich mit einem Mitschüler geprügelt hast. Stimmt das?", fragte mein Vater und schaute mich mit seinen durchdringenden Augen an.

„Äh, naja, also… Es ist schon was dran an der Geschichte…", stammelte ich.

„Mein Sohn!", stöhnte mein Vater und gestikulierte dabei mit den Händen wie ein Dirigent vor seinem Orchester. „Du bist doch früher immer so gut in der Schule zurechtgekommen. Was ist nur mit dir los?", meinte er schließlich und stand kopfschüttelnd vom Tisch auf.

Nachdem er das Zimmer verlassen hatte, atmete ich tief durch.

‚Früher, als Kind, da bin ich ja auch noch gerne zur Schule gegangen', dachte ich in mich versunken. ‚Aber jetzt…'

Ich ließ meinen Kopf auf die Tischplatte fallen und träumte mich einen Moment lang in meine unbeschwerten Kindertage zurück.

Ich hatte eine wunderbare Kindheit und war in einem behüteten Elternhaus aufgewachsen. Zusammen mit meinen Eltern und meinem drei Jahre älteren Bruder wohnten wir in der ostdeutschen Stadt Chemnitz, die damals zu DDR-Zeiten Karl-Marx-Stadt hieß. Wir verbrachten als Familie viel Zeit in der Natur und es gab fast jedes Wochenende Wanderungen in die Umgebung. Unser Familienleben war sehr harmonisch und zu Hause wurde viel miteinander gesprochen, musiziert, gemalt und gebastelt. Meine Eltern nahmen sich viel Zeit für uns und Langeweile war für mich ein Fremdwort. Meine Kindheit war ein richtiges kleines Paradies.

‚Ja, damals war alles so einfach...', dachte ich, während ich am Küchentisch saß und in Erinnerungen an meine Kindheit schwelgte. Doch jetzt war das Leben anders. Ich war zwölf Jahre alt und da musste man sich in der Klasse behaupten, mit den anderen mithalten und durfte keine Schwäche zeigen. In unserer Schule gab es Prügeleien und Rivalitätskämpfe zwischen verschiedenen Cliquen. Und dann war da noch die Gruppe Jungs aus der Parallelklasse, die mit unserer Klasse verfeindet war. Vor allem mich hatten sie auf dem Kieker und nicht selten lauerten sie mir auf dem Nachhauseweg auf und dann gab es Gruppenkeile.

Aber von diesen Dingen wussten meine Eltern nichts. Wie sollten sie auch, ich hatte ja gar nicht erst versucht, ihnen davon zu erzählen. Sicher wären sie schockiert gewesen, wenn sie mitbekommen hätten, in welche Einflüsse ich durch manche Schulfreunde geriet. Vor allem mein Vater durfte nichts davon erfahren. Er war Erziehungswissenschaftler und wurde später zum Professor an der Universität berufen. Für ihn als Pädagoge wäre es unerträglich gewesen zu erfahren, dass sein eigener Sohn mit zwielichtigen Freunden herumhing und krumme Sachen machte.

Heimlichkeiten nach der Schule

„Nicht paffen! Du musst auf Lunge rauchen!", lachte mich mein Schulfreund Kalle aus.

Ich hatte keine Ahnung, was ,auf Lunge rauchen' sein sollte. Doch nachdem ich es auf Kalles Anweisung hin probiert hatte, wurde mir plötzlich ganz schlecht.

„Das ist ganz normal am Anfang", meinte Kalle belehrend, als er meine blasse Gesichtsfarbe bemerkte.

„Aber das schmeckt ja total eklig!", gab ich entrüstet zurück.

„Da gewöhnst du dich schon dran", machte er mir Mut.

Ab diesem Tag wurde ich Kalles Rauchpartner und wir trafen uns regelmäßig nach der Schule, um zusammen mit unseren Glimmstängeln abzuhängen.

Da es zu DDR-Zeiten noch keine Automaten gab, war es gar nicht so einfach, an Zigaretten heranzukommen. Es blieb nur der Weg zur Kaufhalle und dort musste man irgendwie mit der Verkäuferin zurechtkommen. Meine übliche Methode war, einen Zettel vorzulegen, der so aussah, als hätte ihn mein Vater geschrieben. Darauf war die Bitte formuliert, dem Sohn ausnahmsweise Zigaretten auszuhändigen, weil sich Papa das Bein gebrochen habe. Weil ich die Sache mit der Schrift meist ziemlich gut hinbekam, klappte das in der Regel auch. Doch eines Tages kam es zu einer verhängnisvollen Begegnung in der Kaufhalle. Gerade als ich mit den Zigaretten an der Kasse stand und die Verkäuferin meinen Zettel beäugte und auf dessen Echtheit zu prüfen versuchte, kam ein Polizist zur Tür herein. Und plötzlich hatte die Verkäuferin eine schreckliche Idee.

„Herr Wachtmeister, können Sie mir bitte mal helfen und sich den Zettel dieses Jungen hier anschauen?", rief sie dem Polizisten zu. Mir stockte der Atem und als sich der Polizist langsam näherte, bekam ich vor lauter Aufregung einen feuerroten Kopf. Der Beamte hätte sich das Überprüfen des Schreibens eigentlich sparen können, denn schon mein zu Tode erschrockener Gesichtsausdruck verriet alles.

„Na, da wollen wir mal schauen!", sagte der Polizist und nahm den Zettel in die Hand, während ich zitternd neben ihm stand und auf die Urteilsverkündung wartete.

„Das soll dein Vater geschrieben haben?!", donnerte er plötzlich los und packte mich am Arm, damit ich nicht flüchten konnte. Es wurde ein rabenschwarzer Tag für mich, der sich tief in meinem Gedächtnis eingrub.

So hatte es nicht lange gedauert, bis auch meine Eltern von meinem heimlichen Zigarettenrauchen erfuhren. Der Ärger blieb nicht aus. Meine Eltern waren entsetzt und ich musste hoch und heilig versprechen, dass ich zukünftig meine Finger von den Glimmstängeln lassen würde. Von da an grübelte ich ständig darüber nach, wie ich in unserer Wohnung ein passendes Versteck für meine

Zigaretten finden könnte. Von einem Schulfreund hatte ich gehört, wie seine Eltern die Kinderzimmerschränke durchsucht und dort seine Schachteln entdeckt hatten. So war ich gewarnt. Schließlich kam ich auf eine glorreiche Idee: Ich musste die Zigaretten dort verstecken, wo meine Eltern es am wenigsten vermuten würden. Und das war in ihrem Schlafzimmer. Unter den großen Kleiderschränken gab es einen kleinen Spalt, der für die Zigarettenschachteln wie geschaffen war. Dort legte ich nun mein Lager an und es erwies sich tatsächlich als sicheres Versteck.

Probleme in der Schule

„Tilo, komm doch mal vor zu mir!", sagte der Lehrer mit strengem Tonfall und winkte auffordernd mit seiner Hand.

„Ich??", gab ich ungläubig von meinem Platz in der hintersten Reihe zurück. „Was soll ich denn schon wieder gemacht haben?", stöhnte ich, während alle Mitschüler lachten.

„Das kannst du in wenigen Minuten schwarz auf weiß selbst nachlesen. Bring dein Hausaufgabenheft mit und komm vor!", herrschte mich der Lehrer an.

So kassierte ich wieder einmal einen Eintrag. Und das nur, weil ich eine Brieftaube gebastelt hatte, die aus Versehen ihr Ziel verfehlte und nicht wie geplant durch das offene Fenster auf den Schulhof geflogen war, sondern vorn an der Tafel unmittelbar neben dem Kopf des Lehrers einschlug.

Irgendwie passierten mir solche Dinge am laufenden Band. Es dauerte nicht lange, da bekam ich meinen ersten Verweis, weil ich in der Pause wieder einmal bei einer Prügelei mit anderen Schülern erwischt wurde. So gab es in der Schule immer mehr Probleme und mit der Zeit wuchsen meine Einträge zu einer regelrechten Sammlung an.

Je schwieriger ich in meinem Teenageralter wurde, umso mehr versuchten meine Eltern mit allen möglichen gut gemeinten Mitteln auf mich einzuwirken.

Eine ihrer Ideen war, mich mit in die Kirche zu nehmen. Meine Mutter ging bereits seit einigen Jahren zur Kirche. Mein Vater hatte sich immer dagegen gesträubt und betont, dass für ihn als Wissenschaftler so etwas nicht in Frage käme. Doch eines Tages erklärte er zum großen Erstaunen meines Bruders und mir, dass er jetzt auch an Gott glaube und ab da gingen meine Eltern sonntags gemeinsam zum Gottesdienst. Auch meinen Bruder und mich versuchten sie nun dafür zu begeistern.

15

Aber für zwei Jungen im Teenageralter waren Kirchenbesuche und Orgelmusik nicht gerade das Spannendste. Es dauerte nicht lange, da konnten wir durchsetzen, dass wir nicht mehr mitgehen mussten. Von da an nutzten wir die sonntägliche Abwesenheit unserer Eltern für unsere speziellen Fußballturniere, die im Flur unserer Wohnung stattfanden und bei denen so manches Inventar zu Bruch ging.

Bei den Hooligans

Eines Tages kam mein Freund Kalle nach der Schule auf mich zu und sagte: „Tilo, was hältst du davon, wenn wir am Samstag ins Fußballstadion gehen? Der Club spielt gegen Union Berlin."

Ich hatte mich bis dahin kaum mit Fußball beschäftigt. Natürlich wusste ich, was „der Club" war, nämlich der FCK – der Fußballclub Karl-Marx-Stadt. Aber bei einem Spiel war ich bisher noch nie gewesen. Ich hatte keine Ahnung, was mich dort erwarten würde, aber aus reiner Neugier sagte ich Kalle spontan zu.

Drei Tage später erlebte ich meinen ersten Stadionbesuch. Sobald ich auf der großen Tribüne zwischen all den grölenden Jugendlichen stand, war ich wie verzaubert. Es war, als hätte mir jemand eine Droge injiziert, von der man sofort abhängig wird.

„Kalle!", sagte ich begeistert und packte ihn euphorisch am Arm. „Ab heute werde ich zu jedem Spiel gehen!"

Von diesem Augenblick an wurde der Fußball mein neuer Lebensinhalt.

Die Hooligans faszinierten mich total und so wie sie waren, wollte ich auch sein. Schon nach kurzer Zeit rutschte ich immer tiefer in die Szene hinein. Dort erlebte ich erstmals etwas, was mich wirklich begeisterte: eine Gruppe, die hingegeben für eine gemeinsame Sache zusammenstand. Hier wurde leidenschaftlich und aus voller Kehle gesungen und das nicht nur im Stadion. Selbst wenn Kalle und ich nur zu zweit auf der Straße unterwegs waren, grölten wir unsere Fangesänge. Jeder sollte es sehen und hören: Hier kommen Fans vom FCK!

Deshalb begann ich auch, mich von Kopf bis Fuß in den Farben meines Fußballclubs zu kleiden. Dafür waren mir weder Zeit, Mühe noch Kosten zu viel. Das Problem war nur, dass es damals zu tiefsten DDR-Zeiten die meisten Fußball-Fanartikel nicht zu kaufen gab. Man musste sich den Fan-Schal selbst stricken.

Handarbeit

„Hallo Oma!", sagte ich mit lieblicher Stimme, als ich einige Tage später vor ihrer Tür stand.

„Na, das ist aber lieb, dass du mich mal wieder besuchst!", freute sie sich und bat mich herein.

„Sag mal, Oma... könntest du mir vielleicht das Stricken beibringen?", kam ich vorsichtig zur Sache.

„Du willst Handarbeit erlernen?!", strahlte meine Großmutter und konnte es kaum fassen, dass aus ihrem Enkelkind doch noch etwas Gutes zu werden schien.

„Naja..., also ich dachte, so etwas zu lernen, kann ja nicht schaden...", gab ich mit einem verlegenen Räuspern zurück.

So lernte ich bei meiner Oma stricken und nach einigen Wochen hatte ich meinen ersten Fan-Schal fertig. Doch der Schal war nicht alles, was ich brauchte. Zur Komplettierung meiner Fankleidung fehlten noch ein Stirnband und ein Emblem zum Aufnähen auf die Jacke. So machte ich mich wieder auf den Weg zu meiner Großmutter und lernte noch häkeln für das Stirnband und sticken für den Aufnäher. Meine Oma war richtig begeistert, dachte sie doch, das brave Enkelkind wird als nächstes auch noch klöppeln lernen und sich dann einem Folkloreverein anschließen.

Tatsächlich kam ich in dieser Zeit immer wieder zu meiner Oma, um neue Wolle für das Stricken zu erbitten. Aber das hatte einen ganz anderen Grund und es wäre furchtbar gewesen, wenn sie ihn erfahren hätte.

Weil ich damals noch ziemlich jung und dementsprechend körperlich klein war, kam es immer wieder vor, dass ich von gegnerischen Fans gerupft wurde (‚rupfen' heißt in der Fansprache, dass man seiner Fankleidung beraubt wird). Der Schal war fort und das Stirnband zerrissen.

Doch das war noch das Harmloseste, was passieren konnte. Einmal geriet ich im Dresdner Hauptbahnhof unter eine gegnerische Fangruppe. Hooligans von Dynamo Dresden stießen mich zu Boden und traktierten mich anschließend mit Fußtritten. Als ich einige Zeit später wieder bei meinen Kumpels auftauchte, waren meine himmelblau-weißgestreifte Hose und mein T-Shirt mit vielen Fußabdrücken verziert. Und darunter waren dicke blaue Flecke, die farblich ganz und gar nicht mit den Vereinsfarben unseres Clubs harmonierten.

Je tiefer ich in die Hooligan-Szene hineinrutschte, umso mehr machten sich meine Eltern Sorgen. Meine Mutter sagte immer, dass sie für mich bete. Das fand ich auch ganz gut, aber zu dieser Zeit hatte ich keine wirkliche Antenne für so etwas. Mein ganzes Leben drehte sich während meiner Teenagerzeit um den Fußball. Jeden Samstag war ich im Stadion und auch in der Woche gab es kein anderes Thema für mich.

Doch gegen Ende meiner Schulzeit, als ich sechszehn Jahre alt war, lernte ich plötzlich eine ganz neue Welt kennen.

Die Kommune

„Tilo, willst du übers Wochenende mal mit nach Leipzig fahren?", lud mich mein Bruder eines Tages ein.

„Wirklich?", fragte ich begeistert.

Ich wusste sofort, was gemeint war. Am Stadtrand von Leipzig gab es ein altes Haus, in dem sich in einer Art Kommune die Szene traf: Alternative, Hippies und Punker. Mein Bruder war schon seit etlichen Jahren mit diesen Leuten befreundet und fuhr zusammen mit einigen anderen Kumpeln fast jedes Wochenende dorthin. Er hatte mir schon viele aufregende Storys aus der Kommune erzählt und ich war ganz aus dem Häuschen, dass er mich nun mitnehmen wollte.

„Ich komme auf jeden Fall mit!", sagte ich begeistert und konnte mein Glück kaum fassen.

Zwei Tage später saßen wir im Zug in Richtung Leipzig. Ich war ziemlich aufgeregt und gespannt auf das, was mich in der Kommune erwarten würde. Als wir einige Stunden später an dem alten Haus ankamen und ich all die verrückten Typen sah, war ich sofort fasziniert. In einem Garten vor dem Haus campierten etwa zwanzig Jugendliche mit langen Haaren, krassen Klamotten und ausgeflippten Frisuren. Sie hingen in kleinen Grüppchen auf der Wiese herum, tranken Bier und rauchten, während aus einer Anlage laute Rockmusik dröhnte.

Mit meinem Bruder in der Kommune

18

Mein Bruder kannte alle Leute und begrüßte jeden Einzelnen mit Handschlag. Ich selbst stand etwas schüchtern mit meinem Schlafsack unterm Arm auf der Wiese und beäugte respektvoll die Jugendlichen, die alle wesentlich älter waren als ich.

„Hast wohl deinen Kleinen mitgebracht?", fragte einer der Typen meinen Bruder und zeigte grinsend auf mich.

Dann kam er auf mich zu und drückte mir eine Bierflasche in die Hand. Mit dieser Geste war ich in der Gruppe akzeptiert und ich empfand es als eine Ehre, dass ich mit unter den Großen sein durfte. Gleich am ersten Abend gab es eine Party, so wie ich sie bis dahin noch nie erlebt hatte. Kästenweise wurde Bier und Wein herangeschleppt und nach diesem Abend hatte ich das erste Mal in meinem Leben einen solchen Filmriss, dass ich erst am nächsten Mittag wieder zu mir kam.

Gegen das System
Nach diesem Wochenende zog es mich wie magnetisch zu dem Freundeskreis meines Bruders hin. Er war mit einer ganzen Gruppe von alternativen Jugendlichen befreundet; er kannte Punker, Hippies und andere interessante Typen. Eine große Szene, die auf verschiedene Weise gegen den sozialistischen Staat rebellierte.

Je länger ich mit den Leuten zu tun hatte und je tiefer ich in dieser Szene verankert war, umso begeisterter realisierte ich: Hier ging es um etwas Größeres als Fußballspiele – hier ging es um Freiheit, Gerechtigkeit und Politik.

Auch ich hatte bereits während der Schulzeit eine zunehmende Abneigung gegen das DDR-System entwickelt. Die rote Propaganda war in der Schule allgegenwärtig. Schon früh vor der ersten Unterrichtsstunde ging es los: Alle sollten aufstehen, zum sozialistischen Pioniergruß die Hand erheben und ein Loblied auf den Kommunismus singen: *„Ich trage eine Fahne und diese Fahne ist rot..."*, tönte es jeden Morgen durch das Klassenzimmer.

Etwas in mir sträubte sich zutiefst dagegen. Ich sehnte mich nach Demokratie und Freiheit, wo jeder seine Meinung sagen konnte, ohne dass ein staatlicher Kontrollapparat vorgab, was man reden durfte und was nicht. Je älter ich wurde, umso mehr wuchs in mir eine Aversion gegen das sozialistische Programm und irgendwann wollte ich diesen ganzen Zirkus einfach nicht mehr mitmachen. Meinem Bruder ging es ähnlich wie mir.

So verweigerten wir schließlich als Einzige von der ganzen Schule die staatlich verordnete Jugendweihe und den Eintritt in die DDR-Jugendorganisation FDJ (Freie Deutsche Jugend). Das brachte uns natürlich die Feindschaft der Lehrer ein. Wir wurden mehrfach von der Schulleitung verhört und es gab unterschiedliche Schikanen. Meinem Bruder wurde unter anderem der Weg zum Studium versperrt und das, obwohl er zu dieser Zeit Klassenbester war.

Neue Freunde

Nach Ende meiner Schulzeit entschied ich mich für eine handwerkliche Lehrausbildung. Ich empfand es als eine große Erlösung, nicht mehr den ganzen Tag auf der Schulbank sitzen und mir theoretische Vorträge anhören zu müssen. Auf der Baustelle konnte man mal richtig zupacken und etwas Sinnvolles mit seinen Händen schaffen. Das machte mir große Freude.

Die Verbindungen zu meinen früheren Freunden aus der Schule rissen schnell ab. Auch meinen Fußballkumpel Kalle sah ich kaum noch. Ich hatte mich inzwischen komplett aus der Hooliganszene verabschiedet.

Über den Freundeskreis meines Bruders lernte ich etliche neue Leute kennen, mit denen ich nun zunehmend meine Freizeit verbrachte. Einer davon war ein Punker mit Irokesenschnitt, der mit einer Ratte unter der Jacke herumlief und zu Hause neben seinem Bett einen Totenschädel stehen hatte. Ein anderer war ein ausgeflippter Hippie, der tablettensüchtig war und immer leicht zugedröhnt mit halboffenen Augen durch die Gegend schlich. Mit ihnen und weiteren speziellen Typen bildete sich ein großer Freundeskreis, der sich jedes Wochenende traf, um irgendwelche verrückten Aktionen zu starten.

Eine dieser Aktionen war die unvergessliche Fete zu meinem siebzehnten Geburtstag, bei der sämtliche Wände meines Kinderzimmers, einschließlich der Decke, von Punkern und anderen Freunden mit Farbe beschmiert und mit anarchistischen Sprüchen bepinselt wurden.

Ich hatte die Party wohlweislich extra auf ein Wochenende gelegt, an dem meine Eltern verreist waren, damit ich hinterher wieder eine gewisse Grundordnung herstellen konnte. Doch nach der Aktion mit den beschmierten Wänden war es unmöglich, die Wohnung so schnell wieder auf Vordermann zu bringen. Und als meine Eltern heimkehrten, bekamen sie einen ziemlichen Schock.

Musik und Politik

Unter den vielen Kontakten in unserer Szene hatte ich innerhalb der letzten Jahre einige besondere Freunde gefunden. Einer von ihnen war ein langhaariger Typ, der von allen Engel genannt wurde, obwohl dieser Spitzname nicht unbedingt auf ein braves Verhalten zurückzuführen war.

Engel und ich entdeckten schnell eine gemeinsame Leidenschaft: die Musik. Bereits als Teenager hatte ich begonnen E-Gitarre zu spielen und zusammen mit meinem Bruder eine Band gegründet. Nun erweiterten wir die Band. Es kamen Engel und noch einige andere Kumpel mit dazu. Unsere Musik war im Grunde genommen ein einziger wirrer Krach. Aber das war eben die Art Musik, die uns damals gefiel.

„Ich habe eine neue Aufnahme von den ‚Scherben'!", rief Engel eines Tages begeistert und zog mit leuchtenden Augen die Scheibe aus der Tasche.

„Na, dann leg mal rein", bettelte ich ungeduldig.

Die nächsten Minuten saßen wir wie gebannt vor der Stereoanlage und lauschten den Liedern unserer Lieblingsband. ‚Die Scherben' war eine Punkband aus Westdeutschland. Wir sangen ihre Songs hoch und runter. In den Texten ging es um soziale Ungerechtigkeit und dergleichen.

Obwohl wir in der DDR mit ganz anderen Problemen zu tun hatten, faszinierte uns die Musik total. Besonders packte es meinen Bruder und mich. Inspiriert durch die Texte der Band wollten auch wir gegen das System aktiv werden.

Eines Tages kamen wir auf die Idee, einen Schriftzug in der Stadt anzubringen. Am Anfang schien alles ganz harmlos, doch dann kamen wir immer mehr in gefährliche Gewässer.

Silvester hinter Gittern

Es war am Silvesterabend 1987. Gegen 22.00 Uhr trafen sich mein Bruder, Engel, seine Freundin und ich. Wir hatten uns diesen Tag extra für unsere Aktion ausgesucht, damit unser Einsatz durch den Lärm der Feuerwerkskörper nicht auffiel. In unserer Stadt gab es einen langen Fußgängertunnel, der direkt unter dem Hauptbahnhof durchführte. Dort wollten wir unseren Schriftzug anbringen, so dass er am nächsten Tag von all den Menschen gelesen würde, die durch den Tunnel zum Bahnhof liefen.

21

Wir wussten, wie heikel so etwas war und dass die Staatssicherheit ihre Augen und Spione überall hatte und man auch nie sicher sein konnte, ob das Telefon abgehört oder man von jemandem verpfiffen wurde. Als wir am Bahnhoftunnel ankamen, fingen Engel und ich sofort an, unsere Sachen auszupacken und alles für die Aktion vorzubereiten. Mein Bruder stand inzwischen Wache und beobachtete die Straße. Während ich vorsichtig die ersten Buchstaben an der Wand anbrachte, gab es plötzlich auf der Straße ein verdächtiges Geräusch. Mir stockte der Atem. Sekunden später kam mein Bruder um die Ecke geschossen und schrie: „Die Bullen kommen! Die Bullen!!"

Wir rannten sofort los.

Doch es war bereits zu spät. Von zwei Seiten wurden wir von Polizeiautos eingekreist und nach wenigen Minuten war die Jagd zu Ende.

„An die Wand stellen!", brüllte ein aus dem Fahrzeug springender Polizist und gab mir einen Stoß, der mich an die gegenüberliegende Mauer beförderte.

Nachdem mich der Polizist ziemlich unsanft durchsucht hatte, wurde ich in eines der Einsatzfahrzeuge gezerrt. Die anderen waren bereits abtransportiert worden. Während der Fahrt zum Polizeirevier musste ich plötzlich an einen Nachbarn aus unserem Haus denken. Erst vor kurzem war er für mehrere Monate ins Gefängnis gekommen, nur weil er eine DDR-Fahne in eine Mülltonne geworfen hatte. Politische Vergehen wurden in der DDR hart bestraft. Das wusste ich.

‚Gott, bitte hilf mir!', betete ich innerlich. ‚Komisch, dass man sich immer an den lieben Gott erinnert, wenn man in Not ist', dachte ich.

Doch im nächsten Moment wurde ich jäh aus meinen Gedanken gerissen.

„Aussteigen! Hier lang und etwas schneller!", wurde hinter mir her kommandiert, während ich durch die Eingangstür des Reviers stolperte.

„Mit gestreckten Beinen an die Wand stellen und nicht bewegen!", kam der Befehl im schroffen Ton.

Für die nächsten zwei Stunden musste ich in dieser Stellung auf dem Gang verharren. Danach wurde ich in ein kleines Zimmer geführt und von mehreren Polizisten verhört. Sie setzten mich an einen Tisch, auf dem eine große Flutlichtlampe stand, die mir direkt ins Gesicht strahlte. Hinter der Lampe standen die Polizisten. Das Licht blendete so hell, dass ich sie nicht sehen konnte. Dafür hörte ich ihr Brüllen und Toben umso lauter.

Nachdem das Verhör endlich zu Ende war, wurde ich in einen Raum gebracht, in dem ich zu meiner großen Erleichterung wieder mit meinen Freunden zusammentraf.

„Psst! Nur ins Ohr flüstern. Das Zimmer wird abgehört!", raunte ich meinen Freunden leise zu, nachdem der Polizist den Raum verlassen hatte. Endlich waren wir wieder unter uns und konnten uns austauschen.

„Was haben sie denn dort drin mit dir gemacht?", fragten mich die anderen aufgeregt. „Wir haben es bis hierher gehört, wie sie dich angebrüllt haben!"

Nachdem jeder flüsternd von seinen Erlebnissen berichtet hatte, harrten wir der Dinge. Keiner hatte eine Ahnung, was uns als nächstes erwarten würde. Wir schauten gedankenversunken durch die vergitterten Fenster. Draußen waren nur noch vereinzelt Feuerwerkskörper am Himmel zu sehen. Der Jahreswechsel war längst vorbei.

Plötzlich flog die Tür auf. Ein Polizist kam herein und gab uns das barsche Kommando, ihm zu folgen. Schweigend führte er uns einen langen Gang entlang. Mit einem mulmigen Bauchgefühl liefen wir ihm hinterher. Am Ende des Gangs öffnete der Polizist eine Tür. Als wir durch die Tür blickten, konnten wir kaum glauben, was wir sahen: Wir schauten ins Freie!

„Das war's erstmal für heute", sagte der Mann wortkarg und deutete mit seiner Hand nach draußen.

Wir konnten unser Glück nicht fassen. Gerade noch hatten wir uns auf das Schlimmste gefasst gemacht und nun waren wir plötzlich in der Freiheit. Wir schauten uns an und holten tief Luft. Das war nochmal gut gegangen!

Jeder von uns wusste in diesem Augenblick: Das hätte alles ganz anders enden können. Es war für uns wie ein Wunder, dass die Sache solch ein harmloses Ende gefunden hatte.

Und als ich früh am Morgen wieder zu Hause ankam, hatte ich nur noch einen Wunsch: dass meine Eltern nie von der Aktion erfahren, sondern weiterhin in ihrem Glauben blieben, dass ich die Silvesternacht bei Freunden verbracht hatte.

Ich will Rockmusiker werden

„Tilo, ich hab' einen Proberaum gefunden!", rief Engel euphorisch, als er eines Tages vor meiner Wohnungstür stand. Er fuchtelte aufgeregt mit seinen Schlagzeugstöcken herum und verkündete die Neuigkeit: „Wir können in der Kneipe von den Eltern meiner Freundin proben!"

„Das ist ja absolut!", gab ich begeistert zurück.

Als wir wenige Wochen später den Proberaum einräumten, nahm Engel mich beiseite.

„Was hältst du eigentlich davon, wenn wir eine neue Band gründen? Ich weiß nicht, ob das mit den anderen wirklich etwas wird."

„Ich hätte es mir nie getraut zu sagen, aber genau derselbe Gedanke geht mir seit einiger Zeit auch durch den Kopf", gab ich zurück.

Je länger wir in der bisherigen Band gespielt hatten, umso deutlicher war uns bewusst geworden: Die anderen wollten einfach nur ein bisschen Krach machen und rumklimpern, aber wir wollten mehr. Nun war die Idee geboren und die Sache musste jetzt nur noch den anderen verklickert werden.

Natürlich war das bald darauf stattfindende Gespräch nicht gerade einfach und für manche unserer Kumpel brach eine kleine Welt zusammen. Doch für Engel und mich stand fest: Jetzt geht es erst so richtig los! Uns beide hatte die Leidenschaft für die Rockmusik gepackt und wir entdeckten bei uns auch ein gewisses Talent dafür. Engel spielte Schlagzeug und ich war Gitarrist und Sänger. Es dauerte nicht lange und wir fanden noch weitere Musiker, die unseren großen Traum teilten. Gemeinsam gründeten wir eine neue Band.

Ab diesem Zeitpunkt wurde die Musik mein ganzer Lebensinhalt. Ich kehrte der alternativen Szene den Rücken und widmete mich immer mehr meiner Musikerkarriere. Nachdem ich in den letzten Jahren viele Dinge gemeinsam mit meinem Bruder gemacht hatte, gingen unsere Wege nun zunehmend auseinander. Meine gesamte freie Zeit verbrachte ich mit Üben, Lieder schreiben und Bandproben.

Jeden Tag spielte ich stundenlang Gitarre und mehrmals in der Woche traf ich mich mit Engel und den anderen Bandkollegen bis spät in die Nacht zur Probe. Und irgendwann kam der lang ersehnte erste Auftritt. Ich war begeistert!

Endlich hatte ich ein klares Ziel vor Augen, ein Ziel, für das es sich zu leben lohnte: Ich wollte Berufsmusiker werden! Für diesen Traum war ich bereit, meine ganze Zeit und Energie einzusetzen. Und das tat ich auch. Ich ordnete in den kommenden Jahren alles meiner Musikerkarriere unter und arbeitete zielstrebig auf die Erfüllung meines Traums hin.

Neue Freiheit

„Ich werde übrigens nächste Woche ausziehen", verkündete ich meinen Eltern kurz nach meinem achtzehnten Geburtstag so ganz nebenbei.

„Du willst was…?", fragte meine Mutter und schaute mich mit großen Augen an. Doch bevor sie irgendetwas einwenden konnte, ergriff mein Vater das Wort: „Wenn du meinst… Du bist ja jetzt volljährig und kannst selbst entscheiden. Aber dann musst du auch alle Konsequenzen für deine Entscheidungen tragen, auch finanziell", sagte er in seiner typisch sachlichen Art.

„Aber wovon willst du dir denn die Wohnung einrichten? Du hast doch gar kein Geld. Und wie willst du die Wäsche waschen und…?"

„Ach Mutti!", sagte ich leicht genervt. „Das ist doch alles gar nicht so wichtig! Außerdem muss ich jetzt los zur Bandprobe."

Damit war die aufkommende Diskussion abgeschnitten. Die Katze war aus dem Sack und die Verhältnisse geklärt.

Wenige Tage später packte ich meine Sachen zusammen und nahm Abschied von meinen Eltern. Es war ein schneller Umzug, denn ich hatte nicht viel mitzunehmen: ein paar Klamotten, einen Schlafsack und meine Gitarre.

Gemeinsam mit einigen anderen Typen zog ich in ein leerstehendes Haus im Chemnitzer Stadtteil Hilbersdorf. Das Gebäude war total heruntergekommen. An meiner Wohnungstür gab es nicht einmal ein Schloss. Jederzeit hätte man die Tür einfach aufklinken und hereinkommen können, auch nachts wenn ich schlief. Aber damals störte mich das alles relativ wenig.

In meinem Wohnzimmer richtete ich den Proberaum für unsere Band ein. An fast jedem Abend dröhnten nun bis spät in die Nacht Schlagzeug und E-Gitarrenklänge. Im Sommer probten wir sogar manchmal mit offenem Fenster. Die benachbarten Anwohner hatten in dieser Zeit wirklich viel zu ertragen.

Wenige Wochen nach dem Umzug kam meine Mutter mit einem großen Lebensmittelkorb zu Besuch.

„Wo ist denn dein Kühlschrank?", wollte sie wissen und schaute sich verwundert in der leeren Küche um.

„Du kannst die Sachen einfach auf den Boden stellen", sagte ich. „Ich hab doch keine Heizung, von daher ist es im Zimmer kühl genug für die Lebensmittel."

„Wie man nur so leben kann...", meinte meine Mutter kopfschüttelnd, während sie die mitgebrachten Lebensmittel auspackte.

„Ich find´s klasse!", gab ich zurück und schwärmte von meiner neu gewonnenen Freiheit.

Überhaupt wollte ich endlich aus allen scheinbar vorhandenen Zwängen ausbrechen und nur noch das machen, was mich wirklich begeisterte. Seit ich beschlossen hatte, Berufsmusiker zu werden, konnte ich das Ende meiner Lehrausbildung kaum mehr erwarten. So holte ich mir schließlich am letzten Tag der Ausbildung nur noch mein Facharbeiterzeugnis ab und zog damit für immer einen Schlussstrich unter die ganze Sache.

Ab da schlug ich mich hier und da mit Gelegenheitsjobs und kleinen Bandauftritten durch und steckte meine gesamte freie Zeit in die Musik.

Rocker findet Rockerbraut
In dieser Zeit begann ich eine feste Beziehung mit einem drei Jahre jüngeren Mädchen. Sie hieß Cathleen und war eine äußerst hübsche Blondine, die von allen „Kessi" genannt wurde. Wir hatten uns schon einige Jahre zuvor einmal kurz kennen gelernt und nun kamen wir fest zusammen.

„Weißt du überhaupt, dass meine Freundin und ich manchmal abends heimlich vor eurem Proberaum gestanden und bei euren Bandproben gelauscht haben?", meinte Kessi eines Tages.

„Da müssen euch doch vor Schreck die Ohren abgefallen sein!", gab ich lachend zurück.

„Nein, ich fand´s total interessant. Ich mache nämlich auch Musik."

„Das ist ja krass!", gab ich begeistert zurück. „Da können wir ja vielleicht zusammen spielen!"

Und tatsächlich, es dauerte nicht lange, da stieg Kessi als Bassistin mit in unsere Band ein und bildete zusammen mit Engel die Rhythmusgruppe.

Bereits nach kurzer Zeit war Kessi derart von der Band begeistert, dass sie auch Berufsmusiker werden wollte. Und so begannen wir unseren großen Traum schließlich gemeinsam zu verwirklichen. Wir fingen beide eine Musikausbildung an, Kessi an der Bassgitarre und ich im Hauptfach Gesang. Auch Engel und ein weiterer Musiker aus unserer Band stiegen mit in die Ausbildung ein.

Zusammen mit Kessi in der Band

Zu DDR-Zeiten gab es zwei Wege, um einen staatlich anerkannten Berufsmusikerabschluss zu bekommen: entweder das Direktstudium oder den etwas umständlicheren Weg, indem man sich über die örtliche Musikschule hocharbeitete. Folgende Stufen galt es dabei zu erklimmen: Elementarstufe, Grundstufe, Mittelstufe, Oberstufe, Sonderstufe. Mit letztgenannter Stufe konnte man schließlich auf dem Konservatorium in Zwickau den Berufsmusikerausweis beantragen. Das war das Ziel unserer Reise. Und dafür waren wir bereit, den langen Marsch anzutreten, der uns nun auch wieder auf die Schulbank führte.

In der staatlichen Musikschule gab es sonderbare Unterrichtsfächer, zum Beispiel Kulturpolitik. Dort wurde uns unter anderem beigebracht, warum die Musik des „kapitalistischen Auslands" nicht gut für die Ohren der DDR-Bürger wäre. Trotz manch solcher nervigen Schulstunden waren wir hochmotiviert, unser Ziel so schnell wie möglich zu erreichen. Deshalb begannen wir auch außerhalb des Unterrichts wie wild zu lernen. Stundenlang saßen wir zusammen, um miteinander den Stoff zu pauken und übten zudem buchstäblich jeden Tag bis weit in die Nacht hinein an unseren Instrumenten. So schafften wir es, die Prüfungen eher zu absolvieren, als es allgemein üblich war. Bereits nach knapp zwei Jahren waren wir bei der Oberstufe angelangt und das ersehnte Ziel war nun nicht mehr fern.

Die Wendezeit

„Tilo, hast du schon gehört, die anderen sind in den Westen abgehauen!", kam Engel aufgeregt in unseren Proberaum gestürmt. Er nannte die Namen etlicher Kumpel aus unserer Clique. Sie alle hatten seit einiger Zeit versucht, über Ungarn nach Westdeutschland zu kommen. Nun hatten sie es geschafft und meldeten ihre gelungene Flucht.

Sofort musste ich an meinen Bruder denken. Schon seit mehr als drei Monaten war er wie vom Erdboden verschwunden. Für meine Eltern war es echt hart. Niemand hatte auch nur die geringste Ahnung, wo er sich befinden könnte. Die letzte Nachricht, die wir von ihm hatten, war, dass er nach Rumänien trampen wollte. Als er aus diesem Urlaub nie zurückkam, ahnten wir, dass er versucht hatte, in den Westen abzuhauen. Dabei war er wahrscheinlich erwischt worden und saß nun sicher in irgendeiner finsteren Zelle. Der Gedanke daran war einfach zum Verzweifeln.

Doch eines Tages kam die erlösende Nachricht: eine Karte von meinem Bruder aus Westdeutschland, aus dem Aufnahmelager für DDR-Flüchtlinge in Gießen. Meinem Bruder war die Flucht über die Grenze gelungen. Er hatte es geschafft!

Je näher der Herbst `89 kam und die politische Stimmung in unserem Land brodelte, umso mehr kam meine regimekritische Ader wieder an die Oberfläche. Wie alle meiner damaligen Freunde fuhr ich mit zu den Demonstrationen nach Leipzig. Aber auch in unserer Stadt begannen wir auf die Straße zu gehen. Da ich in verschiedenen Kreisen bereits als Musiker bekannt war, wurde ich zu Veranstaltungen der Oppositionsszene eingeladen, um dort zu singen. Es war eine unglaublich aufregende Zeit. Niemand wusste, wie die ganze Sache ausgeht und ob man vielleicht irgendwann verhaftet wird.

Dann kam der unvergessliche Tag: der *9. November 1989.*

„Die Grenze nach Westberlin wurde soeben geöffnet!", tönte es aus dem Radio. Wie gebannt saßen wir vor dem Lautsprecher und konnten es kaum fassen.

„Da müssen wir hin!", sagte ich zu Kessi.

„Und wann?", fragte sie.

„Na jetzt, sofort!", gab ich zurück.

Nur wenige Stunden später waren wir unterwegs nach Berlin. Wir wollten es mit eigenen Augen sehen und unsere Füße erstmals in die Freiheit setzen. Es war ein atemberaubendes Gefühl, als wir über die Grenze gingen. Dort, wo kurz zuvor noch Menschen beim versuchten Grenzübertritt erschossen wurden, konnten wir nun unbehelligt entlanglaufen. Nach der jahrelangen politischen Willkür und dem Eingesperrtsein war das DDR-Regime endlich zerbrochen. Wir waren frei!

Die neu gewonnene Freiheit brachte eine regelrechte Aufbruchsstimmung in mein Leben und ich sprudelte nur so vor Ideen und Plänen. Bereits einige Tage nach der Grenzöffnung war ich mit meiner Gitarre in Westberlin und begann auf der Straße zu singen. Vor mir lag ein Hut und dort gingen meine ersten Westmark ein, die ich dann zu Hause stolz Kessi präsentierte.

Die Hochzeit

„Du, ich möchte dich heiraten!", sagte ich eines Tages zu Kessi und schaute sie erwartungsvoll an.

„Heiraten…?", fragte Kessi verwundert.

„Ja, sobald wie möglich!", schwärmte ich.

„Und was meinst du mit bald?", wollte Kessi wissen.

„Naja, du wirst ja bald achtzehn. Ich dachte, da könnten wir doch heiraten…", gab ich etwas zögerlich zurück.

Nach einem Moment des Schweigens fragte Kessi: „Und wann genau?"

Ich holte tief Luft und dann brachte ich meinen kühnen Vorschlag heraus: „Was hältst du davon, wenn wir direkt an deinem achtzehnten

Geburtstag heiraten und dann gleich zusammenziehen?"

Kessi schaute mich eine Weile an. Dann nahm sie meine Hand und sagte: „Ja, wir heiraten!"

„Juhu!", rief ich begeistert und nahm Kessi in den Arm.

Unsere Eltern hielten die Ankündigung, dass wir an Kessis achtzehntem Geburtstag heiraten würden, lange Zeit für einen Scherz. Doch die Sache war fest beschlossen. Genau an Kessis achtzehntem Geburtstag erschienen wir auf dem Standesamt und ließen uns trauen. Ich selbst war damals einundzwanzig Jahre alt.

Die ganze Hochzeitszeremonie nahmen wir nicht ganz so ernst, wie sich die Verwandtschaft das sicherlich gewünscht hätte. Vor allem unsere Kleiderordnung entsprach nicht ganz der üblichen Norm. Uns waren diese äußeren Dinge total unwichtig.

Wir fanden eine Wohnung in der Chemnitzer Innenstadt und freuten uns auf die gemeinsame Zukunft. Da ich in meiner bisherigen Bleibe außer der Musikanlage und einer Matratze nicht viele Einrichtungsgegenstände hatte, ging der Umzug wieder einmal sehr schnell über die Bühne.

Getrennte musikalische Wege

„Tilo, wir können unsere ‚Pappe' abholen!", rief Kessi begeistert, als sie vom Briefkasten zurückkam. Sie wedelte wie verrückt mit dem Brief herum und wir waren ganz aus dem Häuschen.

Kessi in der Rock 'n' Roll-Band

Endlich war er da, der langersehnte Berufsmusikerausweis, der in der Musikerszene einfach „Pappe" genannt wurde. Gerade einmal zehn Mark mussten wir beim Abholen bei der Konzert- und Gastspieldirektion bezahlen. Dann hatten wir den Ausweis endlich in der Hand. Doch kurze Zeit später realisierten wir: Die „Pappe" war nach dem Ende der DDR nicht mehr wert als eben irgendein Stück Pappe. Denn jetzt bekam man seine Auftritte nicht mehr vom staatlichen Kulturbüro verordnet, sondern man musste sich auf dem freien Markt selbst um Auftritte kümmern. Das war für manche Musiker ein Schock. Aber zumindest ich kam mit den neuen Spielregeln wesentlich besser zurecht als vorher.

Durch die Öffnung der Grenzen taten sich ungeahnte Möglichkeiten für unsere Musikerkarriere auf. Kessi erhielt das Angebot, in eine bekannte Rock 'n' Roll-Band einzusteigen. Wir waren begeistert! Doch von nun an trennten sich unsere musikalischen Wege und wir hatten damals keine Ahnung, wie schlecht das für unsere junge Ehe sein würde.

„Ich komm' die nächsten Tage nicht nach Hause. Wir haben mehrere Auftritte in Bremen", sagte Kessi zum Abschied und schob ihre Bassgitarre in den Bandbus.

„Kein Problem! Wir sind auch ‚on Tour'", gab ich locker zurück und half ihr, die restlichen Sachen einzuladen.

Auch ich hatte mittlerweile eine neue Band zusammengestellt. Neben Engel konnte ich einige erfahrene Berufsmusiker gewinnen, die zuvor schon in etlichen anderen Bands gespielt hatten.

Es war eine ideale Besetzung! Wir nannten die Gruppe *Chiops*. Das war damals mein Spitzname, den mir meine Kumpel irgendwann einmal verpasst hatten. Mit dieser Band konnte ich endlich meinen langersehnten Musikertraum wahr machen!

Und der Erfolg blieb nicht aus. Wir schafften es, regelmäßig so viele Auftritte zu bekommen, dass wir tatsächlich von der Musik leben konnten. Ich war am Ziel all meiner Wünsche. Jedes Wochenende stand ich auf der Bühne und danach gab es Partys bis zum Abwinken. Wir tourten durch ganz Deutschland, spielten in Diskotheken, Konzerthallen und auf Stadtfesten. Im Laufe der Jahre machten wir mehrere  Studioproduktionen, hatten eine Auslandstournee und kamen sogar ins Fernsehen.

Wir fühlten uns wie die großen Stars und schwebten auf Wolke sieben. Genau so hatte ich mir das Leben immer erträumt.

Die Gründung meiner Firma

„Kommst du auch mal wieder zu Hause vorbei?!", sagte Kessi vorwurfsvoll, als ich die Wohnungstür aufschloss.

„Naja, es gibt gerade unheimlich viel zu tun!", gab ich zurück und warf meine Jacke in Richtung Kleiderhaken.

„Du wirst nicht glauben, was für einen dicken Fisch ich an der Angel habe!", schwärmte ich und erzählte begeistert von meinen neuesten Unternehmungen.

Seit ich angefangen hatte, meine Band selbst zu managen, hatte ich zunehmend eine geschäftliche Ader bei mir entdeckt. Es dauerte nicht lange, da begann ich auch noch andere Bands zu vermarkten. Ich mietete mir in Chemnitz ein Büro, holte mir einen Gewerbeschein und gründete eine Musikagentur. Ich nannte sie *Musikagentur TREND*.

Irgendwie schien ich in diesem Bereich eine Art goldenes Händchen zu haben, denn die Agentur entwickelte sich innerhalb kurzer Zeit so gut, dass ich die Firma bereits nach einigen Monaten zu einer Musik- und Showagentur erweiterte.

So wurde meine Zeit immer ausgefüllter. Abends war ich mit meiner eigenen Band unterwegs und tagsüber arbeitete ich wie ein Wahnsinniger in meiner Firma. Mich packte der Geschäftstrieb und nach einiger Zeit verdiente ich so viel Geld, dass ich in einen regelrechten Goldrausch kam. Die Veranstaltungen, die ich mit meiner Agentur organisierte, wurden immer größer. Bald buchten fast alle großen Einkaufscenter der Region ihre Kulturprogramme bei mir, dazu Stadthallen, Konzertveranstalter und Großraumdiskotheken. Ich organisierte große Stadt- und Volksfeste, managte Show- und Unterhaltungskünstler und engagierte bekannte Popstars, Rockbands und Schlagersänger.

Mit der Zeit erweiterte sich mein Einzugsgebiet auf ganz Ostdeutschland und schließlich bestellten auch Kunden aus den alten Bundesländern bei mir.

Bereits nach wenigen Jahren war mein Unternehmen so erfolgreich, dass ich Leute anstellen konnte. Ich verdiente richtig viel Geld und lebte verschwenderisch in Saus und Braus. Jede Nacht hing ich in Bars und Diskotheken herum und feierte bis in die frühen Morgenstunden.

Nun hatte ich wirklich alles, was ich mir immer gewünscht hatte: eine schöne Frau, genügend Geld, ein sportliches Auto und eine erfolgreiche Karriere. Mein Leben war wie ein großer Rausch und ich zog von einer Party zur anderen.

Eine gähnende Leere

„Willst du noch 'nen Gin Tonic?", fragte mich die Barkeeperin, als ich in meiner Stammdisko am Tresen saß.

Wir kannten uns bereits seit längerer Zeit. Oft kam ich nachts zusammen mit meinen Kumpeln nach den Bandauftritten noch hierher, um Party zu machen oder einfach nur an der Bar abzuhängen.

„Ja, lass ruhig noch einen raus!", sagte ich und zog gelangweilt an meiner Zigarette.

„Du siehst heute irgendwie 'n bisschen traurig aus. Hattest du einen schweren Tag?", meinte das Mädchen, als sie mir den Gin Tonic hinstellte.

„Was? Ich seh´ *traurig* aus?", fragte ich und schaute sie ungläubig an.

„Naja, irgendwie schon...", gab sie vorsichtig zurück.

„Dann kann es nur an deinem Mix liegen – du hast vielleicht aus Versehen Schlafmittel reingetan", versuchte ich cool zu kontern.

Ich nahm einen kräftigen Schluck aus dem Glas und drehte mich in Richtung Tanzfläche. Dort machten meine Kumpel gerade so richtig Party.

‚Komisch!', dachte ich. ‚Wieso soll ich unglücklich aussehen...? Am besten ich geh´ heute mal etwas eher nach Hause.'

Als ich spät in der Nacht in meiner Wohnung stand, schaute ich in den Spiegel.

‚Naja, meine Augen sehen vielleicht ein bisschen leer aus. Aber sonst?'

Ich ließ mich auf mein Sofa fallen und zündete mir eine Zigarette an. Während ich kleine runde Kreise zur Decke hochsteigen ließ, grübelte ich weiter: ‚Wieso bin ich eigentlich nicht so richtig glücklich, jetzt, wo ich alles erreicht habe?‘

Ich ging zum Kühlschrank und holte mir ein Bier. Während ich wahllos die Fernsehsender durchzappte, spürte ich in meinem Inneren plötzlich eine gähnende Leere, so wie ich sie noch nie zuvor empfunden hatte. Es war, als ob sich in meinem Herzen ein großes Loch befand, und egal, was ich auch hineinstopfte, es schien von Tag zu Tag größer zu werden.

Noch lange starrte ich gedankenversunken vor mich hin. Kessi war noch irgendwo in einer anderen Stadt mit ihrer Band unterwegs. Draußen ging langsam die Sonne auf. Schließlich schlief ich auf dem Sofa ein.

Kapitel 2
Aufrüttelnde Ereignisse

Der Unfall

Es war an einem Sonntag im Herbst 1993. Ich saß zu Hause und hatte gerade mein Frühstück beendet, als es plötzlich klingelte. An der Tür stand der Sohn eines Verwandten, mit dem mein Vater vor einigen Tagen zu einer Bergwanderwoche nach Österreich gefahren war.

„Tilo, es geht um unsere Väter", sagte er mit leiser Stimme.

„Na, komm erstmal rein", antwortete ich und schüttelte ihm die Hand.

Als wir uns zusammen auf die Couch gesetzt hatten, begann er zu erzählen.

„Ich habe vorhin einen Anruf aus einem Krankenhaus in Österreich bekommen. Sie sagten, es hätte einen Bergunfall gegeben und mein Vater hat sich dabei ein Bein gebrochen."

„Krass", meinte ich. „Und mein Vater?"

„Ob dein Vater auch verletzt ist, konnten sie mir nicht sagen. Sie meinten, wir sollten direkt bei der österreichischen Bergwacht nachfragen. Die wüssten mehr über den Unfall. Am besten du rufst dort selbst mal an."

So griff ich zum Hörer und telefonierte herum, bis ich nach einiger Zeit mit der zuständigen Bergwacht verbunden war. Am anderen Ende der Leitung meldete sich ein Mann mit österreichischem Dialekt: „Sie sind der Sohn von Klaus Reichold aus Deutschland?", fragte er mit sachlicher Stimme, so als ginge es um ein tagtägliches Routinegespräch.

„Ja, ich bin sein Sohn", gab ich locker zurück.

Den Satz, den er als nächstes sagte, werde ich mein Leben lang wohl nie vergessen. Es traf mich ohne jede Vorwarnung. Denn bis zu diesem Augenblick war ich in der Annahme, dass mein Vater vielleicht beim Wandern ausgerutscht und sich einen Knöchel gebrochen hatte. Doch der Mann von der Bergwacht war aus irgendeinem Grund davon ausgegangen, dass ich bereits über alles informiert war. Und so sagte er plötzlich diese grausamen und unfassbaren Worte: „Die Leiche ist noch nicht freigegeben. Wegen der Überführung nach Deutschland wenden Sie sich bitte an …"

Vor meinen Augen verschwammen die Dinge und ich taumelte mit dem Hörer in der Hand einige Schritte zurück.

‚Mein Vater? Tot??'

Wie in Trance ließ ich das Telefon auf den Tisch fallen und sackte benommen auf einem Stuhl zusammen. Einige Zeit stand ich wie unter Schock. Ich starrte wie gelähmt vor mich hin und war unfähig, irgendetwas zu tun. Bilder meines Vaters jagten wild durch meinen Kopf und immer wieder hörte ich die Stimme des Mannes von der Bergwacht in meinen Ohren hämmern: ‚Die Leiche ist noch nicht freigegeben.'

‚Mein Vater ist tot!', schrie es in mir auf. ‚Er ist… tot.'

Eines der letzten Fotos von meinem Vater in seinen geliebten Bergen

Eine schwere Botschaft

Nachdem ich die ersten Schockwellen überwunden hatte und wieder einige klare Gedanken fassen konnte, wurde mir plötzlich bewusst: Ich musste die schreckliche Nachricht jetzt meiner Mutter überbringen. Ich konnte es nicht auf irgendjemand anderen abschieben.

Doch allein die Vorstellung, vor meiner Mutter zu stehen und ihr sagen zu müssen, dass ihr Mann tot ist, ließ mich schaudern. Ich fühlte mich unendlich hilflos.

‚Du musst das jetzt machen!‘, sagte ich mir und atmete tief durch. Dann zog ich mich an und stieg ins Auto.

Die Wohnung meiner Eltern lag nicht weit entfernt. Nur wenige Minuten später war ich da und parkte mein Auto ein. Ich sah zu dem Wohnblock hinüber. Und da erblickte ich sie: meine Mutter. Sie schaute gerade aus dem Fenster und redete fröhlich mit einer Nachbarin, die unten vor dem Haus stand.

Minutenlang betrachtete ich wie gebannt meine nichtsahnende Mutter. Sie sah so glücklich aus.

‚In wenigen Augenblicken werde ich mit meinen Worten dieses ganze Glück zerstören!‘, dachte ich. Die Vorstellung war fast unerträglich!

Schließlich gab ich mir einen Ruck und stieg aus dem Auto. Während ich langsam auf den Hauseingang zusteuerte, versuchte ich so gut es ging, die Fassung zu behalten.

Bereits nach wenigen Schritten hatte mich meine Mutter entdeckt und rief mir freudig zu: „Hallo Tilo, schön dass du mich besuchst! Ich mach dir gleich die Tür auf!“

Die innere Anspannung zerriss mich fast. Sobald ich die Wohnung betreten hatte, bat ich meine Mutter, sich zu setzen. Ich hatte mir überlegt, sie schrittweise an das Unfassbare heranzuführen, damit sie nicht kollabierte.

„Mutti…“, begann ich mit leiser Stimme. „Du brauchst jetzt sehr viel Kraft. Es hat einen Unfall gegeben…“

Ich ließ ihr etwas Zeit, die Worte zu verdauen. Dann setzte ich wieder an.

„Ich habe heute eine Nachricht aus Österreich bekommen. Vatis Wanderfreund liegt im Krankenhaus und …“, mir stockte der Atem.

Ich wusste einfach nicht, wie ich es schaffen sollte, die Worte auszusprechen. Diese wenigen Worte, die meiner Mutti wie ein Dolch ins Herz stechen würden, weil ihr der liebste Mensch für immer genommen war.

Ich holte tief Luft und nahm alle Kraft zusammen. Dann beugte ich mich zu ihr hinunter, legte meinen Arm um ihre Schulter und sagte: „Vati ist verunglückt. Und er wird nicht wieder heimkommen...“

Meine Mutter saß regungslos da. Sie schien wie erstarrt. Es kam kein Laut über ihre Lippen. Minutenlang saß sie so da. Es schien, als wäre sie in einer anderen Welt. Ich fand es regelrecht unheimlich.

Plötzlich legte meine Mutter ihre Hände ineinander. Ihre Lippen regten sich. Sie öffnete den Mund und sprach mit zittriger Stimme ein Gebet: „Danke, lieber Gott, dass mein Mann jetzt in deinen Armen ist. Fülle du jetzt seinen Platz in meinem Herzen aus.“

Nach einer Weile des Schweigens drehte sie sich zu mir und drückte mich lange. Dann stand sie auf und sagte: „Wir müssen es Oma sagen. Er war ihr einziger Sohn und es wird furchtbar für sie sein.“

Ich war sprachlos! Woher nahm meine Mutter die Kraft, jetzt daran zu denken, wie es meiner Oma ergehen würde? Es war, als wäre meine Mutter von einer übernatürlichen Macht auf die schreckliche Nachricht vorbereitet worden. War das ihr Glaube, der ihr diese Kraft gab?

Gedanken am Grab

Der plötzliche Tod meines Vaters hatte mich aus meiner bisherigen Welt herausgerissen. Ich kam mir vor, als wäre ich aus einem langen Traum erwacht. Und als ich einige Tage später bei der Beerdigung auf dem Friedhof vor dem Sarg meines Vaters stand, da wurde mir so richtig bewusst, wie vergänglich dieses Leben doch eigentlich war und wie schnell all das, was ich immer für so wichtig gehalten hatte, mit einem Mal zu Ende sein konnte.

Ich musste an das Leben meines Vaters denken. War es jetzt für immer vorbei? Oder ging es nach dem Tod doch noch weiter? Mein Vater hatte es ganz fest geglaubt, obwohl er Wissenschaftler war. Er sagte immer, nur mit Gott würde man wirklich glücklich werden. Ich begann über mein Leben nachzudenken. Ich spürte, wie wenig glücklich ich eigentlich war, trotz allem Erfolg und der Menschen, die mir applaudierten. Irgendwie fehlte mir noch eine entscheidende Sache. Das wurde mir immer mehr bewusst. Ich hatte in meinem kurzen Leben schon sehr vieles ausprobiert, was mir am Anfang jeweils das große Glück zu versprechen schien: Karriere, Erfolg, Partys, ein tolles Auto und etliches mehr. Doch jedes Mal, wenn ich die Dinge erreicht oder erlebt hatte, stellte sich bereits nach kurzer Zeit wieder diese innere Leere ein und ich blieb weiter auf der Suche.

So durchlebte ich in den Monaten nach dem Tod meines Vaters eine große Zerrissenheit. Ich wollte irgendetwas in meinem Leben verändern, aber ich wusste nicht was. Zudem konnten meine Freunde meine inneren Prozesse überhaupt nicht nachvollziehen. Sie hatten den schmerzhaften Verlust nicht erlebt und für sie war das Leben nach wie vor eine große rauschende Party. Und je länger das schreckliche Erlebnis zurücklag, kam auch ich Stück für Stück wieder in das alte Fahrwasser hinein und versackte in den alten Gewohnheiten.

Zerbrochene Träume

Mitten in dieser Zeit kam es zu einer unerwarteten Veränderung. Auf Grund von Beziehungsquerelen und Streitigkeiten gab es einen großen Crash und meine Band brach auseinander. Meine engsten Freundschaften gingen dabei kaputt. Auch die Wege von Engel und mir trennten sich. Mein mühevoll aufgebauter Musikertraum lag da wie ein Scherbenhaufen.

All das, worin ich viele Jahre investiert hatte, war zerplatzt wie eine Seifenblase im Wind. Sicher, ich konnte wieder eine neue Band zusammenstellen. Es würde zwar etwas Arbeit machen, doch ich würde neue Musiker finden und dann würde alles weitergehen. Aber irgendwie hatte ich plötzlich gar keine Lust mehr dazu.

Frustriert saß ich zu Hause und begann über die Ereignisse der letzten Monate nachzudenken. Ich konnte es nicht fassen. Erst war mein Vater gestorben und nun auch noch meine Band zerbrochen.

Ich lehnte mich auf meiner Couch zurück und steckte mir eine Zigarette an. Grübelnd betrachtete ich den glimmenden Stängel, der von Minute zu Minute schrumpfte.

‚Wie vergänglich dieses Leben doch ist und wie schnell die selbstgeschmiedeten Träume zerfallen‘, ging es mir durch den Kopf.

Deprimiert schnipste ich die Asche von meiner Zigarette.

Doch so schnell wollte ich nicht aufgeben. Immerhin florierte meine Firma sehr gut.

„Da suche ich mir eben neue Freunde“, sagte ich nach einer Weile trotzig und drückte entschlossen meine Zigarette aus.

Auf dem Luxustrip

In den kommenden Monaten investierte ich meine gesamte Zeit in meine Firma. Zudem freundete ich mich mit einigen meiner Geschäftspartner an und traf mich zunehmend auch privat mit ihnen.

„Herr Reichold, haben Sie Lust, nächste Woche mit uns Abendessen zu gehen?", sprach mich eines Tages der Centermanager eines großen Einkaufscenters an. Er war bereits seit längerer Zeit ein Stammkunde meiner Agentur und hatte mich schon öfter zu solchen Anlässen eingeladen.

„Okay, diesmal komme ich mit!", sagte ich spontan.

Wenige Tage später saß ich zusammen mit dem Centermanager und einigen anderen Unternehmern in einem 4-Sterne-Hotel zum Abendessen. Die Gespräche drehten sich um Geschäfte, die Börse, Aktien und Geldanlagen.

Je öfter ich mich mit meinen Geschäftsfreunden in meiner Freizeit traf, umso mehr färbte das Ganze auf mich ab. Innerhalb kurzer Zeit veränderte sich mein ganzer Lebenshorizont. Materielle Dinge und äußeres Prestige wurden mir immer wichtiger. Ich kaufte noch ein größeres Auto. Es folgten teure Klamotten und Urlaubsreisen ins Ausland. Schließlich mietete ich mir für meine Agentur ein regelrechtes Luxusbüro mit mehr als einhundert Quadratmetern und richtete es pompös ein.

Es dauerte nicht lange und ich lebte genauso wie die Leute, über die ich mich als Jugendlicher immer aufgeregt und die ich als Spießer bezeichnet hatte. Doch jetzt war ich selbst einer und das mit gerade einmal sechsundzwanzig Jahren. Irgendetwas hatte mich gepackt und ich suchte die Erfüllung im materiellen Wohlstand. Ich zog mit Kessi in eine teure Wohnung über zwei Etagen und fing an, allen möglichen luxuriösen Schnickschnack für die Wohnungseinrichtung zu kaufen. Kessi stöhnte jedes Mal, wenn ich wieder von einem Einkaufstrip zurückkam und neue Sachen anschleppte.

„Bist du verrückt geworden?", platzte sie heraus, als ich eines Tages mit einem sündhaft teuren Kronleuchter nach Hause kam.

„Wieso?", gab ich gereizt zurück. „Das ist doch ein super Teil!"

„Ja, super schön – aber auch super teuer! Und vor allem vollkommen unnütz. Wo sollen wir den ganzen Plunder noch hinhängen?"

Doch ich ließ mich nicht abbringen. Ich war wie besessen davon, immer mehr zu verdienen und materielle Dinge zu horten. Aber egal, was ich auch Neues kaufte und ausprobierte, es war immer das gleiche Ergebnis: Sobald ich hatte, was ich wollte, war der Kick verschwunden und ich fand es einfach nur noch langweilig.

Mit der Zeit wuchs in mir eine große Unzufriedenheit und ich sagte mir: ‚Es muss doch noch mehr geben, als Geldverdienen und Erfolg!'

Der Hauskreis

In dieser Phase kam ich mit einem Mann aus der Kirchgemeinde meiner Mutter in Kontakt. Er war einige Jahre älter als ich und wir waren uns schon früher hin und wieder bei meinen Eltern begegnet. Doch jetzt lernten wir uns näher kennen. Auch er machte Musik und wir entdeckten noch einige weitere gemeinsame Interessen.

Eines Tages sprach er mich an: „Tilo, hättest du Lust mal mit zu meinem Hauskreis zu kommen?"

„Zum Haus…kreis?", fragte ich und schaute ihn mit skeptischer Miene an.

„Ja, das ist so 'ne Art christlicher Gesprächskreis. Du wirst sehen, das ist echt schön", meinte der Hauskreisleiter.

„Na, wenn du meinst… Ich kann's mir ja mal anschauen", gab ich etwas zögerlich zurück.

Zwei Tage später stand ich mit gemischten Gefühlen vor seiner Wohnung und klingelte.

„Ah! Schön, dass du gekommen bist. Komm rein!", freute sich der Hauskreisleiter.

Im Wohnzimmer saßen fünf oder sechs Leute um den Couchtisch, die nicht viel älter waren als ich. Sie begrüßten mich überaus freundlich, so als hätten sie regelrecht auf mein Erscheinen gewartet.

„Das ist Tilo, unser neues Hauskreismitglied", stellte mich der Gastgeber den anderen vor.

„Hallo, wie geht's?", fragte ich und setzte mich auf einen freien Stuhl.

Die netten Christen auf dem Sofa beäugten mich interessiert. Es schien mir wie ins Gesicht geschrieben, dass ich eigentlich gar nicht so richtig in diese Runde passte.

Ich schaute mich im Raum um. Auf der Tischplatte stand nicht wie bei mir zu Hause ein großer Aschenbecher, sondern eine bunt bemalte Kerze. Daneben waren Liederhefte aufgereiht.

„Also dann, lasst uns mal anfangen", ergriff der Hauskreisleiter nach einer Weile das Wort.

Dann verteilte er an jeden ein Liederheft und nahm seine Gitarre zur Hand. In den folgenden Minuten ertönte ein gemütliches Singen rund um den Wohnzimmertisch.

‚Wie zu Weihnachten bei meiner Oma…', dachte ich.

Auch dort gab es immer die Sitte, mit Liederheften in der Hand gemeinsam zu singen.

Nachdem der Gesang verklungen war, holte der Hauskreisleiter ein kleines blaues Büchlein hervor und verlas daraus zwei Sätze. Dann klappte er das Heft wieder zu und sagte: „Lasst uns nun über das Gehörte nachdenken und ins Gespräch kommen!"

Es begann eine Art Diskussionsrunde, bei der alle Anwesenden etwas zu den eben vorgelesenen Sätzen sagen sollten. Die Gespräche dauerten länger als ich erwartet hatte. Doch irgendwann war die letzte Meinung kundgetan und die Frau des Hauskreisleiters servierte zum Abschluss des Treffens Tee und Gebäck.

„Und, kommst du nächste Woche wieder?", wurde ich beim Gehen gefragt.

„Ich... äh, mal schauen!", gab ich unentschlossen zurück.

Auf der Rückfahrt saß ich in meinem Auto und dachte: ‚In diese Kultur passe ich einfach nicht hinein. Ich bin für so etwas nicht geschaffen.' Das lange Sitzen und Debattieren war für mich schon immer eine Qual gewesen. Die Leute hier waren zwar alle sehr freundlich, aber irgendwie fehlte mir der Kick und das Leben in dem Ganzen.

Das Einzige, was mich in der folgenden Zeit noch einige Male zu dem Hauskreis zog, war der nette Hauskreisleiter. Mit ihm entwickelte sich zunehmend eine Freundschaft.

Die Baracke

Durch meine Kontakte zu dem Hauskreis lernte ich einige neue Leute kennen. Einer von ihnen war Joe.

Joe war ein lebenslustiger Typ um die Dreißig und schien auf seiner Sinnsuche irgendwie am gleichen Punkt zu sein wie ich. Obwohl er bereits seit einigen Jahren regelmäßig in die Kirche ging, hatte die christliche Sozialisierung bei ihm bisher auch noch nicht so richtig funktioniert. Genauso wie ich, liebte er das Partyleben, rauchte und schaute gern etwas tiefer ins Glas. Joe war eine Seele von Mensch und wir machten in dieser Zeit etliche gemeinsame Unternehmungen.

Eines Tages kam Joe ganz aufgeregt zu mir und schwärmte: „Du, Tilo, ich habe eine lebendige Gemeinde kennengelernt. Die haben einen echt krassen Gottesdienst!"

„Eine lebendige Gemeinde...?", gab ich mit fragendem Blick zurück. Ich hatte diesen Begriff bis dahin noch nie gehört. „Was ist eine lebendige Gemeinde?", wollte ich wissen. „Ist denn nicht jede Gemeinde lebendig?"

Joe lachte. „Du wirst es erleben, wenn wir dort sind", meinte er.

„Schaffst du es, am Sonntag früh zeitig aus den Federn zu kommen? Wir müssen nämlich ein Stück fahren."

Pünktlich halb neun stand ich am nächsten Sonntag vor meinem Haus und sah Joes alte klapprige Karre um die Ecke biegen. Gähnend und noch ziemlich verschlafen stieg ich in sein Auto und dann ging es los.

Nachdem wir durchs halbe Erzgebirge gefahren waren, kamen wir schließlich in einem kleinen Ort an und hielten vor einer alten Baracke.

„Wir sind da", freute sich Joe und sprang aus dem Wagen.

„Aber hier ist doch gar keine Kirche!", wandte ich verwundert ein, während ich im Rundblick die umliegenden Gebäude beäugte.

„Der Gottesdienst ist dort", meinte Joe und zeigte auf die Baracke, in die gerade eben einige junge Leute hineinspazierten.

„Dort drin!?", fragte ich ungläubig. „Ich dachte immer, ein Gottesdient braucht eine Kirche?"

Joe schaute mich belustigt an. „Man sieht wiedermal, dass du von diesen Dingen eben keine Ahnung hast", meinte er, während er laut die Autotür zuschlug.

„Na, dann lass uns mal reingehen in die heiligen Hallen", sagte ich mit einem Augenzwinkern.

Als ich durch die Eingangstür trat, stutzte ich. Es gab keinen Vorraum und wir standen gleich mitten in einem Saal voller meist junger Leute, die ausgelassen sangen, während auf einem kleinen Podest eine Band spielte. Das Ganze sah aus, als wären wir auf einer großen Geburtstagsparty gelandet.

War das der Gottesdienst? Ich blickte Joe fragend an.

Nachdem wir dem interessanten Treiben eine Weile zugeschaut hatten, raunte Joe mir plötzlich ins Ohr: „Gleich kommt Albert, der Pastor. Der ist echt cool!"

Ein cooler Pastor. Na, da war ich ja gespannt.

Und dann kam er. Pastor Albert war ein freundlicher, lockerer Typ mit Vollbart und ungefähr fünfzig Jahre alt. Er lief während seiner Predigt mit dem Funkmikrofon durch den Raum wie ein Moderator im Fernsehen.

„Ist das der Pfarrer?", fragte ich Joe. „Der hat doch gar keine schwarze Kleidung an", wunderte ich mich.

Ich hatte solch eine Veranstaltung bis dahin noch nie miterlebt und musste erst einmal verdauen, dass dies ein Gottesdienst sein sollte.

Doch dann begann ich zuzuhören. Der Pastor hatte irgendetwas an sich, was mich faszinierte. Ich konnte gar nicht richtig beschreiben, was es war. Er redete in einer ganz natürlichen Art, so dass ich jedem seiner Worte folgen konnte. Aber das Besondere war gar nicht, was er sagte, sondern *wie* er es sagte. Es war eine Art Leidenschaft, mit der er über Gott redete, so als hätte er ihn gerade eben erst getroffen.

Während der Pastor sprach, geschah etwas Merkwürdiges: Ich hatte das Gefühl, als würde er seine Predigt nur für mich halten. So als könnte er meine Gedanken mit all meinen Fragen und Zweifeln lesen.

Und dann sagte der Pastor einen Satz, der etwas ganz Sonderbares in mir auslöste: „Es geht nicht darum, an Gottes Existenz zu glauben, sondern eine persönliche Beziehung zu ihm zu haben."

Ich begann darüber nachzudenken: ‚Eine persönliche Beziehung zu Gott? Hm…'

Auch ich hatte schon versucht zu beten. Doch meine Gebete schienen immer nur bis an die Decke zu gehen. Zudem hatte ich viele Zweifel in mir, die sich einfach nicht auflösen wollten und immer wie eine innere Blockade zwischen mir und der ganzen Sache mit dem Glauben standen. Dabei zweifelte ich gar nicht unbedingt daran, dass es irgendein höheres Wesen gab. Mir war noch nie in den Kopf gegangen, wie aus rein gar nichts ein Sternensystem entstehen konnte, inklusive eines einzigartigen Planeten mit wunderbaren Pflanzen, Tieren und uns Menschen.

Was mir allerdings immer schwer zu schaffen machte, war die Ungerechtigkeit auf dieser Welt. Wie konnte es einen Gott der Liebe geben, wenn er auf dieser Welt so viel Leid und Unrecht zuließ? Darauf hatte mir bis jetzt noch keiner so richtig eine Antwort geben können.

Ein weichenstellendes Gespräch

Nach dem Gottesdienst ging ich auf Pastor Albert zu.

„Herr Pfarrer, darf ich Ihnen eine kurze Frage stellen?", sprach ich ihn höflich an.

„Sag einfach Albert zu mir!", lächelte er mir freundlich zu und streckte mir seine Hand entgegen.

Wir blieben für unser kurzes Gespräch mitten im Raum stehen, während rings um uns die anderen Gäste fröhlich lärmten.

Albert strahlte eine große Ruhe aus, eine Sicherheit und eine Liebe, die mich sogar etwas an meinen Vater erinnerte.

„Ich wollte eigentlich nur mal wissen, warum Gott so viel Leid auf dieser Welt zulässt?", packte ich meine Frage aus.

Albert blickte mich an. Er gab mir keine Antwort. Stattdessen sah er mir in die Augen, so als wolle er ergründen, warum ich ihm diese Frage eigentlich stellte. Er schaute mich eine ganze Weile lang an und ich hatte plötzlich das Gefühl, als könne er bis in die Tiefen meiner Gedanken hineinblicken.

Und dann stellte er statt der erhofften Antwort selbst eine Frage: „Würdest du dir denn wünschen, dass Gott bei jedem Unrecht eingreift?", fragte mich Albert.

„Auf jeden Fall! Der soll ruhig mal so richtig auf der Welt aufräumen!", gab ich selbstsicher zurück.

„Auch bei dir?", fragte Albert und schaute mir wieder tief in die Augen.

„Bei mir...? Wieso bei mir?", stotterte ich verwundert.

Irgendwie trafen mich seine Fragen ganz und gar auf dem falschen Fuß.

„Überleg doch mal, bei welchen Dingen Gott eingreifen sollte!", forderte mich Albert auf.

„Na, zum Beispiel bei Mord oder Vergewaltigung!", platzte ich heraus.

Albert nickte zustimmend. „Das fände ich ehrlich gesagt auch gut", meinte er. „Aber was ist mit dem Rasen im Straßenverkehr, auch dabei können unschuldige Menschen sterben. Und wie ist es mit Fremdgehen? Der innere Schmerz, den ein betrogener Partner oft durchlebt, auch das ist ein furchtbares Leiden."

Er machte eine Pause und schaute mich an.

„Es sind nicht nur die großen Dinge, die Leid und Unrecht verursachen", fuhr Albert nach einigen Augenblicken fort. „Weißt du, wie schlimm es sein kann, wenn jemand gehänselt wird, verspottet oder gemobbt? Oder wenn jemand belogen und betrogen wird?"

Es trat ein langes Schweigen ein.

Dann passierte etwas Eigenartiges. Vor meinem inneren Auge tauchten plötzlich all die Menschen auf, denen ich in meinem Leben Leid und Unrecht zugefügt hatte. Menschen, die ich verspottet, gehänselt und fertiggemacht hatte. Menschen, die durch mich belogen, betrogen und enttäuscht wurden.

Und genau in diesem Moment schaute mich Albert wieder an und fragte: „Hast du nicht gesagt, dass Gott kein Leid und kein Unrecht zulassen und immer eingreifen soll?"

Ich war schockiert.

Albert wartete geduldig, bis sich meine Gedanken gesetzt hatten.

„Weißt du, die meisten Menschen klagen Gott für etwas an, für das sie eigentlich selbst verantwortlich sind. Gott hat die Erde uns Menschen anvertraut. Kannst du dir vorstellen, wie das Leben auf dieser Erde funktionieren sollte, wenn Gott bei jedem Unrecht sofort eingreift?"

Plötzlich lachte Albert laut und fuhr mit einem Lächeln im Gesicht fort: „Stell dir vor, wie bei jedem Unrecht augenblicklich eine große Hand aus dem Himmel hervorschnellen und eingreifen würde… Bei jedem Raser auf der Straße, damit kein Unfall passiert. Bei jedem Diebstahl. Bei jeder Lüge."

Albert schüttelte den Kopf.

„Dann wären wir Menschen alle wie Marionetten Gottes, Roboter, die er steuern würde. Und wir würden vollkommen das verlieren, was er uns gegeben hat: unseren freien Willen. Möchtest du das?"

Innerlich versuchte ich mir vorzustellen, wie mein Alltag aussehen würde, wenn Gott jedes Mal eingreift, wenn ich ein Unrecht begehe.

Ich fand es in diesem Moment regelrecht komisch, dass ich mir noch nie vorher darüber Gedanken gemacht hatte. Albert hatte recht. Ohne unseren freien Willen wären wir keine Menschen, denn das ist es ja, was unsere Persönlichkeit überhaupt ausmacht. Warum hatte mir das bisher noch nie ein anderer Christ erklären können?

„Das findest du alles in der Bibel", sagte Albert, so als hätte er eben meine Gedanken mitgehört.

„In der Bibel?", fragte ich ungläubig.

Ich hatte seit meiner Kindheit noch nie wieder in dieses dicke Buch hineingeschaut.

„Ja, genau dort. Das ist der Liebesbrief Gottes an uns Menschen. Und die Gebrauchsanweisung fürs Leben", meinte Albert.

Dann klopfte er mir freundlich auf die Schulter und sagte mit einem Lächeln: „Ich werde für dich beten, dass du es eines Tages verstehst."

Damit war unser Gespräch zu Ende.

„Was hast du denn so lange mit Pastor Albert geredet?", wollte Joe wissen, als wir ins Auto stiegen.

„Naja, so bisschen Geschwätz über Gott und die Welt", versuchte ich so cool wie möglich zurückzugeben.

Doch tief in mir war irgendetwas passiert. Dieser Pastor hatte etwas in mir ausgelöst, was ich bis dahin noch nie erlebt hatte. Ich konnte es gar nicht richtig beschreiben. Während der ganzen Rückfahrt saß ich schweigend neben Joe und dachte über das Gespräch nach.

Kapitel 3
Die Entscheidung

Ein plötzliches Ende

U nd, warst du wieder in der Kirche?", fragte mich Keule mit einem hämischen Lächeln und zwinkerte mir zu. Keule war in diesen Jahren einer meiner besten Freunde. Er war wie ich in der Veranstaltungsbranche tätig und Inhaber einer Künstleragentur. Wir verbrachten beruflich wie privat sehr viel Zeit zusammen. Seinen Spitzname Keule hatte ich ihm selbst einmal verpasst, weil er immer ein ziemlich stürmisches Wesen an den Tag legte und dadurch nicht selten irgendwo einen Scherbenhaufen zurückließ.

Keule konnte meine Religionsausflüge überhaupt nicht nachvollziehen. Er war überzeugter Atheist und betonte immer, dass man nur an etwas glauben kann, was man auch sieht.

„Ja, ich war wieder in der Kirche", gab ich ebenfalls mit einem Augenzwinkern zurück. „Und ich habe interessante Neuigkeiten entdeckt."

„Na, da bin ich ja mal gespannt. Die Jungfrau Maria hatte es wohl doch mit dem Josef?", grinste er mich provozierend an.

„Ach, du wirst es wohl nie verstehen", winkte ich ab.

„Werde ich auch nicht", johlte Keule und tänzelte dabei mit seiner Zigarette um mein Auto herum.

„Na, dann lass uns mal abdüsen, sonst bekommen wir noch eine ganz trockene Kehle vom vielen Diskutieren", brach ich das Thema ab.

„Siehst du, Tilo, jetzt kommt der Verstand doch wieder durch", meinte er mit einem schelmischen Lachen.

Damit sprangen wir ins Auto und fuhren in unsere Chemnitzer Stammdisko, den „Pflaumenbaum".

Drei Stunden später war Keule wie immer vollkommen hinüber. Als er wieder zur Theke wollte, um sich einen weiteren Wodka zu holen, hielt ich ihn am Arm fest. „Mach kein' Scheiß!", sagte ich zu ihm. „Du hast für heute echt genug."

Manchmal hatte ich es wirklich satt mit ihm. Warum musste er immer alles maßlos übertreiben? Vor allem wurde er jedes Mal so aggressiv, wenn er betrunken war. Eigentlich war er ein herzensguter Kerl, aber sobald er getrunken hatte, wurde er wie ein anderer Mensch. Seit ich ihn kannte, war er Jahr für Jahr immer tiefer im Alkohol versackt und sein Leben versank zunehmend im Chaos. In letzter Zeit hatte ich ihn bereits öfter irgendwo aus der Patsche ziehen müssen.

So fuhr ich nach unserem Diskobesuch wieder einmal innerlich stöhnend zurück, während Keule neben mir im Auto grunzte und komische Geräusche von sich gab. An diesem Abend hatte ich irgendwie echt die Nase voll von ihm und als wir vor seinem Haus angekommen waren, sagte ich ihm ziemlich schroff Goodbye.

Hätte ich geahnt, dass ich Keule in diesem Augenblick das allerletzte Mal in meinem Leben sehen würde, hätte ich mich sicher ganz anders von ihm verabschiedet.

Zwei Tage später kam die Nachricht wie aus heiterem Himmel: Keule ist tot. Er war mitten auf der Straße umgefallen. Als der Notarzt eintraf, war es bereits zu spät.

‚Keule ist tot!', hämmerte es in meinem Kopf. ‚Das darf nicht wahr sein!'

Ich konnte es nicht fassen! Wie konnte ein junger Mensch, der nicht viel älter war als ich, so plötzlich von dieser Erde gerafft werden?

‚Konnte auch mir das passieren, so jung zu sterben?'

Meine Gedanken begannen zu rasen und meine Gefühle fuhren mit mir Achterbahn. Erst war mein Vater gestorben und jetzt auch noch Keule.

Mir ging eine Frage durch den Kopf, die mich einfach nicht wieder losließ: ‚Wenn es wirklich ein Leben nach dem Tod gibt, was wird dann mit Keule passieren?'

Bei meinem Vater hatte ich mich das auch schon gefragt. Aber er hatte ja bewusst mit Gott gelebt und sich sogar auf das ewige Leben gefreut. Keule dagegen wollte nie etwas mit Gott zu tun haben und er hatte auch nicht an ein Weiterleben nach dem Tod geglaubt.

Eine verblüffende Erklärung

In meiner Ratlosigkeit machte ich mich wieder auf den Weg zu Albert.

„Ja, der Tod…", meinte er mit einem tiefen Seufzen und sah mich verständnisvoll an.

„Obwohl wir Menschen alle darauf zusteuern, verdrängen wir dieses Thema doch meist ein Leben lang, so als würde der Tod ausgerechnet an uns vorbeigehen."

„Aber Keule war doch kein schlechter Mensch!", fiel ich ihm ins Wort. „Wird er denn jetzt von Gott verstoßen, nur weil er ein Alkoholproblem hatte und sich nie für den Glauben interessierte?", fragte ich protestierend.

Albert schaute mich an, so als hätte er diese Frage schon tausendmal gehört und beantwortet: „Durch den freien Willen wählt jeder selbst, wo er seine Ewigkeit verbringen möchte. Gott respektiert unsere Entscheidungen. Entweder wir vertrauen auf das, was Jesus am Kreuz getan hat, oder wir schlagen sein Angebot des ewigen Lebens aus."

‚Das Kreuz. Hm…'

Das war auch so ein Thema, das ich nie wirklich begreifen konnte. Ich hatte die biblische Erzählung zwar bereits in meiner Kindheit öfter gehört, aber mir war es einfach nicht in den Kopf gegangen, warum dieser Jesus für meine Schuld am Kreuz sterben musste.

Ich schaute fragend zu Albert, der immer eine plausible Antwort zu haben schien.

„Um das verstehen zu können, müssen wir nochmal ganz auf den Anfang zurückschauen…", setzte er an. „Eigentlich hatte Gott für uns Menschen ein Paradies geschaffen. Er wollte mit uns zusammenleben, wie ein Vater mit seinen Kindern. Aber wir Menschen wollten lieber unsere eigene Sache machen und trennten uns immer mehr von Gott. Und dann begannen all diese schrecklichen Dinge, die wir Menschen über diese Erde brachten: Krieg, Ungerechtigkeit und Zerstörung."

„Aber warum hat Gott die Schöpfung dann nicht einfach wieder vernichtet?", unterbrach ich ihn.

„Weil es dich dann gar nicht gäbe", meinte Albert mit einem Schmunzeln auf seinen Lippen.

„Gott liebt uns Menschen so sehr, wie ein guter Vater seine Kinder. Deshalb schickte er auch seinen Sohn Jesus auf diese Welt, um uns Menschen zu zeigen, wie wir eigentlich leben sollen. Gott gab seinem Sohn den Auftrag, sich nicht dagegen zu wehren, als er von seinen Feinden gefangen genommen und an ein Kreuz genagelt wurde. Denn durch dieses Opfer sollte er stellvertretend für die Sünden aller Menschen bezahlen und durch seinen Tod ihre Schuld auslöschen. So starb Jesus am Kreuz für uns. Für mich und für dich."

Albert hielt inne. In seinen Augen konnte ich entdecken, dass er bei diesen Worten selbst bewegt wurde. Es kam mir vor, als würde er es vor sich sehen, wie Jesus am Kreuz hing und Schmerzen erlitt.

Und nun begann auch ich es mir vorzustellen.

Ich hatte die Geschichte mit dem Kreuz in meinem Leben schon mehrmals gehört, aber irgendwie war es nie so richtig zu mir durchgedrungen. Doch jetzt, wo Albert es erzählte, wurde es auf einmal ganz lebendig.

„Aber Jesus blieb nicht tot", setzte Albert wieder an und hatte nun auch sein freudiges Lächeln zurück.

„Nach drei Tagen machte Gott ihn wieder lebendig. Seitdem vergibt Gott jedem seine Sünden, der an Jesus glaubt und auf sein Opfer am Kreuz vertraut. Indem du Jesus deine Sünden bekennst und ihm die Führung deines Lebens übergibst, wirst du ein Kind Gottes."

Eine unheimliche Frage

Plötzlich schaute Albert mir geradewegs in die Augen und fragte: „Bist du bereit, dich Jesus anzuvertrauen und ein ganz neues Leben zu beginnen? Gott hat einen wunderbaren Plan für dich. Aber du musst ihm die Führung übergeben, damit sich dieser Plan entfalten kann."

Kaum war der letzte Satz von Albert verklungen, wurde mir die Sache plötzlich unheimlich und ich wollte nur noch weg. Das musste ich erst einmal alles verdauen. Eigentlich war ich wegen Keule gekommen und nicht wegen mir. Ich verabschiedete mich auf die Schnelle und sobald ich aus dem Haus war, rannte ich regelrecht zu meinem Auto.

Während der Rückfahrt ging mir immer wieder Alberts Frage durch den Kopf. Ich sollte jemand anderem die Führung meines Lebens übergeben? Das war die unglaublichste Aufforderung, die mir jemals einer gestellt hatte. Gerade dagegen hatte ich mich ja bisher immer zutiefst gesträubt, mir von irgendjemand anderem ins Leben reden zu lassen. Meine Freiheit und Unabhängigkeit waren für mich das

Wichtigste überhaupt. Doch nun behauptete Albert, dass es besser für mich wäre, die Führung meines Lebens aus der Hand zu geben. Das war unfassbar!

Ich begann über meinen bisherigen Lebensweg nachzudenken. Sollte es wirklich stimmen, dass dieser Gott einen Plan für mein Leben hatte, der besser war als meine eigenen Pläne? Ich konnte mir das nicht vorstellen. Albert hatte mir beim Abschied gesagt: „Gott hat dich mit einer Bestimmung geschaffen, aber du kannst diese Bestimmung nur finden, wenn du ihm dein Leben anvertraust."

‚Eine Bestimmung', hallte es in meinen Gedanken nach.

Was war diese Bestimmung? Ich hatte mich schon öfter gefragt, warum es mich überhaupt auf dieser Welt gab. ‚War ich einfach nur ein Zufallsprodukt der Natur oder wirklich die Idee eines Schöpfers?'

In meinem bisherigen Leben hatte ich den Sinn meines Daseins schon an vielen Stellen gesucht. In Hobbys, in der Musik, auf Partys, in meiner Karriere und zuletzt in materiellem Wohlstand. Zumindest diese Dinge hatten mir keinen wirklichen Lebenssinn vermitteln können. Ja, das stimmte!

Aber die Führung meines Lebens aus der Hand geben und Gott anvertrauen, wollte ich das überhaupt? Wohin würde dieser Gott mich führen? Vielleicht würde er mir Dinge wegnehmen, an denen ich hing?

Die Antwort

All diese Fragen wühlten mich auf, als ich zurück nach Hause fuhr. Sobald ich angekommen war und in meinem Wohnzimmer saß, gingen mir wieder die Bilder von Jesus und der Kreuzigung durch den Kopf. Ich konnte an fast nichts anderes mehr denken. Warum musste dieser Jesus sterben, damit mir meine Sünden vergeben werden können? Ich verstand das immer noch nicht. Doch plötzlich kam mir eine Geschichte in den Sinn, die ich in meiner Kindheit gelesen hatte.

Da war ein Schüler, der etwas so Schlimmes verbockt hatte, dass er von der Schule fliegen sollte. Gerade als der Direktor vor der versammelten Klasse den Rausschmiss offiziell verkünden wollte, meldete sich der beste Freund des Schülers und sagte: „Ich bin es eigentlich gewesen, ich habe diese Sache angestellt." Der ganze Zorn des Direktors wendete sich nun gegen diesen Mitschüler. Und obwohl er sich bisher noch nie etwas hatte zu Schulden kommen lassen, wurde er augenblicklich von der Schule verwiesen. Doch was der Direktor nicht wusste: Dieser Mitschüler hatte die Tat in Wirklichkeit gar nicht begangen. Er liebte seinen Freund einfach so sehr, dass er bereit war, an seiner Stelle von der Schule verwiesen zu werden, nur um seinen Freund vor der drohenden Strafe zu retten. Er hatte die Schuld des anderen auf sich genommen.

Während ich über diese Geschichte nachdachte, begann ich erstmals zu begreifen, was Jesus durch seinen Tod am Kreuz für mich getan hatte. Er hatte all meine Sünden und Vergehen auf sich genommen. Aus Liebe zu mir, damit ich ein neues Leben beginnen konnte und nicht mehr durch meine Schuld von Gott getrennt war.

Ich stand von meinem Sofa auf und trat ans Fenster. Draußen war ein sternenklarer Himmel. Ich öffnete das Fenster und schaute zu den funkelnden Gestirnen hoch.

„Gott, bist du da?", betete ich laut. Lange Zeit stand ich schweigend am Fenster und blickte in den Sternenhimmel.

‚Wo wird das Ende dieses Universums sein?', fragte ich mich. ‚Und was kommt nach diesem Ende?'

Je länger ich die Sterne betrachtete und über die Unendlichkeit des Weltalls nachdachte, desto mehr wurde mir bewusst, wie groß dieser Gott doch sein musste und wie winzig klein ich dagegen war. Ich musste daran denken, wie ich die meiste Zeit meines Lebens so getan hatte, als wäre ich der Mittelpunkt, um den sich alles drehte. Nun begriff ich, dass ich eigentlich nur ein winziges Staubkorn in diesem riesigen Universum war. Und doch hatte dieser große Gott aus irgendeinem Grund Interesse an mir und wollte, dass ich ihm mein Leben anvertraute.

Ich schloss das Fenster und setzte mich wieder auf mein Sofa. Und mit einem Mal wurde mir klar, dass all die Gedanken, die mir in den letzten Minuten durch den Kopf gegangen waren, eine Antwort auf mein kurzes Gebet waren. Gott hatte mir geantwortet. Er war wirklich da.

Als ich an diesem Abend ins Bett ging, hatte ich eine Vorahnung, dass innerhalb der nächsten Tage eine große Veränderung in meinem Leben stattfinden würde. Es lag in der Luft und ich konnte es regelrecht spüren.

Eine lebensverändernde Autofahrt
Einige Tage später stand ich am Briefkasten und holte meine Post. Zwischen den Briefen und Zeitungen steckte eine CD. ‚Vergebung durch Jesus' stand auf dem Cover.

‚Wer schenkt mir denn so was?', fragte ich mich und steckte die CD verwundert in meine Jackentasche.

Am Nachmittag musste ich zu einem Kunden meiner Veranstaltungsagentur in eine andere Stadt. Auf der Rückfahrt legte ich die CD ein. Kaum war die Scheibe gestartet, hörte ich wie gebannt zu. Es war ein Vortrag zu hören, der sich haargenau um das Thema drehte, was mich seit Tagen nicht mehr losließ. Es ging um das Kreuz und um das, was Jesus dort getan hatte.

Der Redner auf der CD sagte: „Weil Jesus am Kreuz alles für uns gegeben hat, sollten auch wir ihm unser ganzes Leben anvertrauen. Ein halber Christ ist ein ganzer Unsinn. Man kann Gott entweder nur ganz nachfolgen oder gar nicht." Am Ende seines Vortrags rief der Redner dazu auf, vollkommen reinen Tisch mit Gott zu machen und in einer Beichte alle seine Sünden vor Gott zu bekennen.

Genau in diesem Augenblick geschah etwas, das ich mit meinem Verstand nicht erklären kann: Ich wusste plötzlich, dass Gott mich ruft. Es war, als wenn er selbst mit in mein Auto gekommen wäre und mit fast hörbarer Stimme zu mir sprach: „Folge mir nach, übergib mir die Führung deines Lebens!"

Es ist schwer zu beschreiben, was in diesem Moment in mir passierte. Ich spürte etwas, was ich bis dahin noch nie erlebt hatte: die Gegenwart Gottes, seine Heiligkeit, seine Kraft und seine Liebe.

Augenblicklich wurde mir klar: Die Entscheidung für Gott wird mein ganzes Leben verändern! Meine Gewohnheiten, meinen Freundeskreis, den Umgang mit meiner Zeit und meinem Geld. Einfach alles! Und plötzlich nahm ich erstmals in meinem Inneren die Stimme Gottes wahr: „Ist es nicht genau das, was du immer gesucht hast? Es wird kein größeres Abenteuer auf dieser Erde geben, als mir nachzufolgen!"

Ich verringerte die Geschwindigkeit meines Autos. Und dann, mitten während der Fahrt, traf ich die Entscheidung und betete laut: „Gott, ich übergebe dir jetzt die Führung meines gesamten Lebens. Sei du ab heute der Chef! Ich verspreche dir, dass ich mein Leben aufräumen und eine Beichte ablegen werde."

Kaum hatte ich mein kurzes Gebet gesprochen, wurde ich von einer nie gekannten Liebe durchflutet. Es war, als wenn sich ein warmer Mantel über mich legte. Ich empfand einen inneren Frieden und ein Glücksgefühl, wie ich es bis dahin noch nie erlebt hatte.

Während der gesamten Rückfahrt schüttelte ich immer wieder den Kopf und sagte laut vor mich hin: „Es ist kaum zu glauben! Gott ist wirklich real!"

Wenn Gott redet...

Als ich wieder zu Hause ankam, spürte ich, wie sich etwas Grundlegendes in mir verändert hatte. Aber es war nicht einfach nur eine Empfindung oder ein Gefühl, sondern ich erlebte Gott und ich begann, sein Reden wahrzunehmen. Es war, als würde ich erstmals in meinem Leben ein Telefon benutzen und erstaunt feststellen, dass da tatsächlich jemand am anderen Ende der Leitung spricht.

Hätte mir früher jemand erzählt, dass er Gottes Stimme hört, hätte ich ihn sicher angeschaut wie jemanden, der einen Doktor bräuchte. Doch nun erlebte ich es selbst und das war einfach nur wunderbar! Natürlich hörte ich Gottes Stimme nicht akustisch, so wie die Nachrichtensendung aus dem Radio. Aber ich hörte sie in meinem Inneren und ich wusste mit einer tiefen Gewissheit, dass *ER* es war, der zu mir sprach.

Abends saß ich noch lange allein in meinem Wohnzimmer. Der Tag war unheimlich intensiv gewesen. Kessi hatte ich noch nichts von meinen Erlebnissen erzählt. Ich war mir nicht sicher, wie sie auf all das reagieren würde.

Während ich auf meiner Couch saß und Gott noch einmal für alles dankte, bekam ich plötzlich einen inneren Eindruck. Es war eine Art Traum, nur mit dem Unterschied, dass ich noch wach war. Es war das erste Mal, dass ich so etwas erlebte. Und augenblicklich wusste ich, dass Gott durch dieses innere Bild zu mir sprach und mir dabei etwas Wichtiges zeigen wollte.

Ich sah mein Leben wie einen Garten, den Gott mir vor langer Zeit anvertraut hatte und der inzwischen ziemlich verwüstet war. Im Laufe meines Lebens hatte ich viel Unkraut in diesem Garten wuchern lassen und alles sah sehr chaotisch aus.

Gott zeigte mir, dass er wie ein Gärtner in mein Leben kommen wollte und dass er einen wunderbaren Plan für meinen Lebensgarten hatte. Aber er würde nicht allein aufräumen, sondern ich müsste aktiv dabei mithelfen. Zu Beginn müsste erst einmal alles Unkraut herausgerissen werden. Darum ginge es bei der Beichte.

Die Beichte

Durch das innere Bild von dem Garten wurde mir bewusst, was Gott vorhatte: Er wollte gründlich in meinem Leben aufräumen und alles erneuern. Und die Beichte war der erste wichtige Schritt auf diesem Weg.

Als ich am nächsten Morgen mit Kessi am Frühstückstisch saß, fasste ich mir ein Herz.

„Du… ich werde eine Beichte ablegen", sagte ich vorsichtig.

„Du wirst waaaas?", fragte mich Kessi und schaute mich forschend an, so als wollte sie herausfinden, ob ich nicht eventuell krank war.

„Ja, mir ist klar geworden, dass ich mein Leben komplett aufräumen muss", versuchte ich ihr mein Vorhaben zu erklären.

„Na, dann tu, was du nicht lassen kannst…", gab Kessi kopf-schüttelnd zurück.

Am folgenden Tag kaufte ich mir ein leeres Notizbuch. Und dann begann ich jeden Abend zu beten und zu schreiben. Ich ging mein ganzes Leben zusammen mit Gott durch, beginnend mit meiner Kindheit. Abend für Abend nahm ich das Heft zur Hand und bereitete mich auf meine Beichte vor. Und je länger ich betete und auf Gott hörte, umso mehr wurde mir bewusst. Es war erschreckend, wie viel sich in meinem kurzen Leben bereits angesammelt hatte. Es waren kleine und große Dinge, lächerliche und peinliche. Und immer wieder fielen mir neue Sachen ein.

Nach drei Wochen war mein Beichtbuch fertig und ich vereinbarte einen Termin bei einem Pfarrer. Mit dem Heft in der Hand und einem klopfenden Herzen stand ich einige Tage später vor seiner Tür.

„Guten Tag, junger Mann, Sie wollen also zur Beichte kommen?!", begrüßte mich der Pfarrer und streckte mir freundlich die Hand entgegen.

„Ja, ich dachte, dass wäre vielleicht notwendig…", gab ich etwas verlegen zurück.

„Na, dann kommen Sie mal rein in die gute Stube. Wir haben allerdings keinen Beichtstuhl, sondern nur ein Sofa", meinte der Pfarrer schmunzelnd und bat mich, Platz zu nehmen.

„Ich hoffe, Sie haben genügend Zeit. Es ist ziemlich viel…", sagte ich und zeigte auf mein Notizbuch.

„Das ist kein Problem!", machte mir der Pfarrer Mut und setzte sich neben mich.

Ich schlug das Heft auf und holte tief Luft. Dann begann ich Seite für Seite vorzulesen. Für jede einzelne Sache bekannte ich im Gebet meine Schuld und bat Gott um Vergebung.

Nach fast drei Stunden war es endlich geschafft! Ich empfand es wie eine Erlösung.

„Das war alles…", sagte ich leise zu dem Pfarrer, der die ganze Zeit still neben mir gesessen und geduldig zugehört hatte. Auch er schien erleichtert, dass die unerwartet lange Beichte nun zu Ende war.

Der Pfarrer schaute mich mit einem liebevollen Blick an. Dann legte er seine Hände auf meine Schultern und sagte: „Im Namen von Jesus ist dir all diese Schuld nun für immer vergeben!"

Es ist schwer zu beschreiben, was in diesem Moment in mir passierte. Der Satz schlug bei mir ein wie ein Blitz! Es steckte solch eine erlösende und befreiende Kraft darin, dass ich augenblicklich eine große Veränderung in mir spürte. Es schien gerade so, als ob sich ein Knoten in meinem Inneren löste. Ich fühlte mich, als hätte ich bis dahin einen unsichtbaren Rucksack mit zentnerschweren Steinen auf meinem Rücken getragen, der mir nun plötzlich abgenommen war.

Mich durchströmte ein innerer Frieden, wie ich ihn bis dahin noch nie erlebt hatte. Und zum ersten Mal in meinem Leben wusste ich mit großer Sicherheit: Dieser Jesus ist wirklich real! Er ist die Antwort auf all meine Fragen und er ist das, was ich bisher überall so verzweifelt gesucht hatte.

Die Rückfahrt

Als ich von der Beichte zurück nach Hause fuhr, hätte ich jubeln können! Ich fühlte mich wirklich wie neu geboren. Es war unbeschreiblich!

Während ich in meinem Auto saß und Gott dankte, musste ich plötzlich an meine Freunde aus der Musikerszene und an meine Geschäftspartner denken. Sie suchten immer noch in allen möglichen Dingen nach dem Sinn des Lebens und trugen viele innere Lasten mit sich herum. Und während ich darüber nachdachte, hatte ich mit einem Mal nur noch einen Wunsch: dass auch sie diesen wunderbaren Gott kennenlernen und seine befreiende Vergebung erleben.

Doch Gott zeigte mir, dass jetzt erst einmal andere Dinge auf seinem Plan standen. Er erinnerte mich an das Bild mit dem Garten. Er erklärte mir, dass die schlechten Bäume und das Unkraut nun zwar herausgerissen waren, aber dass es noch einige praktische Dinge zu tun gab, um meinen Lebensgarten aufzuräumen.

Kapitel 4
Ein neues Herz

Das Aufräumen beginnt

Hallo, haben Sie eventuell einen Moment Zeit?", fragte ich in gequältem Tonfall während ich nervös den Hörer in der Hand hielt.

„Wer spricht denn da?", wollte die Stimme am anderen Ende der Leitung wissen. Vor lauter Aufregung hatte ich ganz vergessen meinen Namen zu nennen.

„Oh, entschuldigen Sie bitte, mein Name ist Tilo Reichold. Ich habe vor einigen Jahren bei Ihnen Zivildienst gemacht. Ich weiß nicht, ob Sie sich an mich erinnern?"

„Doch, an Sie kann ich mich noch sehr genau entsinnen...", kam die Antwort prompt und dem Mann schienen offenbar sofort all die unangenehmen Erinnerungen vor Augen zu treten, die er mit mir verband.

Unmittelbar nach der Wende hatte ich in einer Einrichtung, die er leitete, meinen Zivildienst absolviert. Es war gerade in der Zeit, wo ich in meinen wildesten Jahren war und Vorgesetzten wie ihm weder Respekt noch Höflichkeit entgegenbrachte, sondern bis zur Weißglut provozierte. So hatte dieser Mann in diesen Monaten vieles mit mir durchgemacht, zumindest an den Tagen, an denen ich überhaupt anwesend war.

In meiner Beichte hatte ich diese Dinge zwar bereits vor Gott als Schuld bekannt, aber nun war es dran, auch die Menschen um Vergebung zu bitten, denen ich Leid und Unrecht zugefügt hatte. Und einer von ihnen war der Chef meiner ehemaligen Zivildienststelle.

„Also... ich wollte Ihnen gern etwas sagen", begann ich zögerlich. „Ich wollte mich einfach mal bei Ihnen entschuldigen für mein ganzes Verhalten damals, das tut mir sehr leid. Wissen Sie, ich bin nämlich jetzt Christ geworden und Gott hat mir gezeigt, dass ich Sie um Vergebung bitten soll."

Am anderen Ende der Leitung trat Stille ein. Nach einer Weile, während der Mann sicherlich überlegte, ob ich ihm einen schlechten Streich spielte, kam eine erste Reaktion.

„Meinen Sie das ernst?", fragte er mit skeptischer Stimme.

„Es ist mein voller Ernst", beteuerte ich und erzählte ihm in den nächsten Minuten etwas ausführlicher von meinem neuen Leben mit Gott.

„Dann vergebe ich Ihnen sehr gern", meinte er, nachdem er meiner Geschichte gespannt zugehört hatte. „Und ich wünsche Ihnen viel Erfolg auf ihrem Weg mit dem Glauben. Dass so etwas mit Ihnen passieren kann, das ist ja wirklich ein Wunder!", verabschiedete er sich mit bewegter Stimme.

Veränderung auf allen Ebenen
Die ‚Aufräumarbeiten', die Gott mir nach meiner Beichte zeigte, waren teilweise sehr herausfordernd: Ich saß im Büro eines Polizeibeamten, nachdem ich mich für einen Diebstahl aus meiner Jugendzeit selbst angezeigt hatte, ich suchte verschiedene Leute auf und entschuldigte mich für mein früheres Verhalten oder schrieb Briefe der Versöhnung an Menschen, mit denen ich mich verstritten hatte.

Stück für Stück brachte ich solche Dinge in Ordnung und räumte gründlich mit meiner Vergangenheit auf.

Doch auch nach der Beseitigung der Altlasten gingen die Veränderungen in meinem Leben weiter und brachten viele Herausforderungen mit sich. Es galt, ungute Gewohnheiten aufzugeben, meine Finanzen für sinnvolle Zwecke zur Verfügung zu stellen oder mich von bestimmten Freunden fernzuhalten, die mich wieder in das alte Fahrwasser hineinziehen wollten.

Manche dieser Schritte waren wirklich schwer. Doch im Rückblick konnte ich jedes Mal sehen: Es gab keine einzige Sache, die Gott nicht wunderbar geplant hätte. Oft wollte er mir nur etwas wegnehmen, um Platz für etwas viel Besseres zu schaffen oder damit ich lernte, ihm noch mehr zu vertrauen.

Besonders spannend war diese Zeit natürlich für meine Frau. Manchmal stand Kessi einfach nur vor mir und schaute mich völlig entgeistert an.

„Sag mal... bist das noch du?!", fragte sie.

„Nein, das ist Jesus in mir!", gab ich augenzwinkernd zurück.

„Jesus in dir... okay..." Kessi schüttelte verwundert den Kopf.

Zum Glück war ihr das Thema Glaube vom Prinzip her nicht völlig fremd. Durch den glücklichen Umstand, dass zumindest ihr Vater Kirchenmitglied war, hatte sie in ihrer Kindheit die Christenlehre besucht und war später sogar einige Zeit in einer kirchlichen Jugendgruppe gewesen. Trotzdem hatte Kessi erst einmal ganz schön zu kämpfen, meinen vollkommen veränderten Lebenswandel zu verkraften. Denn es war ja nicht so, dass ich plötzlich einfach an den lieben Gott glaubte und sonst alles weiterlief wie zuvor. In Wirklichkeit veränderte sich *alles*!

Bei all den Phasen, die Kessi seit unserem Kennenlernen bereits mit mir erlebt hatte, war dies aber sicher die angenehmste Veränderung für sie. Denn obwohl sie meine Radikalität und viele meiner Entscheidungen nicht immer nachvollziehen konnte, war sie doch die Person, die am meisten davon profitierte.

Bevor Gott in mein Leben kam, war ich mir immer selbst der Nächste gewesen. Das hatte leider auch Kessi oft spüren müssen. Doch nun begann Gott mir zu zeigen, wie er sich die Ehe eigentlich dachte.

In einem christlichen Buch las ich einen Satz, der mir einfach nicht mehr aus dem Kopf ging: „Wer glücklich werden will, der sollte nicht heiraten – sondern nur wer glücklich *machen* will!"

Diese Worte lösten in mir einen Perspektivwechsel aus und je länger ich darüber nachdachte, desto klarer wurde mir: Da muss sich noch viel in meinem Herzen und Charakter verändern!

Gott zeigte mir, dass ich erfahrene Christen brauche, die mich auf meinem neuen Weg begleiten. So suchte ich mir Mentoren, mit denen ich mich regelmäßig zum Gespräch und Gebet traf. Zusammen begannen wir mein Leben im Gebet aufzuarbeiten, um es von tief sitzenden Verhaltensmustern aus meiner Vergangenheit zu befreien. Und nach jedem Treffen erlebte ich wieder ein Stück mehr Veränderung meines Charakters.

Es war ein Prozess, der sich letztlich über Jahre hinzog und bei dem mich Gott immer wieder für neue Bereiche meines Lebens sensibilisierte. So kam es auch später noch vor, dass ich auf bisher unbearbeitete Gebiete aus meiner Vergangenheit stieß, die es zu bereinigen galt.

So wurde mein Leben nach und nach erneuert. Es war wie in dem Bild von dem Lebensgarten: erst die Unkrautbeseitigung durch die Lebensbeichte, dann das Aufräumen und das Beseitigen der Altlasten, indem ich Dinge in Ordnung brachte und Beziehungen wieder heil wurden und schließlich die Erneuerung meines Herzensbodens in der Seelsorge.

Und schon bald wurde mir klar: Wenn ich diesen Prozess vor dem Ziel abgebrochen oder eine scheinbare Abkürzung gewählt hätte, dann wären meine inneren Fundamente nicht fest genug gewesen, um das tragen zu können, was kurze Zeit später in meinem Leben beginnen sollte.

Zurück bei meinen Kumpeln
Für die meisten meiner Freunde war meine Lebenswende so überraschend gekommen, dass sie es einfach nicht fassen konnten. Manche dachten tatsächlich, das Ganze sei ein Witz oder ich würde ihnen einen Streich spielen.

„Du bist ja kaum wiederzuerkennen, das ist mir richtig unheimlich!", wunderte sich Engel, als wir uns das nächste Mal trafen. Er schaute mich prüfend an, als wollte er herausfinden ob ich es wirklich war. Das lag aber nicht in erster Linie daran, dass ich meine alte Rockermähne abrasiert hatte und nun einen Kurzhaarschnitt trug, sondern wahrscheinlich an meiner völlig veränderten Ausstrahlung.

Engel schüttelte immer wieder ungläubig den Kopf.

„Wo ist nur der alte Tilo hin?", meinte er schließlich.

„Den hab ich bei Jesus am Kreuz gelassen", gab ich mit einem Schmunzeln zurück.

Engel schaute mich verdutzt an. So etwas hatte er in all den Jahren noch nie aus meinem Mund gehört. Er konnte meine Veränderung einfach nicht begreifen. Doch er stand dem Ganzen auch nicht ablehnend gegenüber, im Gegenteil: Irgendetwas schien ihn daran zu faszinieren und in den kommenden Monaten trafen wir uns wieder häufiger.

Je öfter ich mich mit Engel über den Glauben unterhielt, umso mehr spürte ich, dass auch er eine Sehnsucht nach Gott in sich trug. Und so fing ich an, jeden Tag zu Hause für ihn zu beten.

Aber Engel war nicht der einzige, der sich für meinen neuen Lebensweg interessierte. Auch meine anderen Freunde aus der Musikerszene wollten wissen, warum ich mich dermaßen verändert hatte. Doch teilweise war es gar nicht so einfach, ihnen das alles zu erklären. Den meisten von ihnen fehlte jeglicher Bezug zum Christsein und zur Kirche, den ich wenigstens ein Stück weit durch meine Eltern hatte.

„Wollt ihr am Sonntag nicht einfach 'mal mit in die Kirche kommen?", fragte ich eines Tages meine Kumpel.

„Sonntag früh?!", meinten sie entsetzt und fügten hinzu: „Da pennen wir doch immer bis zum Mittag!"

„Kann man sich das Ganze denn nicht 'mal an einem anderen Tag anschauen?", meinte einer nach einer Weile.

„Naja, ich kenne da noch einen Hauskr..."

Ich hielt einen Moment inne und fügte dann kopfschüttelnd hinzu: „Nein, das ist nicht das Richtige für euch."

Ein weichenstellender Abend
An diesem Abend saß ich noch lange zu Hause und dachte über das Gespräch nach. In den letzten Wochen hatten mich etliche meiner Freunde mit Fragen über den Glauben gelöchert. Sie alle waren von meiner Lebensveränderung bewegt und wollten mehr darüber wissen. Doch in der Praxis fanden sie keinen richtigen Zugang zu der Welt, in der ich jetzt lebte. Es war, als gäbe es eine kulturelle Hemmschwelle, die sie einfach nicht überwinden konnten.

Aber nicht nur meinen Freunden aus der Musikerszene schien es so zu gehen, sondern auch vielen anderen jungen Leuten. Erst vor wenigen Tagen war mir das noch einmal deutlich bewusst geworden, als ich eine Gruppe Jugendlicher kennenlernte, die nachts mit Bierflaschen an einer Tankstelle herumhingen.

‚Würden diese Jugendlichen jemals Sonntag früh mit in einen Gottesdienst kommen?', fragte ich mich, während ich grübelnd auf meinem Sofa saß und über die Erlebnisse der letzten Tage nachdachte.

Mir gingen die traurigen Gesichter der jungen Leute von der Tankstelle einfach nicht mehr aus dem Sinn.

„Gott!", betete ich. „Bitte hilf diesen jungen Leuten, dass sie ihr wertvolles Leben nicht wegwerfen, sondern deine Liebe kennenlernen."

Ich lehnte mich zurück und schloss meine Augen.

Plötzlich hatte ich das Empfinden, dass Gott mir antwortete und sagte: „Hilf du ihnen doch!"

„Ich...?", fragte ich verwundert. „Was kann ich schon für diese Jugendlichen tun?"

Doch nur einen Augenblick später bekam ich einen intensiven Gedanken. Es war eine Art Vision, die sich vor meinem Inneren auftat. Und mit einem Mal wusste ich, was ich zu tun hatte.

Ich stand auf, ging in den Flur und nahm meine Jacke vom Haken.

„Wo willst du denn jetzt noch hin?", fragte Kessi und schaute verwundert auf die Uhr.

„Das erzähl´ ich dir später. Ich bin bald wieder da", sagte ich und zog die Wohnungstür hinter mir zu.

Dann lief ich eilig die Treppe hinunter und setzte mich in mein Auto. In mir war eine Idee geboren worden, die mein Leben für immer verändern würde.

Teil

2

Das Abenteuer

beginnt

Kapitel 5
Die Geburt von
NEW GENERATION

Die Idee

Ich rannte die Treppe hoch und schimpfte vor mich hin: ‚Wie kann man nur im vierten Stock wohnen und das ohne Fahrstuhl?!'
Völlig außer Atem kam ich nach meinem Sprint durchs Treppenhaus oben an. Ich drückte den Klingelknopf an der Tür des Hauskreisleiters und läutete Sturm. Als nach einigen Augenblicken die Tür aufging, platzte ich heraus: „Ich hab's! Ich hab die Idee!!"

Meine Stimme war so laut, dass sie im ganzen Treppenhaus widerhallte.

„Äh, was hast du...?", fragte mich der Hauskreisleiter verdutzt.

„Das will ich dir ja jetzt erzählen. Komm einfach mit!", rief ich euphorisch.

„Aber... Weißt du eigentlich wie spät es ist? Ich hab grad meine Kinder ins Bett gebracht – wir wollten eben schlafen gehen", gab er leicht irritiert zurück.

Doch weil ich in meiner Begeisterung so aufgeregt gestikulierte, dachte er sicher, dass wohl etwas Außergewöhnliches passiert sein musste. So zog er sich schließlich an und kam kurzentschlossen mit.

Wir fuhren in eine nahegelegene Kneipe und setzten uns an einen kleinen Tisch in der Ecke.

„Du wirst es nicht glauben, was ich vorhin erlebt habe!", sprudelte es aus mir heraus.

„Na, da bin ich ja mal wieder gespannt", meinte er mit einem lachenden Blick. Er hatte bereits einige Verrücktheiten mit mir erlebt, seit wir uns das erste Mal begegnet waren.

„Es ist eine total krasse Sache passiert", fing ich an zu erzählen. „Als ich heute Abend zu Hause auf meinem Sofa saß und so über alles nachdachte, da kam mir plötzlich wie aus dem Nichts eine geniale Idee: Wir gründen einen christlichen Jugendclub! Was hältst du davon?", schwärmte ich und blickte ihn gespannt an.

„Das ist ja echt ein super Gedanke! Also... ich bin dabei!", antwortete der Hauskreisleiter begeistert.

„Wirklich?", fragte ich. „Das ist ja absolut!"

Wir saßen an diesem Abend noch lange in der Kneipe, redeten über die Idee und schmiedeten erste Pläne.

Als ich spät in der Nacht wieder nach Hause kam, klopfte mein Herz voller Aufregung. Ich hatte eine tiefe innere Ahnung, dass die Idee mit dem Jugendclub mehr war als nur ein verrückter Gedanke. Es war wie eine Antwort auf eine Frage, die ich bereits seit langer Zeit in mir trug: die Frage nach meiner Berufung.

Das erste Team
Nachdem der Hauskreisleiter so spontan von der Sache begeistert war, begann ich Mut zu fassen, weitere Schritte zu gehen.

Ich hatte noch einen anderen Freund, den ich auch unbedingt für das Projekt gewinnen wollte. Es war Isi, ein alter Kumpel aus meiner Jugendzeit, der bereits einige Jahre vor mir Christ geworden war. Ich besuchte ihn und erzählte ihm von dem Gedanken mit dem Jugendclub. Und es dauert nicht lange, da war auch er dabei. Es schien, als wären meine Freunde regelrecht darauf vorbereitet gewesen.

„Ich weiß, wen wir noch fragen könnten!", sagte Isi einige Tage später. Es war wie eine kleine Kettenreaktion: Jeder von uns kannte irgendeinen Kumpel, den er für das Projekt motivieren konnte. Schon nach wenigen Wochen hatte sich ein erstes Team um die Idee formiert. Einige kannten sich bereits seit vielen Jahren und andere hatten wir erst durch das Jugendclub-Projekt kennengelernt. Manche waren schon längere Zeit Christen und andere hatten gerade eben zum Glauben gefunden. Insgesamt waren wir drei Ehepaare und vier Singles. Der Jüngste von uns war zwanzig und der Älteste Mitte dreißig.

Keiner hätte erwartet, dass sich das erste Team so schnell und unkompliziert findet. Es war einfach ein göttliches Timing und Gott belohnte unsere unbekümmerte Spontaneität.

Trotzdem war die Idee mit dem Jugendclub zu diesem Zeitpunkt nicht viel mehr als ein gemeinsamer Traum. Niemand von uns hatte mit so etwas Erfahrung oder wusste, was der erste Schritt auf dem Weg zu unserem Ziel sein könnte.

„Wie wollen wir denn nun beginnen?", fragte der Hauskreisleiter, als wir eine Weile später alle zusammensaßen.

„Am besten wir treffen uns erstmal eine Zeit lang, um für das Projekt zu beten", schlug Isi vor.

„Das ist eine super Idee!", pflichtete ich ihm bei.

In den folgenden Wochen trafen wir uns regelmäßig in Isis Wohnung zum gemeinsamen Gebet.

Bei einem dieser Treffen entstand etwas sehr Wichtiges. Wir formulierten einen ersten Visionssatz für unseren zukünftigen Jugendclub:

> *Es soll ein Ort sein, an dem junge Leute ein lebendiges und jugendgemäßes Christsein erleben können, ohne dass es eine religiös-kulturelle Hemmschwelle gibt, sondern in einem Flair, wie es jungen Leuten vertraut ist.*

Diese Worte wurden für uns zu einem Leitfaden für alle folgenden Aktivitäten.

Auf Raumsuche

„Ich denke, wir sollten als nächstes einfach mal nach geeigneten Räumen Ausschau halten", schlug ich eines Tages vor.

Alle stimmten zu. Endlich ging es los. Und es dauerte nicht lange, da kamen die wildesten Ideen auf.

„Leute, ich hab in der Stadt eine leerstehende Gaststätte ausfindig gemacht!", verkündete einer seine neueste Entdeckung.

Nur wenige Tage später fand der Besichtigungstermin statt. Ein Immobilienmakler führte uns durch die umfangreichen Räume. Doch spätestens, als wir durch die riesige Großküche liefen, wurde mir die Sache langsam unheimlich.

„Sagen Sie mal, was soll denn das Ganze an Miete kosten?", wollte ich wissen.

„Der Mietpreis beträgt etwa zweitausend DM im Monat", sagte der Immobilienmakler.

Ich zuckte vor Schreck zusammen.

„Äh… also… Ich glaube, wir müssen das nochmal in Ruhe überdenken", meinte ich.

Während wir in Richtung Ausgang liefen, flüsterte ich meinen Freunden ins Ohr: „Nur raus hier. Das ist ja der Wahnsinn!"

Doch so schnell gaben wir nicht auf. Wir schauten uns noch etliche weitere Objekte an: Gaststätten mit unbezahlbaren Mietpreisen, die leerstehenden Kellerräume einer Kirche und einmal sogar ein ganzes Haus. Zum Glück verschlossen sich letztlich überall die Türen, denn mit solch einem utopischen Start hätten wir uns garantiert vollkommen übernommen. Damals kannten wir das Prinzip ‚vom Kleinen zum Großen' noch nicht und hatten auch keine Ahnung davon, dass solche Projekte Zeit zum Wachsen brauchten und nicht mit einer Gewaltaktion aus dem Boden gestampft werden konnten.

Jedenfalls kamen wir nach langer und erfolgloser Raumsuche wieder auf den Boden der Realität zurück und besannen uns auf die Möglichkeiten, die wir selbst hatten. Und das waren die Büroräume meiner Firma.

Ich hatte damals für meine Veranstaltungsagentur im Chemnitzer Stadtteil Sonnenberg eine großräumige Büroetage gemietet. Dort arbeiteten wir schon längere Zeit. Nun galt es flexibel zu sein und für das Projekt mit dem Jugendclub Platz zu machen.

Eines Tages packte ich die Idee aus.

„Sagt mal, was wäre, wenn wir den Jugendclub erstmal in meinem Büro einrichten? Dann hätten wir keine Mietkosten und könnten ohne finanziellen Druck mit dem Club beginnen."

„Super Idee!", riefen meine Freunde. Damit war die Sache beschlossen.

In den kommenden Tagen räumte ich die Büroräume um und reduzierte meine Agentur auf ein einzelnes großes Zimmer. Alle anderen Räume, die Küche und die Toiletten stellte ich für den zukünftigen Jugendclub zur Verfügung. Der Eingangsbereich wurde so umgebaut, dass es vom Flur aus auf der einen Seite in die Clubräume ging und auf der anderen Seite in mein Büro.

Fische und Brote

Nachdem sich die Raumsuche nun geklärt hatte, stand die nächste Herausforderung an: die Inneneinrichtung des Jugendclubs. Es brauchte eine Bar, eine erweiterte Kücheneinrichtung, eine Billardplatte, Stühle, Tische, Lampen, Deko und vieles mehr. Und die große Frage war, wer dies alles bezahlen sollte.

„Hat jemand von euch eine Idee?", fragte ich bei unserem nächsten Treffen in die Runde.

„Äh... eigentlich nicht", kam die einhellige Antwort und es stellte sich heraus, dass es unter meinen Mitstreitern kaum jemand gab, der große finanzielle Möglichkeiten hatte.

Also begannen wir zu beten und Gott zu fragen, was wir tun sollten. Nachdem wir eine Weile lang still waren, meinte Isi: „Ich musste gerade an die Bibelstelle von der Speisung der Fünftausend denken."

Wir holten die Bibel heraus und blätterten die Stelle in Matthäus 14, Vers 16 auf. Gemeinsam lasen wir, wie Jesus seine Jünger aufforderte, ihre wenigen Brote und Fische einzusetzen, um einer großen Volksmenge Essen zu geben. Als die Jünger bereit waren, ihre eigenen Vorräte zu geben, vermehrten sich diese auf wundersame Weise.

Kaum hatten wir die Geschichte gelesen und die Bibel zugeklappt, da ging mir mit Erschrecken auf, was sie mir sagen sollte: Ich war derjenige, der die meisten „Brote und Fische" auf dem Konto hatte. Und ich sollte diese nun zur Verfügung stellen.

Ich holte tief Luft. Dann schaute ich in die Runde und sagte: „Also ich glaube, die Finanzierung der Inneneinrichtung hat sich soeben geklärt."

Meine Freunde schauten mich groß an.

„Tja, der Herr hat's gegeben, der Herr hat's genommen!", sagte ich und zwinkerte mit den Augen. Langsam verstanden die anderen, was ich meinte.

Als das Treffen zu Ende war, nahm mich einer aus dem Team beiseite: „Ich habe auch noch eine größere Summe, die ich mit dazulegen könnte", meinte er.

„Das ist echt ermutigend, so ein Teamwork", sagte ich und klopfte ihm begeistert auf die Schulter.

Als ich später am Abend zu Hause saß, schlug ich die Bibelstelle mit den Fischen und Broten noch einmal auf. Und je länger ich darüber nachdachte, umso mehr wurde mir bewusst, dass Gottes Wunder tatsächlich oft erst dann beginnen, nachdem wir Menschen unsere eigenen Möglichkeiten eingebracht haben.

Wir richten den Jugendclub ein

So fingen wir voller Tatendrang an, unsere Idee mit dem Jugendclub umzusetzen. Der Innenausbau wurde in einer regelrechten Mammut-Aktion bewältigt. Alle waren hoch motiviert. Doch was uns fehlte, war ein Konzept und eine Leitungsstruktur. Es gab weder einen Bauplan, noch einen Leiter, der die Arbeiten koordinierte. Jeder bastelte dort, wo er es gerade für sinnvoll hielt. Das war manchmal echt chaotisch.

In einer langen Nachtschicht wurde zum Beispiel von zwei Mitarbeitern spontan die Theke eingebaut. Als die anderen am nächsten Tag kamen, waren bereits die Gläser und Flaschen eingeräumt.

„Wow... das ist ja alles schon fertig...", staunten alle und rieben sich verwundert die Augen.

„Ja, da könnt ihr mal sehen, was wir gemacht haben, während ihr gemütlich im Bett geschlummert habt!", kam der Kommentar postwendend zurück.

Alle lachten herzlich.

Das Team der ersten Stunde war ein regelrechtes Traumteam für eine Gründungssituation. Jeder zeigte großen Einsatz und war bereit, sich voll und ganz für das Projekt zu investieren. Der Hauskreisleiter arbeitete oft bis in die Nacht und Isi, der gelernter Maler war, schwang Stunde um Stunde seinen Pinsel. Auch die Ehefrauen begannen sich mit zu engagieren. Die Frau des Hauskreisleiters sorgte für das leibliche Wohl des Teams und auch die Frau von Isi wurde eine hingegebene Mitarbeiterin, die sich im kreativen Bereich in pionierhafter Weise einsetzte. Auch Kessi half nun ab und zu mit, wenn sie nicht gerade mit ihrer Band unterwegs war.

Auf dem Weg bis zur geplanten Eröffnung gab es viele Etappen zu bewältigen: die Räume einrichten, Speisekarten erstellen, Ware einkaufen, üben, wie man Mixgetränke macht, Flyer gestalten und vieles mehr. Doch manche dieser Dinge wurden uns erst im letzten Augenblick bewusst. Denn keiner von uns hatte Erfahrungen damit, wie so eine Jugendclubarbeit eigentlich funktioniert und was man da alles beachten und bedenken sollte. Allein die Vereinsgründung war schon eine spezielle Herausforderung. Insgesamt vier Mal kam unser Antrag vom Vereinsgericht wieder zurück, bis wir es geschafft hatten, die Formulare so einzureichen, wie es den Richtlinien entsprach.

Doch im Frühjahr 1996 war es endlich soweit: Der Verein war offiziell gegründet und ich wurde bei der Gründungsversammlung zum Leiter unserer neuen Initiative gewählt.

NEW GENERATION war geboren, auch wenn wir unsere Arbeit damals noch nicht so bezeichneten.

Wir hatten lange nach einem passenden Name für den Jugendclub gesucht. Nach vielen Überlegungen, Gebeten und Diskussionen waren wir auf den Name *GENESIS* gekommen, so wie das erste Buch am Anfang der Bibel heißt. Der Gedanke mit dem Anfang gefiel uns sehr gut. Auch mit unserem Jugendclub sollte etwas Neues beginnen und ein Ort entstehen, an dem junge Menschen einen neuen Weg betreten konnten, der sie in eine gute Zukunft führt. Auf diesem Weg wollten wir ihnen helfen, sie begleiten und unterstützen, damit ihr Leben aufblüht und gelingt.

Die Räume im Jugendclub

Die Anfänge im Jugendclub

An einem Samstagabend im April 1996 fand die lang ersehnte Eröffnung statt. Viele Freunde waren von Nah und Fern gekommen und freuten sich mit uns über den fertig eingerichteten Jugendclub.

In den Räumen gab es eine kleine Bar mit Tresen, sieben Tische für die Besucher und noch einen Billardraum, in dem man auch Dart spielen konnte. Unsere Gäste fühlten sich sichtbar wohl.

„Echt cool, dass man hier sogar kostenlos Billard spielen kann!", meinte ein Musiker aus meiner früheren Band und versenkte mit einem lauten Knall eine Kugel im Loch.

„Und ich freu' mich, dass du gekommen bist!", gab ich strahlend zurück und klopfte ihm auf die Schulter.

Die Eröffnungsparty war ein herrliches Fest, das bis weit nach Mitternacht andauerte und bei dem wir sehr ermutigt wurden.

„Der erste Abend war doch wirklich ein gelungener Start", sagte der Hauskreisleiter begeistert, als wir früh am Morgen zusammen aufräumten und dabei noch einmal den Abend an uns vorüberziehen ließen.

„Das stimmt. Aber der eigentliche Test kommt erst noch", antwortete ich nachdenklich und fügte hinzu: „Mit meiner Veranstaltungsagentur habe ich oft genug Eröffnungen miterlebt. Das war meistens das Gleiche: Nach einem spektakulären Eröffnungsfest kam die ernüchternde Realität des Alltags."

Einige Tage später war es soweit: Der Jugendclub öffnete das erste Mal im regulären Betrieb. Und leider bestätigte sich meine dumpfe Vorahnung bereits am ersten Abend. Gerade einmal zwei Gäste kamen. Wir waren frustriert.

„Der ganze Aufwand... und das für zwei Leute!", stöhnte ein Mitarbeiter, nachdem wir kurz nach Mitternacht die Türen schlossen und mit Saubermachen begannen.

„Es kann sein, dass wir da einen langen Atem brauchen. Aber die Geduld wird sich lohnen!", versuchte ich gute Stimmung zu verbreiten.

Doch es wurde nicht besser. Die Besucherzahlen in den kommenden Wochen waren erbärmlich. Lediglich ein paar meiner früheren Freunde kamen ab und zu vorbei. Aber ansonsten tauchte kaum jemand auf. Wir verbrachten ganze Abende damit, aus dem Fenster zu schauen und nach Gästen Ausschau zu halten. Es gab sogar Tage, an denen überhaupt niemand kam. Jede Woche hatten wir von Donnerstag bis Samstag jeweils ab 20.00 Uhr geöffnet und warteten sehnsüchtig auf Besucher.

Die Skinheads kommen
Einer unserer Mitarbeiter war Berufsschullehrer. An einem bestimmten Abend kam er freudestrahlend in den Club und verkündete: „Ich hab in meiner Klasse mal 'n bisschen Werbung für uns gemacht."

„Na, da bin ich ja gespannt!", gab ich skeptisch zurück.

„Doch, die kommen", meinte er selbstsicher. „Ich habe ihnen erzählt, dass es bei uns preiswertes Bier gibt. Da waren sie hellauf begeistert."

Mir war in diesem Augenblick nicht bewusst, dass etliche seiner Schüler aus der rechtsradikalen Szene kamen. Und er selbst hatte sicher keine Vorstellung von dem, was er mit seiner Einladung ausgelöst hatte. Denn einige Tage später stand plötzlich eine ganze Gruppe kahlgeschorener Typen mit Bomberjacken vor unserer Tür. Mit diesem Abend veränderte sich so einiges. Schon nach wenigen Wochen gab es die erste zerbrochene Scheibe: Aus Wut darüber, dass wir irgendwann früh um 3.00 Uhr unseren Club doch endlich mal schließen wollten, zerstörte einer der Jugendlichen unsere Eingangstür.

Damals ging uns erstmals auf, dass es vielleicht doch keine so gute Idee war, in dem Jugendclub Alkohol auszuschenken, noch dazu besonders preiswerten. Aber wir mussten eben unsere Erfahrungen sammeln und aus Fehlern lernen. Überhaupt war die eingeschlagene Scheibe ein Symbol für so manche idealistische und naive Vorstellung über Jugendarbeit, die in den folgenden Jahren zerplatzen musste wie eine Seifenblase.

Sprotte & Co.

Durch unsere neuen Stammgäste erschloss sich mir eine völlig neue Welt. Es war eigentlich das erste Mal, dass ich solche Jugendlichen und ihre Ansichten persönlich kennenlernte. Ja, plötzlich waren manche von ihnen „meine Freunde", mit denen ich mich nun traf und meine Zeit verbrachte.

Einer der Jungs war René, den alle nur Sprotte nannten. Sprotte war ein drahtiger Typ und hatte immer und überall die große Klappe.

„Bier is' alle!", schnaubte er und stellte seine leere Flasche mit einem lauten Knall auf den Tresen unseres Jugendclubs. Hinter dem Tresen stand ich, wie so oft an den Abenden.

„Ich hätte da eine Idee", sagte ich mit einem breiten Lächeln und beugte mich nah zu Sprotte vor. „Du bestellst dein Bier in Zukunft etwas freundlicher und ich schenke es dir dann mit ganz besonderer Hingabe ein. Was hältst du davon?"

„Is' mir eigentlich Rille, wie du das Bier rauslässt. Hauptsache es dreht", gab er gelangweilt zurück.

„Doch, du wirst seh'n, das Bier schmeckt dann besser!", zwinkerte ich ihm zu.

So kamen wir mit der Zeit ins Gespräch und ich lernte ihn besser kennen. Sprotte war einundzwanzig Jahre alt und schwamm schon seit einigen Jahren ein bisschen am Rand der rechten Szene mit. Doch eigentlich war ihm Politik und Gesinnung völlig egal, das merkte man schnell. Er suchte einfach nur Freunde und Gemeinschaft mit anderen.

Es dauerte nicht lange und er taute immer mehr auf.

„Willst du nächste Woche mal mit zu uns zum Abendessen kommen?", fragte ich Sprotte eines Tages.

„Echt jetzt? Zu dir nach Hause?" Sprotte schaute mich ungläubig an.

„Klar, sonst hätte ich es doch nicht gesagt!", unterstrich ich meine Einladung.

„Kann ich da auch noch 'nen Kumpel mitbringen?", fragte Sprotte.

„Wenn's dann nicht noch ein dritter Kumpel und zwei Hunde dazu sind, dann von mir aus."

Einige Tage später stand Sprotte mit seinem Kumpel bei uns vor der Tür. Als ich öffnete, bekam ich fast einen Lachanfall. Die beiden hatten sich voll in Schale geworfen: mit schwarzer Hose und weißem Hemd.

„Wollt ihr in die Oper?", fragte ich schmunzelnd.

„Naja, wir dachten…"

„Na, dann kommt mal rein in unser 5-Sterne-Hotel", sagte ich mit winkender Geste.

Sprotte und sein Kumpel fühlten sich pudelwohl bei uns zu Hause und wollten gar nicht wieder gehen. Ich hatte in diesem Augenblick keine Ahnung, wie oft sie in den kommenden Monaten in unserer Wohnung campieren würden. Überhaupt spielte sich die Jugendarbeit zeitweise mehr bei uns zu Hause ab als im Club selbst.

Glücklicherweise begann sich nun auch Kessi immer mehr mit in dem Ganzen zu engagieren. Auch sie hatte zunehmend für sich entdeckt, dass das Glück nicht in der Musik oder einer Karriere zu finden war, sondern den tiefsten Lebenssinn eigentlich nur Gott geben konnte. Zudem sah sie, wie wichtig es war, jungen Menschen zu helfen, die nicht so eine behütete Kindheit hatten wie wir.

So bekam Kessi auch immer mehr ein Herz für Sprotte und seinen Kumpel. Es dauerte nicht lange, da gingen die beiden bei uns zu Hause ein und aus. Irgendwann hatte ich das Gefühl, dass wir eine Art Freizeitstation betrieben. Die Jugendlichen hatten Langeweile und wir sollten sie beschäftigen. Kessi hatte zum Glück viele kreative Ideen. Einmal gingen wir mit den Jugendlichen Schlittschuhlaufen, was besonders lustig war, weil sie so etwas vorher noch nie gemacht hatten. Das Ergebnis war, dass Sprotte mehrmals hinfiel und wir ihn dann bei uns zu Hause verarzten mussten.

Meine neuen Bekanntschaften brachten viele unerwartete Dinge mit sich: Es galt Geld zu verleihen (was man in der Regel nie wieder sah), Eintrittsgelder bei gemeinsamen kulturellen Unternehmungen zu bezahlen oder jemanden bei einem Behördengang zu begleiten. Mit der Zeit war ich, ohne es zu merken, eine Art Streetworker geworden. Und immer wieder warteten neue Überraschungen auf mich.

„Kannst du mir mal deinen Transporter borgen?", fragte mich Sprotte eines Tages. „Ich muss bloß mal kurz einen Schrank wohin fahren", meinte er.

Da das Fahrzeug mittlerweile ohnehin mehr in unserer Jugendarbeit zum Einsatz kam als in seiner eigentlichen Bestimmung, nämlich in meiner Firma, sagte ich ohne weiter darüber nachzudenken „Ja".

„Danke! Bist `n echter Kumpel!", tönte Sprotte, während ihm wie immer lässig die Zigarette aus dem Mundwinkel hing.

Ich gab ihm den Schlüssel und die Fahrzeugpapiere und er bestieg meinen Transporter.

„Wie lange dauert es denn?", wollte ich wissen.

„Naja, wie gesagt, das geht ganz schnell. Spätestens nach dem Mittag bin ich wieder da", raunte er mir zu und schon fuhr er los.

Doch nach dem Mittag kam Sprotte nicht zurück. Die Stunden vergingen und von meinem Transporter war keine Spur zu sehen.

„Hoffentlich kommt er überhaupt wieder…", meinte Kessi und schaute mich mit einem vielsagenden Blick an.

Nachdem das Fahrzeug auch am Abend noch nicht zurück war, wurde ich langsam unruhig.

Spät am Abend klingelte es endlich an der Tür. Draußen stand Sprotte.

„Es gab ein Problem", sagte er kleinlaut.

„Und das wäre?", fragte ich.

„Am besten du schaust mal selber…"

Unten auf der Straße stand mein Transporter – mit einer fetten Beule in der Stoßstange.

Der Gefängnisbesuch

„Sie haben Marcel eingebunkert!", riefen mir die Jungs aufgebracht zu, als sie in unseren Jugendclub reingestürmt kamen. Ganz außer sich vor Ärger schrien sie herum, als könnte ich etwas dafür.

„Diese B…schweine!", ächzten sie und schwangen ihre geballten Fäuste durch die Luft, so dass ich gleich einen Satz zur Seite machte.

Plötzlich kam mir ein Gedanke: Ich könnte Marcel ja mal im Gefängnis besuchen. Das war es! Sicher würde er sich über meinen Besuch total freuen und er hätte in seiner Situation auch jemanden zum Reden.

So machte ich mich das allererste Mal in meinem Leben auf den Weg zu einem Besuch in eine Jugendvollzugsanstalt. Marcel war nach Plauen gekommen, circa 80 Kilometer von Chemnitz entfernt.

Als ich die JVA endlich gefunden und mein Auto eingeparkt hatte, betrat ich den Eingangsbereich. Der Mann hinter der Scheibe fragte mich: „Wo möchten Sie hin?"

„Ich will einen Gefangenen besuchen, Marcel..."

„Ausweis und Besucherschein, bitte!", gab der Beamte zurück.

„Besucherschein?? Was ist das?", fragte ich irritiert.

Der Beamte schaute mich mit hochgezogenen Augenbrauen an.

„Sie haben keinen Besucherschein?", meinte er mit skeptischer Stimme.

„Nein, ich weiß gar nicht, was das ist", gab ich ehrlicherweise zurück.

Der Beamte schüttelte ungläubig den Kopf.

„Ohne Besucherschein kann ich Sie hier nicht reinlassen!", sagte er leicht genervt und dann erklärte er mir, wie so etwas normalerweise abläuft. Damit war meine Besuchszeit zu Ende und ich durfte wieder nach Chemnitz zurückfahren.

In meiner grenzenlosen Naivität hatte ich tatsächlich angenommen, ich könnte einen Gefangenen einfach mal so spontan besuchen, so wie meine Oma im Pflegeheim.

So wurde mein erster Gefängnisbesuch nicht gerade ein Paradestart. Damals konnte ich noch nicht ahnen, wie oft ich in den folgenden Jahren in Gefängnissen sein würde, um Jugendliche zu besuchen oder vor ganzen Gruppen von Gefangenen zu sprechen und zu singen. Zu dieser Zeit aber waren solche Dinge für mich vollkommen neu und ich musste noch viele Erfahrungen für meine neue Aufgabe sammeln.

Kapitel 6
Ein Haus voller Leben

Eine neue Idee

Wir brauchen mehr Platz", sagte ich eines Tages gedankenversunken, als wir mit unserem Mitarbeiterteam zusammen saßen.

„Wie meinst du das?", fragten meine Freunde.

„Unsere Räume sind einfach zu klein. Die Jugendlichen können hier nur dasitzen. Die einzige Abwechslung ist der Billardtisch. Wenn wir sie nicht sinnvoll beschäftigen können, dann kommen sie immer wieder auf dumme Ideen, so wie Marcel", gab ich unzufrieden zurück.

„Aber was sollen sie denn sonst machen?", kam die Frage zurück.

„Wenn wir größere Räume hätten, dann könnten wir kreative Dinge anbieten und die Talente der jungen Leute fördern, zum Beispiel mit Musikprojekten. Und am besten wäre, wenn gleich noch jemand von uns mit vor Ort wohnt, der die Jugendlichen dabei betreuen kann", fasste ich meine Idee in Worte.

So langsam kam auch die Fantasie meiner Freunde in Wallung.

„Ja, und eine Konzertbühne wäre auch nicht schlecht!", meinte der eine.

„Und vielleicht noch eine Notunterkunft für Jugendliche", kam der nächste Vorschlag.

„Naja, an Ideen wird es jedenfalls nicht mangeln", sagte ich, als wir die Runde einige Zeit später auflösten.

An diesem Abend saß ich noch lange zu Hause und dachte über die Idee mit den größeren Räumen nach. Grübelnd ging ich in meinem Wohnzimmer auf und ab. Mit einem Mal musste ich an die Pläne mit unserem Einfamilienhaus denken. Bereits seit längerem hatten Kessi und ich auf ein Haus gespart. Wir wollten raus aus der Stadt, irgendwohin ins Grüne, wo viel Ruhe ist. Zuletzt hatten wir uns ein romantisches Haus in einem kleinen Dorf am Stadtrand von Chemnitz angeschaut. Doch seit es unseren Jugendclub gab, waren mir immer mehr Zweifel gekommen, ob es wirklich gut wäre, aus der Stadt wegzuziehen. Denn ich würde dadurch nicht mehr so gut für die Jugendlichen zu erreichen sein und vielleicht den Kontakt zu vielen jungen Leuten verlieren.

Während ich über all diese Dinge nachdachte, formte sich plötzlich eine Vision in mir: ‚Was wäre, wenn wir statt des Einfamilienhauses ein mehrstöckiges Gebäude mitten in der Stadt kaufen würden, groß genug, um auch Räumlichkeiten für ein Jugendzentrum zur Verfügung stellen zu können?'

Das war es! Das war die Idee! Und mit einem Mal wusste ich: Das ist der Plan Gottes.

Nun gab es nur noch zwei Probleme: Erstens musste ich meine neue Idee Kessi beibringen und zweitens ein geeignetes Gebäude finden, indem wir zum einen wohnen konnten und es zum anderen genügend Platz für ein Jugendzentrum gab.

Am nächsten Morgen saß ich am Frühstückstisch und überlegte krampfhaft, wie ich die Sache ansprechen sollte.

„Du, Kessi…", begann ich vorsichtig und räusperte mich verlegen. „Ich habe da so eine Idee…"

„Na, da bin ich ja gespannt…", meinte Kessi und fügte schmunzelnd hinzu: „Die neuen Ideen scheinen dir ja nie auszugehen."

„Also, ich habe mir überlegt, dass wir vielleicht doch nicht aufs Land ziehen…"

„Und was dann?", schaute mich Kessi fragend an.

Ich holte tief Luft.

„Was hältst du davon, wenn wir hier in der Stadt ein größeres Gebäude kaufen und im Erdgeschoss ein Jugendzentrum einbauen?"

Für einen Moment zog Stille ein. Dann schüttelte Kessi den Kopf und meinte: „Wie ich's geahnt habe, wieder 'mal so eine verrückte Idee…"

Nach einer Weile fügte sie hinzu: „Aber wenigstens ziehen wir dann nicht aufs Dorf. Ich habe nämlich in letzter Zeit auch empfunden, dass es besser wäre, hier in der Stadt zu bleiben."

‚Ein Wunder!', dachte ich innerlich und atmete erleichtert auf. Durch Kessis Worte fiel ein großer Stein von meinem Herzen. Es war für mich eine wichtige Bestätigung, dass die Idee wirklich von Gott kam. Und tatsächlich hatte Gott etwas vorbereitet. Noch in derselben Woche entdeckte ich in Chemnitz ein leerstehendes Gebäude, das zum Verkauf stand. Es war relativ zentral gelegen und hatte drei Etagen. Im Erdgeschoss befand sich ein ehemaliges Ladenlokal und die Räume waren groß genug, um darin einen Veranstaltungsraum mit einer kleinen Konzertbühne einzubauen. Obwohl an dem Haus etliches zu sanieren war, spürte ich: Das ist das ideale Gebäude!

Als ich meinen Freunden einige Wochen später mitteilte, dass ich ein Haus kaufen werde und wir im Erdgeschoss unser zukünftiges Jugendzentrum einbauen können, waren sie total begeistert. Alle sprühten voller kreativer Ideen über die Nutzung der Räume und die damit verbundenen Möglichkeiten für unsere Jugendarbeit.

Die Abwicklung des Kaufs ging relativ schnell über die Bühne. Nur wenige Monate später begann ich mit den ersten Sanierungsarbeiten und baute in den beiden oberen Etagen für Kessi und mich eine Wohnung aus sowie Büro- und Lagerräume für meine Firma.

Ein halbes Jahr später zogen wir ein.

Zu diesem Zeitpunkt hatten Kessi und ich noch keinerlei Vorstellung, worauf wir uns da eigentlich einließen – in einem Haus zu wohnen, in dem sich ein Jugendzentrum befindet. Wir waren vollkommen naiv und unbesorgt. Wir dachten nicht daran, dass bei Konzerten das ganze Haus beschallt werden würde. Wir rechneten nicht damit, dass uns mitten in der Nacht Jugendliche aus dem Bett klingeln würden. Wir ahnten nichts von eingeschlagenen Fensterscheiben oder Polizeieinsätzen bei Randalen vor dem Jugendzentrum.

Damals lagen erst einmal ganz andere Probleme vor uns.

Eine neue Herausforderung

Als wir uns einige Zeit später im Mitarbeiterteam trafen, um gemeinsam zu überlegen, wie wir den Innenausbau des Jugendzentrums und dessen Finanzierung nun angehen, gab es viele Fragezeichen.

„Ich kann dem Verein die Räume erstmal bis auf weiteres mietfrei überlassen. Aber die Inneneinrichtung müssen wir irgendwie selbst auf die Beine stellen", sagte ich in die Runde.

Die Mitarbeiter kratzten sich am Kopf. Pläne gab es viele: Wir wollten eine Konzertbühne mit Licht- und Beschallungsanlage einbauen, eine Bar, eine Küche und einiges mehr. Doch keiner hatte eine Ahnung, woher das Geld dafür kommen sollte.

„Wir hatten doch schon mal so eine Situation, damals bei der Inneneinrichtung unseres Jugendclubs. Ihr wisst schon, die Bibelstelle mit der Vermehrung der Fische und Brote...", meinte ein Mitarbeiter und schaute mich erwartungsvoll an.

Ich wusste sofort, worauf er hinaus wollte.

„Ja, das war damals. Aber inzwischen haben meine finanziellen Möglichkeiten wesentlich abgenommen", gab ich zurück.

Aus meinen Augenwinkeln sah ich die enttäuschten Blicke der Mitarbeiter. Sie dachten wahrscheinlich, dass ich durch meine Agentur so eine Art Millionär wäre. In Wirklichkeit verbrachte ich mittlerweile kaum noch Zeit in meiner Firma, sondern arbeitete als vollzeitlicher Jugendbetreuer, nur mit dem Unterschied, dass ich dafür kein Geld bekam.

Nach einer Weile des Schweigens ergriff ein anderer Mitarbeiter das Wort: „Ich glaube, die eigentliche Botschaft in der Geschichte mit den Fischen und Broten war doch, dass jeder seine vorhandenen Möglichkeiten einsetzen soll. Und dann tat Gott seine Wunder."

„Ich habe da eine Idee", fuhr er fort. „Jeder von uns nimmt sich einen Zettel und hört mal ein paar Minuten auf Gott, was er persönlich geben soll. Dann schreibt jeder den Betrag auf."

Eine Viertelstunde später lagen eine Hand voll Zettel auf dem Tisch und als wir die darauf stehenden Zahlen addierten, staunten wir nicht schlecht: Es war genügend zusammengekommen, um mit den Einrichtungsarbeiten zumindest erst einmal beginnen zu können.

Der Innenausbau beginnt

Helfer für die Arbeiten hatten wir genug, denn die jungen Leute aus unserem Jugendclub waren hoch motiviert. Vor allem Sprotte kam jeden Nachmittag zum Helfen vorbei. Und er brachte sogar noch seine Kumpel mit. Meist ging es bis in die Nacht und manchmal wurde auch bis zum Morgengrauen durchgearbeitet und anschließend auf Isomatten übernachtet.

Bei der Finanzierung der Inneneinrichtung des Jugendzentrums waren wir herausgefordert, ganz auf Gottes Wunder zu vertrauen. Immer wieder beteten wir zusammen im Team und erlebten anschließend oft auf erstaunliche Weise, wie uns zum Teil wildfremde Menschen mit Finanzen und Einrichtungsgegenständen unterstützten.

Doch es gab auch Herausforderungen, die meinen Glauben an Gottes Möglichkeiten überstiegen, zum Beispiel bei der Heizungsanlage. In unserem Haus gab es lediglich eine Etagenheizung für die Wohnräume, aber für das leerstehende Erdgeschoss waren weder Heizkessel noch Heizkörper vorhanden.

„Bei allem Glauben, aber eine Heizungsanlage können wir uns nicht leisten!", sagte ich eines Tages zu einem Mitarbeiter.

„Aber wir können die Räume doch nicht kalt lassen!", meinte er.

„Naja, ich habe mir überlegt, im Baumarkt einfach einige mobile Heizstrahler zu kaufen und im Veranstaltungsraum und den Nebenräumen aufzustellen", gab ich zurück.

Die Reaktion des Mitarbeiters traf mich wie eine Schelte: „Aber wir haben doch einen großen Gott! Wir müssen nur für die Heizungsanlage beten!", meinte er entrüstet.

Ehrlich gesagt, hatte ich bei dem darauf folgenden Gebet nicht nur sehr wenig Glauben, sondern eher gar keinen! Trotzdem beteten wir zusammen um eine Heizungsanlage.

Nur eine Woche später bekamen wir überraschend Besuch vom Chef einer Chemnitzer Heizungsfirma.

„Ich habe gehört, dass ihr hier ein Jugendzentrum bauen wollt. Braucht ihr vielleicht Heizkörper? Durch eine Fehlkalkulation auf einer Großbaustelle sind nämlich gerade etliche Heizkörper übriggeblieben."

Ich war sprachlos!

„Gott, vergib mir bitte meinen Kleinglauben!", betete ich innerlich.

Kurz darauf standen mehr als zehn Heizkörper aufgereiht in unseren Räumen.

Doch damit war das Wunder noch nicht zu Ende: Nur einen Monat später bekamen wir von einer Kirchgemeinde auch noch einen nagelneuen Heizkessel geschenkt.

Einmal mehr hatte ich erfahren dürfen: Für Gott ist wirklich nichts unmöglich!

Die Konferenz

„Tilo, willst du mit nach Leipzig fahren? Da findet demnächst eine christliche Konferenz statt", fragte mich mein Freund Isi eines Tages.

„Eine Konferenz…? Muss man da etwa viel sitzen und sich lange Vorträge anhören?", gab ich etwas zögerlich zurück.

„Nein!", lachte Isi. „Das ist doch keine Parteiversammlung. Da geht richtig die Post ab!", schwärmte er.

„Na gut", meinte ich. „Ich war zwar noch nie bei so einer Konferenz gewesen, aber irgendwie würde es mich schon 'mal interessieren."

Als ich einige Wochen später in die Leipziger Messehalle kam, traute ich meinen Augen kaum: Während auf der Bühne eine christliche Rockband spielte, sangen und tanzten tausende Menschen und beteten begeistert Jesus an. Es war eine ähnlich fröhliche Atmosphäre wie damals in der Baracke bei Pastor Albert, nur dass es hier Tausende waren.

Die Tage wurden zu einer prägenden Erfahrung für mich. Es geschahen außergewöhnliche Dinge und ich erlebte das erste Mal mit, wie Menschen durch Gebet von Krankheiten geheilt wurden.

Am letzten Abend der Konferenz gab es eine besondere Zeit, bei der man zum Gebet nach vorn kommen und sich segnen lassen konnte. Während die Einladung dazu ausgesprochen wurde, begann mein Herz plötzlich wie wild zu klopfen und ich spürte, dass ich dort vorgehen sollte.

Sobald ich vorn am Bühnenrand stand, begann etwas ganz Seltsames: Ich musste weinen. Einfach so, ganz ohne ersichtlichen Grund. Bis zu diesem Tag hatte ich seit meiner Kindheit nicht mehr geweint. Ich war sogar immer stolz darauf, dass mich nichts so schnell erschütterte und ich hatte mich insgeheim über die Heulmemmen aufgeregt, die so nah am Wasser gebaut waren. Doch nun stand ich zusammen mit einigen anderen Leuten vor der Bühne und heulte wie ein Schlosshund. Ich hatte keine Ahnung, was eigentlich mit mir los war. Das Einzige, was ich spürte, war ein Empfinden von Gottes Gegenwart, so wie ich es bis dahin noch nie erlebt hatte. Es war, als würde ich direkt vor ihm stehen und tief von seiner Liebe berührt werden. So ging es einige Minuten. Nach einer Weile kamen Mitarbeiter der Konferenz auf uns zu und beteten für uns. Danach ging ich wieder zurück an meinen Platz.

Sobald ich wieder auf meinem Stuhl saß, merkte ich, dass sich etwas in mir verändert hatte. Es war, als wäre irgendetwas aus mir gewichen, von dem ich bis dahin gar nicht gewusst hatte, dass es in mir war. Ich fühlte mich plötzlich viel freier als vorher und erlebte eine bis dahin nie gekannte innere Freude.

Doch noch etwas hatte sich verändert. Mein Bedürfnis nach Nikotin war verschwunden. Das Rauchen war ein letzter Überrest aus meiner Vergangenheit. Seit ich Christ geworden war, hatte ich den

Zigarettenkonsum zwar stark reduziert, aber irgendwie war es mir nie gelungen, das Rauchen ganz aufzugeben. Doch in dieser Veranstaltung war das Wunder geschehen: Nachdem ich fünfzehn Jahre lang geraucht hatte, wurde ich in einem einzigen Augenblick von der Sucht befreit und nach diesem Tag nahm ich nie wieder eine Zigarette in die Hand.

Die Segnungszeit war eine herrliche Erfahrung, bei der Gott noch einmal ganz neue Bereiche in meinem Herzen berührte und ich innere Heilung und Befreiung erlebte.

Aber auch durch die Themen und Vorträge der Konferenz wurden wichtige Veränderungen in mir angestoßen und ich bekam viele neue Impulse für unsere Jugendarbeit.

Die erste JesusParty

Auf der Rückfahrt von der Konferenz kam mir auf einmal eine Idee. Ich drehte mich zu Isi um und sagte: „Was hältst du davon, wenn wir in unseren neuen Räumen einen Jugendgottesdienst beginnen?"

„Mitten auf der Baustelle?", fragte Isi skeptisch und fügte hinzu: „Wir stecken doch noch voll im Innenausbau."

„Ich weiß. Aber von den unfertigen Räumen hängt es ja sicher nicht ab. Mir geht einfach nicht mehr aus dem Kopf, was ich auf der Konferenz erlebt habe", sagte ich.

„Was meinst du damit?", fragte Isi.

„Ich meine die vielen jungen Leute, die während den Anbetungszeiten durch Gottes Liebe berührt und verändert wurden. Solche Veränderungen haben wir in unserer Jugendarbeit bisher noch nie gesehen. Es wäre doch herrlich, wenn wir das bei uns auch erleben würden!"

„Okay, Probieren geht über Studieren", gab Isi schmunzelnd zurück.

An diesem Tag wurde die Idee für unseren NEW GENERATION-Jugendgottesdienst geboren: die *JesusParty*. Keiner hätte damals geahnt, wie sehr diese Veranstaltung später einmal wachsen würde. Doch der Anfang war nicht nur klein, er war winzig!

Die erste JesusParty fand am 29. Oktober 1997 statt. Da es noch kein Mitarbeiterteam für die Veranstaltung gab, war ich selbst das Team, das alles vorbereitete. Ich hatte Flyer gedruckt und die Veranstaltung nach allen Regeln der Kunst beworben. Ich hatte Lieder herausgesucht und eine kurze Rede einstudiert. In meiner grenzenlosen Naivität hatte ich den Abend vorbereitet, als würde ich eine regelrechte Invasion von Leuten erwarten. Ich räumte den Raum aufwendig ein, baute eine mobile Lichtanlage auf und dazu eine Beschallungsanlage für meine

Gitarre und mein Mikrofon. Bis zuletzt suchte ich verzweifelt nach dem Netzstecker für das Hallgerät, denn das musste unbedingt an das Mikrofon angeschlossen werden. Durch meinen früheren Beruf als Musiker war ich einen gewissen Standard gewöhnt. Das Hallgerät gehörte einfach dazu! Aber aus unerklärlichen Gründen konnte ich den Netzstecker nicht finden.

Schließlich war die Zeit herangerückt und ich öffnete erwartungsvoll die Tür. Doch draußen stand niemand. Mit meinen Augen suchte ich das Gelände weitläufig ab, aber es war keiner zu sehen. Deprimiert ging ich in die Räume zurück und ließ mich auf einen Stuhl fallen.

Nachdem ich eine Weile lang frustriert dagesessen und gewartet hatte, ging plötzlich die Tür auf und Isi kam zusammen mit seiner Frau herein.

„Hallo, da sind wir!", riefen sie.

„Und die anderen?", wollte ich wissen.

„Keine Ahnung, wo die sind", kam als Antwort.

„Aber zu den Baueinsätzen kommen sie doch auch alle, wieso nicht heute?", schüttelte ich verwundert den Kopf.

„Naja, ein Gebetsabend ist eben kein Baueinsatz mit anschließendem Grillen am Lagerfeuer", meinte Isi.

„Also habe ich alles umsonst vorbereitet...", stöhnte ich.

Ich hatte es echt satt! Gäste waren überhaupt keine gekommen, noch nicht einmal alle Mitarbeiter vom Jugendclub. Stattdessen saßen wir zu dritt da.

Nun bemerkte ich auch, dass ich weder eine Beschallungsanlage hätte aufbauen müssen, geschweige denn ein Hallgerät brauchte...

Bei einer der ersten JesusPartys

Saat und Ernte

So wurde die erste JesusParty zu einer wichtigen Lektion, die Gott mir erteilte. Überhaupt schien Gott immer sehr viele kreative Ideen parat zu haben, wenn es darum ging, mich von meinen Höhenflügen auf den Boden zurückzuholen. Das sollte ich jedenfalls noch öfter erleben.

Nachdem ich mich am nächsten Tag von meinem Frust über die erste Veranstaltung wieder einigermaßen erholt hatte, kam mir der Gedanke, dass solche Dinge vielleicht doch etwas mehr Zeit zum Wachsen brauchten. Ich beschloss, die JesusParty ab sofort wöchentlich durchzuführen. Woche für Woche bereitete ich die Veranstaltungen mit großen Erwartungen vor. Doch als ich dann abends in die Räume kam, saßen zu meiner Enttäuschung meist nur drei oder vier Leute da.

So ging es einige Monate, bis sich die Besucherzahl an einem bestimmten Abend erstmals auf zehn Leute gesteigert hatte. Ich war begeistert! ‚Jetzt geht es richtig los!‘, dachte ich euphorisch.

Aber schon bei der nächsten Veranstaltung folgte die Ernüchterung: Es kamen wieder nur vier Gäste. So ging es ein ganzes Jahr und all meine großen Träume zerplatzten wie Seifenblasen im Wind.

„Was mache ich nur falsch?", fragte ich frustriert, als ich eines Tages ein Gespräch mit einem langjährigen christlichen Leiter hatte.

„Bei Gott funktioniert alles nach dem Prinzip von Saat und Ernte", bekam ich zur Antwort. „Und zwischen beiden liegt meist eine lange Zeit, in der es vor allem darum geht, Tag für Tag Treue und Hingabe zu zeigen", fügte er hinzu.

„Wie lange muss man denn so eine Treue zeigen, bis man endlich ernten kann?", fragte ich etwas trotzig.

„Wenn man nicht das richtige Herz dabei hat, kann es schon mal locker tausend Jahre dauern", meinte er mit einem Schmunzeln und fuhr fort: „Weißt du, bei Gott geht es nicht zuerst um sichtbare Erfolge, sondern es geht eigentlich immer nur um einzelne Menschen. Die großen Events und Besucherzahlen machen es nicht. Schau nicht auf die Zahlen, sondern auf das, was Gott bei Einzelnen tut!"

Das Gespräch löste irgendetwas in meinem Herzen aus.

‚Es geht um einzelne Menschen…‘, ging es mir immer wieder durch den Kopf. Ich begann darüber nachzudenken.

Bevor ich Christ wurde, hatte ich die Menschen meist danach bemessen, was sie mir nützten. Doch nun zeigte mir Gott, dass ich denen dienen sollte, die nichts zu geben hatten, sondern in Not waren und meine Hilfe brauchten. Nach ihnen sollte ich Ausschau halten.

Ein besonderes Mittagessen

Einige Tage später lief ich durch die Stadt. Ich kam gerade von einem Kunden meiner Agentur und wollte irgendwo noch schnell etwas zum Mittag essen. Während ich mich nach einem passenden Restaurant umschaute, blieb mein Blick an einer Bank hängen, auf der ein Obdachloser saß. Er sah schlimm aus und während ich ihn mit etwas Abstand aus meinen Augenwinkeln betrachtete, empfand ich plötzlich ganz intensiv, dass Gott wollte, dass ich ihn zum Mittagessen einlade.

Zuerst dachte ich, dass sei ein schlechter Scherz. Doch dann begriff ich, dass es Gott purer Ernst war.

Nach einem kurzen inneren Kampf atmete ich tief durch, ging zu der Bank und setzte mich neben den Obdachlosen. Bis zu diesem Augenblick war ich noch nie in meinem Leben mit solch einem Menschen in Berührung gekommen. Ich wusste gar nicht, wie ich ihn ansprechen sollte. Zudem roch er dermaßen stark, dass ich meine Nase am liebsten weit von ihm wegdrehen wollte, anstatt zu ihm hin. Mir ging durch den Kopf, was die Geschäftspartner meiner Firma wohl denken würden, wenn sie mich hier zufällig sitzen sahen. Aber ich wusste, dass all das jetzt keine Rolle mehr spielen durfte, denn hier war ein Mensch, den Gott liebte und dem Gott durch mich etwas Gutes tun wollte.

Ich schaute mir den Mann an. Seine langen grauen Haare und sein ungepflegter Bart machten es schwer, sein Alter zu schätzen. Vielleicht war er sechzig oder auch jünger. Er sah traurig aus, verlebt und ohne Hoffnung. Ich versuchte mir vorzustellen, wie sein Leben verlaufen war. Auch er war ja einmal jung gewesen, vielleicht ein fröhliches Kind, ein junger Mann voller Träume. Was war in seinem Leben passiert, dass er nun in diesem schrecklichen Zustand war?

Ich gab mir einen letzten Ruck und dann sprach ich ihn an.

„Guter Mann, ich würde Sie gern zum Mittagessen einladen. Oder haben Sie schon gegessen?", fragte ich ihn.

Er drehte sich langsam zu mir um und starrte mich mit leblosen Augen an. An seiner Reaktion wurde mir klar, dass er mich nicht richtig verstanden hatte. Auf Grund seines starken Geruchs hatte ich einen zu großen Abstand zu ihm und wahrscheinlich war er zudem schwerhörig. Also rückte ich ganz dicht an ihn heran und rief ihm laut ins Ohr: „Ich möchte Sie zum Essen einladen!"

„Was möchten Sie?", gab er mit misstrauischer Miene zurück, während seine vielen Zahnlücken sichtbar wurden.

„Sie zum Essen einladen!" rief ich ihm ins Ohr.

Es dauerte noch eine ganze Weile, bis er begriff, was ich wollte und vor allem, dass es kein Aprilscherz war. Endlich hatte er es verstanden und wir konnten zusammen in eine Gaststätte gehen.

Unser Gast

Das Essen mit dem Obdachlosen wurde für mich zu einer Art Einstiegserlebnis in eine ganz neue Welt. Ich lernte die kaputtesten Menschen kennen, die vollkommen am Rand der Gesellschaft lebten. Obwohl ich eigentlich zur Jugendarbeit berufen war, wollte Gott aus irgendeinem Grund, dass ich auch diese Not kennenlernte.

Es dauerte nicht lange, da begegnete ich einem Alkoholiker. Er hieß Jörg, war Mitte Fünfzig und seit über dreißig Jahren alkoholkrank. Unzählige Entziehungskuren hatte er schon hinter sich. Bei der Polizei war er bekannt wie ein bunter Hund. Und er war obdachlos.

„Dem müssen wir helfen!", sagte ich zu Kessi, nachdem ich ihr von der Begegnung erzählt hatte.

„Was meinst du mit ‚helfen'?", gab sie fragend zurück.

„Naja, er ist obdachlos. Wir könnten doch das Arbeitszimmer in unserer Wohnung etwas umräumen...", gab ich vorsichtig zurück.

„Aha...", entfuhr es Kessi und sie schaute mich mit großen Augen an.

Wenige Tage später lernte Kessi Jörg das erste Mal kennen. Und als sie sein trauriges Schicksal mit eignen Augen sah, fiel spontan die Entscheidung, dass wir ihn bei uns aufnehmen.

Wir richteten ein Zimmer für ihn her und dann zog Jörg bei uns zu Hause ein. Wir waren völlig naiv und sorglos und hatten keine Vorstellung von dem, was in den nächsten Monaten auf uns zukam. Die Storys, die wir mit Jörg erlebten, würden problemlos Stoff für ein eigenes Buch hergeben. Da die meisten Erlebnisse eher traurig sind, habe ich hier eine lustige Geschichte ausgewählt.

Es war an einem Samstagnachmittag im Sommer und wir saßen gerade hinter dem Haus auf der Terrasse. Plötzlich kam Jörg freudestrahlend zum Gartentor herein.

„Ich habe euch etwas mitgebracht!" rief er.

Dann präsentierte er uns zwei prall gefüllte Einkaufstüten. Zum Vorschein kamen ein tiefgefrorener Hase und allerlei andere leckere Speisen. Wir staunten nicht schlecht.

„Wo hast du denn das Geld für einen solchen Einkauf her?" wollte ich wissen.

„Geld?", gab Jörg zurück und lachte verschmitzt.

Dann machte er eine Handbewegung, mit der er uns zu verstehen gab, dass er die Dinge in der Kaufhalle hatte mitgehen lassen.

Wir waren schockiert.

„Das bringst du sofort zurück!", rief ich energisch.

„Bist du blöd? Ich wollte euch doch nur 'nen Gefallen tun!", japste er.

Ich war sprachlos.

Wir diskutierten eine lange Zeit miteinander. Der Hase war inzwischen aufgetaut und es tropfte unentwegt aus seinem Beutel.

Ich beharrte darauf, dass er alles zurückbringen sollte.

Schließlich zog Jörg mit seinen Taschen davon. Dass er die Lebensmittel wirklich zurück in die Kaufhalle brachte, war eher zu bezweifeln. Wahrscheinlich entsorgte er seine Beute in irgendeinem Gebüsch einige Häuser weiter. Denn bereits kurze Zeit später kam er wieder mit den leeren Taschen zurück.

Wir erlebten noch etliche andere Überraschungen mit Jörg, aber vor allem viele traurige Situationen. Nachdem er einige Monate bei uns gewohnt hatte, konnten wir ihn in einer Entgiftungsklinik unterbringen. Nur kurze Zeit später brach er die Therapie ab und verschwand spurlos. Wir sahen ihn nie wieder, bis wir eines Tages erfuhren, dass er in einem Krankenhaus gestorben war.

Kapitel 7
Ein Tag,
der vieles verändert

Über den Wolken

I ch muss jetzt los", sagte Kessi und klappte den Koffer ihrer Bassgitarre zu.

„Ich komm' noch mit runter", meinte ich.

Unten standen schon ihre Musikerkollegen und warteten. Kessi spielte immer noch in ihrer Rock 'n' Roll-Band und an den Wochenenden waren sie meistens auf Tour.

„Also dann, bis heut' Abend. Es wird sicher spät werden", rief Kessi mir zum Abschied zu.

Ich schaute noch eine Weile dem Bandbus hinterher und dann ging ich wieder ins Haus zurück.

Als ich die Treppenstufen hochstieg, dachte ich: ‚Ein komplett freier Tag heute. Das gab es lange nicht.'

Plötzlich kam mir ein Impuls: Was wäre, wenn ich mir mal einen ganzen Tag lang nur Zeit zum Gebet nehmen würde?

Mein erster Gedanke war: Einen ganzen Tag beten – wie soll das gehen? Das schaffst du nie! Doch der Impuls ging mir nicht mehr aus dem Kopf.

Ich setzte mich an meinen Küchentisch und schenkte mir einen Kaffee ein. Während ich den heißen Dampf beobachtete, der aus meiner Tasse aufstieg, wurde vor meinem inneren Auge ein Erlebnis aus meinem letzten Winterurlaub wach.

Da gab es einen trüben, vernebelten Tag und ich wollte an diesem Morgen eigentlich lieber im Bett bleiben, anstatt Ski zu fahren. Doch irgendwie schaffte es Kessi, mich zu überreden. Ich quälte mich in meinen Ski-Anzug, packte die Ausrüstung zusammen und kratzte das zugefrorene Auto frei.

Eine halbe Stunde später standen wir an der Berggondel. Das Wetter war schrecklich. Es wehte ein nasskalter Wind und der Nebel war so dicht, dass man kaum etwas sehen konnte. Ziemlich lustlos setzte ich mich mit Kessi in die Kabine und während wir losfuhren, dachte ich: ‚Wäre ich doch nur zu Hause geblieben!'

Doch nach einigen hundert Metern geschah etwas Unerwartetes: Wir durchbrachen die Wolkengrenze und plötzlich umgab uns strahlender Sonnenschein. Oben auf dem Gipfel angekommen hatten wir eine wunderschöne Aussicht, die Pisten waren herrlich zu fahren und es wurde schließlich der schönste Tag des ganzen Urlaubs. Am Ende des Tages konnte ich nur noch sagen: „Zum Glück habe ich mich überwunden. Was hätte ich sonst verpasst!"

Der „Gebetstag" beginnt

Während ich an das Urlaubserlebnis zurückdachte, hatte ich mit einem Mal das Empfinden, dass Gott mir etwas damit sagen wollte. Es hatte irgendwie mit dem Impuls zu tun, den heutigen Tag im Gebet zu verbringen.

Und plötzlich war mir klar, was die Botschaft dahinter war: Wenn ich wirklich zu Gott durchdringen wollte, dann durfte ich mich durch nichts davon abhalten lassen. Weder von Müdigkeit noch durch Trägheit. Ich musste einfach beginnen auf den ‚Berg' hoch zu steigen und so lange laufen, bis ich in Gottes Gegenwart angekommen war.

Das war es, was Gott mir zeigen wollte.

Ich räumte meine Kaffeetasse weg und ging ins Wohnzimmer. Und dann begann ich zu beten. Zu diesem Zeitpunkt hatte ich keine Ahnung, was für ein faszinierendes Abenteuer an diesem Tag auf mich wartete und wie diese Stunden letztlich vieles in meinem Leben verändern würden.

Mein „Gebetstag" begann wie eine ganz gewöhnliche Gebetszeit.

Ich betete Gott an, sang Lieder für ihn, las in der Bibel und erzählte ihm, was mich bewegte. So ging es einige Stunden lang. Nichts Außergewöhnliches passierte. Doch dann, irgendwann am Nachmittag, geschah etwas Sonderbares. Ich sah auf einmal vor meinem inneren Auge das Kinogebäude, das sich einige hundert Meter entfernt von unserem Haus befand. Und dann hörte ich ganz deutlich eine innere Stimme: „Kauf das Kino!"

Ich hielt erschrocken inne. War alles in Ordnung mit mir? War ich verrückt geworden? Oder hatte ich Fieber?

Das Gebäude war ein großes stadtbekanntes Kino. Es stand zwar derzeit leer, aber ein Kino zu kaufen als kleiner Mini-Verein, das war einfach ein vollkommen absurder Gedanke.

Doch der Eindruck ging nicht weg und ich hatte sogar das Empfinden, je mehr ich mich dagegen wehrte, umso deutlicher wurde er.

Kopfschüttelnd saß ich auf meinem Sofa und dachte: ‚Wenn ich das jemandem erzähle, werden mich alle für verrückt erklären!'

Allein die Vorstellung, diese Sache meinen Freunden im Leitungsteam zu berichten, ließ mich schon Bauchschmerzen bekommen.

‚Ich brauche ein Zeichen!', schoss es mir durch den Kopf.

Augenblicklich erinnerte ich mich an eine biblische Geschichte. Dort hatte ein Mann namens Gideon auch einen verrückten Auftrag von Gott bekommen. Und er hatte Gott um ein besonderes Zeichen gebeten.

Nach kurzem Überlegen kam mir eine Idee.

„Gott", betete ich, „ich werde jetzt irgendwo die Bibel aufschlagen und auf der rechten Seite, in der untersten Zeile, soll eine ganz klare Bestätigung stehen. Ansonsten werde ich die Sache wieder vergessen!"

Ich hatte Gott noch nie bei einer Entscheidung um solch ein Zeichen gebeten. Aber in dieser Situation musste es einfach sein.

Ich nahm meine Bibel in die Hand und steckte meinen Finger zwischen die Seiten. Dann schlug ich sie langsam auf.

Auf der rechten Seite, in der untersten Zeile stand: „ …mein Haus, über dem mein Name ausgerufen ist."

Ich starrte auf die Worte und war wie elektrisiert.

Plötzlich spürte ich überall im Raum Gottes Gegenwart und ich bekam eine regelrechte Gänsehaut.

Und mit einem Mal wurde mir bewusst: Gott ist wirklich da und er spricht mit mir. Und er hat einen außergewöhnlichen Plan mit diesem Kinogebäude.

Der Gebetstag geht weiter

Aber mit dem Eindruck, dass wir das Kino kaufen sollten, war dieser Tag noch lange nicht zu Ende. An diesem Nachmittag redete Gott intensiv zu mir über das, was er zukünftig mit mir vorhatte und zeigte mir verschiedene Projekte, die ich beginnen sollte. Ich schrieb mir alles in mein Gebetsbuch auf und sobald es auf dem Papier zu lesen war, empfand ich die meisten dieser Dinge als völlig verrückt, ja geradezu utopisch. Da war zum Beispiel der Eindruck, dass ich ein Netzwerk für Pfarrer und christliche Leiter gründen sollte. Gott gab mir die Verheißung, dass dieses Netzwerk im Laufe der Jahre ein enormes Wachstum erleben würde und daraus viele weitere Projekte und Initiativen hervorgehen, die letztlich große Veränderung in die Stadt und Region bringen würden.

„Aber Herr", sagte ich im Gebet, „ich bin doch kein Theologe. Wie soll denn das gehen?"

Ehrlich gesagt, konnte ich das Ganze noch weniger glauben als die Sache mit dem Kinokauf. Zu dieser Zeit kannte ich gerade mal zwei oder drei Pfarrer und mich kannte in der christlichen Szene so gut wie überhaupt niemand. Wer sollte schon kommen, wenn ein ehemaliger Rockmusiker zu einem Pastorentreffen einlädt? Es sprach einfach alles dagegen! Ich war zu jung, ich hatte nicht Theologie studiert und war ein No-Name in den christlichen Kreisen. Zudem hatte ich gar keine Ahnung, was ich bei einem solchen Treffen überhaupt erzählen sollte.

Aber Gott hatte einen Plan. Und zwar einen sehr überraschenden: Er sagte mir, dass ich erst einmal nichts anderes machen sollte, als mir eine Liste mit den Namen aller Pfarrer und Gemeindeleiter der Stadt zu besorgen. Und dann sollte ich beginnen, täglich namentlich für jeden zu beten. Um alles andere würde er sich kümmern. Das war ein weiterer Schock! Jeden Tag für fünfzig oder mehr Pastoren zu beten, wie sollte das gehen?

Doch der Gebetstag war noch nicht zu Ende. Die Eindrücke gingen weiter: Ich sollte regelmäßige Gebetsveranstaltungen für die Stadt beginnen, ein überkonfessionelles Stadtmagazin herausgeben, einen christlichen Verkaufsshop ins Leben rufen und einiges mehr.

Am Ende dieses Tages war ich wie erschlagen. Ich saß vor meinen Notizen, las mir all die Dinge durch und fühlte mich total überfordert. Wir steckten damals noch immer im Innenausbau unseres kleinen Jugendzentrums und da unsere ganze Arbeit nur aus einigen wenigen ehrenamtlichen Mitarbeitern bestand, lagen ohnehin schon genügend

Lasten auf mir. Die neuen Aufträge kamen mir vor wie unüberwindbare Berge.

Doch genau in dieser Situation hörte ich wieder die leise Stimme Gottes. Er erklärte mir, dass ich nicht alles auf einmal bewältigen müsste und dass sich einige dieser Dinge zudem über Jahre hin entwickeln würden. Ich sollte einfach nur jeden Tag treu und hingegeben in dem sein, was er mir jeweils für diesen Tag aufträgt. Viele kleine Schritte würden mich schließlich zum Ziel bringen.

Als ich an diesem Abend im Bett lag, war ich noch lange wach und dachte: ,Wenn mir das früher jemand gesagt hätte, wie spannend eine Gebetszeit sein kann, hätte ich es wahrscheinlich nicht geglaubt!'

Am nächsten Tag griff ich zum Telefon und rief einen Pfarrer an.

„Äh, also, ich hätte mal eine Frage. Wäre es möglich, eine Liste mit den Namen aller Pfarrer der Stadt zu bekommen?", brachte ich mein Anliegen vor.

„Wozu brauchen Sie das denn?", wollte der Pfarrer wissen.

„Naja, ich… ich will für die Pfarrer beten", gab ich etwas verhalten zurück.

„Beten? Für die Pfarrer? Ja, das ist immer gut. Ich mache Ihnen die Liste fertig", war die verwunderte Antwort.

Und so ging es einige Tage später los. Ich bekam die Liste und ab da betete ich regelmäßig für die Pfarrer. Damals hatte ich zum Glück noch keine Ahnung, wie lange dieser Gebetsdienst gehen würde.

Wir wollen ein Kino kaufen

In der Woche nach meinen Gebetserlebnissen stand eine besondere Herausforderung an: Ich musste meinen Freunden vom Leitungsteam nahebringen, was ich an meinem Gebetstag erlebt hatte und ihnen die Sache mit dem Kino erzählen. Unser Leitungsteam bestand damals aus dem Hauskreisleiter, Isi und mir. Zu dieser Zeit nahmen wir unser Leitungsamt ganz locker. Da es eigentlich nie etwas wirklich Schwerwiegendes zu entscheiden gab, klärten wir die Dinge, die wir zu besprechen hatten meist irgendwo zwischen Tür und Angel.

Doch nun stand eine außergewöhnliche Sache an und so rief ich meine Leitungskollegen ziemlich formell zusammen.

Je näher das Treffen kam, umso aufgeregter wurde ich. Tausend Dinge gingen mir durch den Kopf: ,Werden sie mich für verrückt erklären? Oder mich vielleicht gleich als Leiter absetzen wegen Wahnsinns im fortgeschrittenem Stadium?'

Ich war jedenfalls auf alles gefasst. Nur nicht auf das, was dann passierte.

„Äh... ich muss mal mit euch reden", begann ich stotternd, als unsere Leitungssitzung begann. „Also... ihr werdet vielleicht denken, dass ich... naja, wie soll ich sagen?"

Meine Freunde schauten mich verwundert an, warum ich so langatmig um den heißen Brei redete.

Schließlich nahm ich all meinen Mut zusammen und ließ die Katze aus dem Sack: „Ihr kennt doch das Kino gleich nebenan... Also, ich glaube wir sollten das Kino kau..."

„Das Kino kaufen!", riefen meine Freunde plötzlich wie im Chor und sprangen euphorisch von ihren Stühlen auf. „Wir sollen das Kino kaufen! Wir wussten es! Genau dasselbe haben wir auch schon empfunden, nur hatten wir uns nicht getraut, es dir zu sagen. Wir dachten, du würdest uns dann für verrückt erklären..."

Ich war sprachlos. Das war der Hammer! Was für eine Bestätigung!

Meine beiden Freunde erzählten mir, dass sie an dem Kinogebäude ein kleines Schild entdeckt hätten, auf dem ‚ZU VERKAUFEN' stand. Dort wäre auch eine Telefonnummer angegeben.

„Ich laufe gleich mal vor und schreib' die Nummer ab", sagte Isi begeistert. Und schon war er zur Tür hinaus.

Wenige Minuten später kam er mit einem Zettel in der Hand zurück.

„Hier ist die Nummer des Verkäufers!", übergab er mir das Blatt.

„Na dann woll`n wir mal...", sagte ich und nahm den Hörer in die Hand.

Ich kam bei einer Firma in Düsseldorf heraus. Nachdem ich mit dem richtigen Ansprechpartner verbunden war, formulierte ich unser Anliegen.

„Wir interessieren uns für den Kauf des Kinos in Chemnitz auf der Augustusburger Straße", sagte ich und kam mir dabei vor wie jemand, der anderen Leuten am Telefon einen dummen Streich spielt. Denn wir hatten ja überhaupt kein Geld.

„Wer sagt denn, dass wir das Kino verkaufen wollen?", gab der Mann am anderen Ende der Leitung zurück. „Auf unserem Schild steht doch nur ‚ZU VERMIETEN'", meinte er.

Das war mir unbegreiflich. Meine beiden Freunde hatten doch auf dem Schild ‚ZU VERKAUFEN' gelesen. Aber als ich später am Tag selbst vor dem Gebäude stand und auf das Schild schaute, entdeckte ich zu meinem Erstaunen, dass dort tatsächlich nur ‚ZU VERMIETEN' stand. Gott musste uns mit Blindheit geschlagen haben.

Nachdem die Besitzer des Kinos unser Kaufinteresse registriert hatten, bekamen wir die Nachricht, dass auch ein Kauf möglich wäre. Ich werde nie vergessen, wie geschockt ich war, als ich die utopische Kaufsumme hörte. Das lag zum einen daran, dass auf unserem Vereinskonto zu dieser Zeit eigentlich nie mehr als hundert DM waren. Zum anderen hatte ich keine wirkliche Vorstellung, was solch eine Immobilie kosten könnte. Wenn man mir eine Summe von hunderttausend DM genannte hätte, wäre ich sicher auch erst einmal schockiert gewesen, aber *eine Million*...

Für mich war das jedenfalls das deutliche Zeichen, diesen verrückten Gedanken nun für immer zu begraben. Ich verabschiedete mich freundlich, legte den Hörer auf und sagte zu meinen Freunden: „Die Übung ist wohl abgeblasen."

In den folgenden Monaten wurde nicht mehr über das Kino geredet.

Das Stadtgebet

Nachdem ich mich etwas von diesem Schock erholt hatte, nahm ich den nächsten Auftrag in Angriff. Ich erstellte einen Flyer und lud die Christen der Stadt zum *Gebet für Chemnitz* ein. In jede Gemeinde brachte ich solche Flyer und einige legten sie sogar aus. Ich war voller Erwartungen. Doch als die erste Veranstaltung beginnen sollte, kam nur ein einziger Besucher. Ich war total enttäuscht.

So ging es Monat für Monat weiter. Es war wie verbohrt: Jedes Mal saß ich bis kurz vor Beginn allein im Raum, dann ging die Tür auf und es kam eine einzelne Person herein und fragte mich: „Wo geht es hier zum Gebet für Chemnitz?"

„Naja... wissen Sie..., es sind heute nicht gerade viele gekommen. Es muss wohl am Wetter liegen...", stammelte ich und versuchte Optimismus zu verbreiten, um meinen einzigen Gast nicht gleich wieder zu verlieren. Ich fand das immer so peinlich. In den ersten Monaten waren wir fast immer nur zu zweit. Erst allmählich wuchsen die Besucherzahlen.

So hieß es wieder einmal, im Kleinen treu zu sein und Geduld zu üben. Hätte mir damals jemand vorausgesagt, dass das *Gebet für Chemnitz* mit der Zeit so wachsen würde, dass es eines Tages in einem großen Veranstaltungssaal stattfinden muss – ich hätte es einfach nicht geglaubt. Aber Gott hatte es schon gewusst...

Durch die Gebetstreffen lernte ich nun nach und nach etliche

Christen aus den verschiedenen Kirchgemeinden der Stadt kennen und schätzen. Zu manchen entwickelten sich richtige Freundschaften. Ich entdeckte, dass es eigentlich in allen Gemeinden Christen gab, die Gott von ganzem Herzen liebten, auch wenn sie ihren Glauben oft ganz anders lebten als ich.

Die Gemeinschaft im Gebet war eine wunderbare Erfahrung. Zusammen beteten wir für unsere Stadt und für die Einheit der Christen. Und Gott begann, mir mehr und mehr ein Herz für unsere Stadt und Region zu geben.

Das Stadtmagazin

Auch das nächste Projekt, das Gott mir an meinem Gebetstag gezeigt hatte, begann sehr mühevoll. Ich hatte keine Ahnung, wie man ein christliches Stadtmagazin herausgibt. Aber immerhin fiel uns in unserem Team sehr schnell ein schöner Name für das Heft ein: Wir nannten es *Stadtmagazin VISION*. Und das war am Anfang auch alles, was wir hatten: eine Vision. Ansonsten hatten wir nichts. Weder Finanzen noch Mitarbeiter und erst recht nicht die richtige Technik. Doch mit vielen kleinen Schritten kam das Projekt schließlich doch ins Leben.

Zuerst schrieb ich alle Kirchgemeinden und christlichen Vereine der Stadt an und stellte ihnen die Idee vor. Die VISION sollte ein gemeinsames Heft werden, in dem alle kostenlos auf ihre übergemeindlichen Veranstaltungen und Angebote hinweisen konnten. Wir wollten uns dann darum kümmern, dass das Heft an vielen Stellen in der ganzen Stadt zum Mitnehmen auslag.

Die Reaktion auf meinen Brief war verhalten. Es wurde ein mühsames Unterfangen, die einzelnen Veranstaltungstermine und Angebote der Kirchgemeinden und christlichen Vereine zusammenzutragen. Das wochenlange Nachfragen und Herumtelefonieren war mitunter sehr frustrierend. Zudem musste das Heft mit primitivsten technischen Mitteln erstellt werden. Doch irgendwann war es endlich geschafft. Die erste Ausgabe der VISION war fertig und vor mir lagen einige Stapel der frisch hergestellten Hefte. Ich war begeistert. Voller Freude packte ich die Kartons in mein Auto, um sie in die einzelnen Kirchen und an verschiedene öffentliche Stellen der Stadt zu fahren.

Es war ermutigend zu erleben, wie sich einzelne Pfarrer mit uns freuten und uns für unser Engagement dankten. Doch zu meiner großen Überraschung gab es auch die umgekehrte Reaktion: Manche Kirchen wollten das Heft gar nicht auslegen. Zuerst konnte ich das nicht begreifen. Doch dann wurde es mir erklärt: Das Problem wäre, dass in unserem Heft alle christlichen Kirchen *gemeinsam* abgedruckt waren.

„Wenn *diese* Kirche auch mit drin ist, dann wollen wir nichts mit dem Heft zu tun haben!", sagte mir ein Pfarrer, der sich vehement sträubte, die VISION in seiner Gemeinde auszulegen.

„Aber das sind doch auch Christen. Sie leben ihren Glauben nur halt etwas anders...", versuchte ich den Pfarrer zu überzeugen.

„Das mag schon sein, dass sie auch Christen sind, aber die Frage ist, ob sie auch die richtige Lehre haben", gab der Mann mit ernster Miene zurück.

‚Oh Gott', dachte ich, ‚wie traurig ist das denn!'

Es blieb nicht die einzige Situation, in der ich so etwas erlebte. Ich stieß an verschiedenen Stellen auf Vorbehalte und allerlei Streitigkeiten zwischen den unterschiedlichen christlichen Kirchen und Konfessionen. Manche schienen tatsächlich davon überzeugt, dass nur in ihrer Kirche die ‚wahre Lehre' zu finden sei.

So gab es für unsere Initiative mit dem christlichen Stadtmagazin etliche Hürden zu überwinden. Es dauerte noch einige Jahre, bis das Magazin schließlich doch in jeder Kirchgemeinde der Stadt auslag. Aber bis dahin war es ein langer und oft beschwerlicher Weg.

Mit jeder weiteren Ausgabe der Zeitschrift stand für mich wieder eine Kirchenbesuchstour an. Und jedes Mal erlebte ich dabei neue Überraschungen und lernte die einzelnen Kirchgemeinden besser kennen.

Anfangs war es für mich gar nicht so einfach, all die Unterschiede und Besonderheiten zu verstehen. Jede Kirche hatte ihre speziellen Gepflogenheiten und Überzeugungen. Zudem gab es auch innerhalb der einzelnen Gemeinden ganz verschiedene Menschen. Ich erlebte liebevolle, fröhliche und weitherzige Christen, mit denen ich sofort auf einer Wellenlänge war und das Gefühl hatte, dass wir tatsächlich zu ein und derselben Familie gehören.

Aber es gab auch merkwürdige Charaktere innerhalb der Christenheit: Ich traf starrköpfige Streithammel und verbissene Traditionswächter, die in einer Welt voller religiöser Gesetze und Regeln lebten. Andere hatten sonderliche Rituale oder waren gekleidet, als kämen sie aus einem anderen Jahrhundert. Ich lernte auch Kirchenmitglieder kennen, die betonten, dass sie persönlich gar nicht an Gott glaubten, aber sich aus verschiedenen Gründen trotzdem gern in der Kirche engagierten.

Für einen jungen Christen wie mich waren die unerklärlichen Unterschiede der verschiedenen Gruppierungen manchmal ein einziges Rätsel.

Die Erklärung

„Ich finde das alles so verwirrend", sagte ich zu meiner Mutter, als ich sie wieder einmal besuchte.

„Was verwirrt dich denn?", fragte sie, während sie mir einen heißen Kakao servierte.

„Naja, die extremen Unterschiede in der Christenheit. Du bist doch schon länger dabei. Kannst du mir das vielleicht erklären?"

„Das ist eigentlich ganz einfach", begann meine Mutter und setzte sich zu mir an den Tisch. „Die Kirchgemeinden bestehen doch nur aus Menschen. Und jeder von ihnen hat seinen freien Willen und kann seinen Glauben so leben, wie er es für richtig hält, selbst wenn dabei nicht immer alles so ist, wie Gott es sich wünschen würde", meinte meine Mutter.

Nach einer Weile des Nachdenkens fügte sie hinzu: „Als du noch ein Teenager warst, da hast du dich doch auch nicht immer so benommen, wie es zu unserer Familie gepasst hätte. Aber trotzdem bist du unser Kind geblieben und durftest auch weiter unseren Familiennamen tragen."

„Das... ist wohl wahr", gab ich vorsichtig zurück, während vor meinem inneren Auge verschiedene Szenen aus meiner Jugendzeit aufstiegen.

Ich nahm einen Schluck aus meiner Kakaotasse und sagte nachdenklich: „Also stimmt der Spruch doch!"

„Welcher Spruch?"

„Naja, das mit dem Bodenpersonal: Man kann von Gottes unvollkommenem Bodenpersonal keine Rückschlüsse auf ihn selbst ziehen."

„Den Spruch kenne ich ja noch gar nicht", lachte meine Mutter.

„Da kannst du mal seh'n – auch für dich gibt es noch was zu lernen", scherzte ich.

Meine Mutter hielt einen Moment inne und meinte dann: „Ja, es stimmt: Gott hat große Geduld mit seinem unvollkommenen Bodenpersonal. Und deshalb ist es wichtig, dass auch wir ein weites Herz für andere Christen haben und sie nicht kritisieren, wenn wir bei ihnen etwas nicht verstehen oder sie in unseren Augen etwas falsch machen."

„Aber, wie kann ich denn herausfinden, ob jemand ein wirklicher Christ ist?", wollte ich wissen.

„Das ist doch in der Bibel erklärt: Man erkennt einen Baum an seinen Früchten. Bei einem Christ ist es ähnlich."

„Ah, du meinst die Früchte des Geistes aus Galater 5, Vers 22."

„Mein Sohn, der Bibelkenner...", schmunzelte meine Mutter und fügte hinzu: „Wer hätte das früher gedacht?"

„Sicher hast du es schon geahnt", gab ich mit einem Augenzwinkern zurück.

Meine Mutter stand lächelnd auf und öffnete Küchenschrank.

„Willst du noch ein Stück Kuchen? Ich hab´ frisch gebackenen Pflaumenkuchen."

„Hmmm, wie früher... Ich fühle mich jedes Mal so richtig zu Hause, wenn ich dich besuche", schwärmte ich, während mir der Duft des Kuchens in die Nase stieg. Ich lehnte mich bequem auf dem Stuhl zurück und streckte zur Entspannung die Arme aus.

„Das ist schön, dass es dir bei mir schmeckt, mein Junge", freute sich meine Mutter.

„Aber ich meine eigentlich nicht zuerst den Kuchen. Es ist diese Atmosphäre der Herzlichkeit und Wärme, die von dir ausgeht und mir das Gefühl gibt, wieder zu Hause zu sein", sagte ich und schaute meine Mutter dankbar an.

Meine Mutter legte ihre Hand auf die meine und war ganz gerührt.

Nach einer kurzen Zeit des Schweigens blickte sie auf und erklärte: „Siehst du, genau das meinte ich vorhin, als ich sagte, dass man alles an den Früchten erkennt. Man spürt es an der Atmosphäre, die von jemandem ausgeht, an der Liebe, die er ausstrahlt. Da braucht es gar nicht viele Worte."

„Und so ist es wahrscheinlich auch mit den Kirchgemeinden. Weil jede Gemeinde aus einzelnen Menschen besteht, spiegelt sich das auch dort wieder", überlegte ich laut.

„Genauso ist es", nickte meine Mutter bestätigend. „Man kann auch eine Kirchgemeinde an ihren Früchten erkennen: Ist hier das Leben zu finden, Freude, Freiheit, Liebe und Weitherzigkeit – oder gibt es eine drückende Atmosphäre, eisige Kälte, Enge, Verbissenheit und Bitterkeit?"

„Und das macht letztlich den entscheidenden Unterschied...", resümierte ich und biss nachdenklich in mein Kuchenstück.

Als ich einige Minuten später in der Tür stand und mich von meiner Mutter verabschiedete, sagte ich: „Ich glaube, ich habe heute etwas sehr Wichtiges begriffen. Du weißt doch, dass wir gerade dabei sind, in unserem Jugendzentrum die Räume auszugestalten."

„Ja, überall bunte Scheinwerfer...", unterbrach mich meine Mutter und lachte.

„Genau das meine ich ja! Durch unser Gespräch heute ist mir folgendes klar geworden: Das Wichtigste in unserem Jugendzentrum ist nicht die tolle Lichtanlage oder die stylische Einrichtung."

„Sondern?", fragte meine Mutter neugierig.

„Das Wichtigste ist die Atmosphäre, die von unseren Mitarbeitern ausgeht. Wir sind wie ein 24-Stunden laufender Film: ‚So ist ein Christ!' Das Entscheidende sind nicht die tollen Räume, sondern was wir von Gottes Liebe wirklich ausstrahlen", sagte ich und war selbst ganz bewegt von meiner neuen Erkenntnis.

Meine Mutter schaute mich lange an. Dann nahm sie mich in den Arm und sagte mit leiser Stimme: „Ich danke Gott, dass er dir das gezeigt hat."

Kapitel 8
Abenteuer im Jugendzentrum

Eröffnung der neuen Räume

ast haben wir's geschafft!", sagte Isi eines Tages, nachdem er einen ganzen Abend mit mir zusammen mit Neon-Sprühdosen die Wände verziert hatte.

„Ja, bald ist es soweit. Und es ist wirklich toll geworden!", gab ich begeistert zurück.

Die geplante Eröffnung unseres neuen Jugendzentrums in den Erdgeschossräumen meines Hauses rückte immer näher. In den letzten Monaten hatten wir mit unserem Team oft bis in die Nacht hinein an der Inneneinrichtung gebastelt. Auch Sprotte und etliche andere Jugendclubbesucher waren fast jeden Abend gekommen, um mitzuhelfen.

Mittlerweile hatten wir den Betrieb in unserem alten Jugendclub eingestellt und alles ausgeräumt. Ich gab die von mir dort angemietete Büroetage ganz auf und verlegte die Geschäftsräume meiner Firma mit in mein Haus.

Hier hatte sich in den letzten Monaten vieles verändert. Die idyllische Ruhe im eigenen Heim war einem regen Treiben junger Leute gewichen und das schon vor der offiziellen Eröffnung. Das

101

Gebäude beherbergte nun im Erdgeschoss unser kleines Jugendzentrum mit Konzertbühne, Billardraum, Küche, Bar und einem Mitarbeiterzimmer.

Wir nannten unser neues Jugendzentrum: *Die Arche*. Die Wände waren mit Airbrush gestaltet und teilweise mit Metallrohren verkleidet, an der Rückwand der Bühne hing ein neongrün leuchtendes Kreuz und von den Traversen strahlten bunte Lichteffekte.

Und dann war es endlich soweit: Am 4. September 1998 fand die Eröffnungsparty statt und von da an nahm unser Jugendzentrum den Betrieb auf. Dienstags fand nach wie vor das Gebet für Chemnitz statt, freitags gab es Konzerte mit christlichen Bands und samstags unseren Jugendgottesdienst, die JesusParty. Die Abende begannen 19.00 Uhr und nach Programmende hatten wir jeweils noch bis 24.00 Uhr unsere Gastronomie geöffnet.

An der Bar in unserem Jugendzentrum

Kommen und Gehen

Für unser Mini-Team, das aus gerade einmal zehn ehrenamtlichen Mitarbeitern bestand, waren die regelmäßigen Öffnungszeiten eine echte Herausforderung. Alle waren berufstätig und wir hatten auch keine Praktikanten oder FSJler. So war es zu dieser Zeit ganz normal, dass jeder von uns an allen Abenden im Jugendzentrum war.

Von unserem ursprünglichen Mitarbeiterteam waren nach dem Wechsel ins neue Objekt bereits die ersten wieder abgesprungen. Dafür waren andere neu dazugekommen. Damals erlebten wir erstmals etwas von dem, was sich in den folgenden Jahren noch öfter wiederholen sollte: Sobald sich etwas Prinzipielles veränderte, waren die

Einen von der Neuerung begeistert und andere taten sich schwer damit. Und manche nahmen solch eine Änderung zum Anlass, die Mitarbeit zu beenden. So gab es in dieser Zeit immer wieder viel Bewegung im Team. Zudem hatten wir es größtenteils mit jungen Leuten zu tun, von denen manche nach einiger Zeit wieder andere Interessen hatten, als in unserem Jugendzentrum mitzuarbeiten.

Bei einigen gab es aber auch einen positiven Grund, wenn sie nicht mehr kamen. So war es zum Beispiel bei Sprotte. Während der gesamten Bauzeit hatte er fleißig mitgeholfen, doch kurz vor der Eröffnung erhielt er plötzlich einen auswärtigen Job und konnte nun an den Wochenenden gar nicht mehr kommen. Trotzdem war die Investition in ihn nicht umsonst gewesen, denn inzwischen hatte er ein solides Leben begonnen und eine Familie gegründet. Er besuchte uns in der folgenden Zeit noch öfter, bis wir uns im Laufe der Jahre irgendwann aus den Augen verloren.

Damals ahnte ich noch nicht, wie oft sich solch eine Geschichte wiederholen würde und wie Recht ein langjähriger Jugendleiter hatte, der mir zu Beginn unserer Arbeit prophezeite: „Jugendarbeit ist ein Kommen und Gehen von jungen Menschen. Eine Durchgangsstation, auf der du den meisten Jugendlichen einfach nur etwas für ihre Lebensreise mitgibst. Aber das, was sie in der Jugendarbeit erlebt haben, wird sie langfristig positiv prägen und es ist oft eine Weichenstellung, die sie in eine gute Zukunft führt."

Schockierende Zustände
Direkt nach der Eröffnung des Jugendzentrums begann eine herausfordernde Beziehungsarbeit. Durch die vielen Kontakte zu den Teenagern und Jugendlichen bekam ich tiefe Einblicke in ihr familiäres Umfeld. Dabei lernte ich Verhältnisse kennen, von denen ich bis dahin angenommen hatte, dass sie reine Erfindungen der Boulevardpresse wären.

Durch diese Einblicke in manche Familiensituationen wurde mir auf erschreckende Weise bewusst, wie viele Teenager es gab, die von ihren Eltern total vernachlässigt wurden.

So war es auch bei Jennifer. Ich lernte sie irgendwann kennen, weil sie samstags oft bis spät abends vor unserem Jugendzentrum herumhing. Jennifer war dreizehn Jahre alt, rauchte bereits, trank regelmäßig Alkohol und man sah sie öfter mit älteren Freunden rumtätscheln.

Ihre abendlichen Besuche vor unserem Jugendzentrum wurden

immer häufiger. Hier war etwas los und irgendwie schien sie ständig auf der Suche nach Gesellschaft zu sein. Mit der Zeit fiel mir auf, dass sie immer länger blieb. Nachdem es eines Abends bereits kurz vor Mitternacht war und sie immer noch vor unserem Gebäude herumlungerte, sprach ich sie an: „Sag mal, musst du nicht langsam nach Hause?"

Als Reaktion bekam ich nur ein gleichgültiges Achselzucken.

„Also komm, ich fahr' dich jetzt mal heim", sagte ich, worauf sie gelangweilt nickte. Ich holte mein Auto und Jennifer stieg ein. Während der Fahrt spielte sie cool an ihrem Handy herum und ich bemühte mich vergeblich, mit ihr ein sinnvolles Gespräch zu führen. Die einzigen kargen Worte, die ihr zu entlocken waren, bestanden aus den kurzen Hinweisen, welche Straßen ich langfahren musste, um zu ihr nach Hause zu kommen.

Die Fahrt endete schließlich vor einem hohen Plattenbau in einem Stadtviertel, das nicht gerade den besten Ruf genoss.

Zum Abschied fragte ich noch einmal nach: „Macht sich deine Mutter denn keine Sorgen, wenn du so spät heimkommst?"

Jennifer zog die Augenbrauen hoch und sagte mit leicht belehrendem Tonfall: „Meine Mutter ist gar nicht zu Hause. Samstagabends ist sie immer in der Disko und kommt meistens erst früh am Morgen zurück!"

Ich war schockiert.

„Da bist du wohl jetzt ganz allein zu Hause?", wollte ich wissen.

„Nein, ich hab noch vier kleine Geschwister", gab sie zurück.

Ich weiß nicht, was sich in diesem Augenblick in meinem naiven Herzen, das irgendwie immer an die beste Variante glaubte, zusammenbraute. Jedenfalls assoziierte ich mit diesen vielen Geschwistern eine kinderliebe Familie und so fragte ich sie: „Deine Mutter ist wohl sehr kinderlieb?"

Die Reaktion, die ich daraufhin erlebte, werde ich wohl nie vergessen.

Jennifer schaute eine Weile starr vor sich hin. Dann drehte sie sich zu mir, schaute mir in die Augen und sagte: „Alle meine Geschwister sind von einem anderen Erzeuger!"

Sie sagte nur diesen einen Satz. Aber in diesem Satz lagen all der Schmerz, die Wut und die Verzweiflung, die sie mit ihrem bisherigen Leben verband.

Unsere jungen Mitarbeiter
Je länger ich mit solchen jungen Leuten wie Jennifer zu tun hatte, umso mehr ging mir auf, was sie am meisten brauchten. Sie suchten im Grunde genommen nach Ersatzeltern, nach einer Art Familie. Sie wollten dazugehören und sich einbringen.

„Kann ich nicht irgendwas mit helfen? Ich möchte gern Mitarbeiter sein", wurde ich immer wieder angesprochen.

Tatsächlich hätten wir dringend Hilfe gebraucht. Aber die Jugendlichen, die uns danach fragten, waren nicht gerade die fertiggebackenen Mitarbeiter. So schön es war, dass sie sich einbringen wollten, so anstrengend war es auf der anderen Seite manchmal für uns.

„Sag mal, wieso steht denn niemand hinter dem Tresen? Wo ist denn unsere Barkeeperin?", fragte ich Isi eines Abends als ich durch unsere Räume lief.

„Keine Ahnung, vorhin war sie noch da...", meinte er und schaute verwundert in Richtung Theke.

Eines der Mädchen, die ab und zu ehrenamtlich bei uns mitarbeitete, hatte an diesem Abend eigentlich Dienst an der Bar. Sie hatte ihre Aufgabe auch pünktlich begonnen. Doch plötzlich war sie spurlos verschwunden. Die Leute standen am Tresen und warteten auf ihre Getränke, aber da war niemand.

„Wer weiß, was da wieder los ist...", stöhnte ich und lief schnell hinter die Bar, um die wartenden Gäste zu bedienen.

Kurz nach Mitternacht, als wir gerade schließen wollten, tauchte unsere Barkeeperin wieder auf.

„Schön, dass du jetzt kommst. Der Abend ist gerade zu Ende... Wo warst du eigentlich?", wollte ich wissen.

Statt einer Antwort setzte sie sich seufzend auf einen der Barhocker und vergrub ihren Kopf zwischen den Händen. Während ich hinter dem Tresen stand und die letzten Gläser abtrocknete, fragte ich vorsichtig: „Liebeskummer?"

„Sieht man mir das etwa an...?", meinte sie schluchzend und brach plötzlich in Tränen aus.

Herausfordernde Verhaltensweisen
Das Erlebnis mit der Barkeeperin war aber vergleichsweise harmlos. Manche der jungen Leute, die zu uns kamen und mitarbeiten wollten, brachten Verhaltensweisen mit sich, die uns teilweise an den Rand der Verzweiflung führten. Einige kamen aus Elternhäusern, in denen es

normal zu sein schien, hinter dem Rücken schlecht über abwesende Personen zu reden, zu lästern oder vulgäre Reden zu führen. Und Werte wie Pünktlichkeit, Ordnung und Disziplin waren für manche regelrechte Fremdwörter.

Zusätzlich brachten viele der jungen Leute große innere Nöte und Verhaltensauffälligkeiten mit. Es war schockierend, was manche in ihrem jungen Alter bereits erlebt hatten und was sie aus ihren Familien berichteten.

Je besser ich die jungen Leute kennenlernte, umso mehr wurde mir klar, dass ich bei vielen der zukünftigen Mitarbeiter erst einmal als Seelsorger tätig sein musste und es viel zu investieren galt, bevor ich etwas erwarten konnte.

So begann ich, mich gezielt im Bereich Seelsorge weiterzubilden. Ich verschlang dutzende Bücher, besuchte Seminare, Schulungen und fuhr auf entsprechende Konferenzen. Doch das meiste lernte ich wie immer in der Praxis. Das diesbezügliche Übungsfeld war jedenfalls groß genug. Denn das, was die meisten jungen Leute mitbrachten, waren unzählige Nöte, Verletzungen, Süchte, Minderwertigkeit oder Rebellion. Besonders in den ersten Jahren unserer Arbeit gab es auf diesem Gebiet viele frustrierende Erlebnisse und manchmal saß ich abends in meiner Wohnung und konnte nur noch heulen: vor lauter Enttäuschung, Verzweiflung und mit der Frage, ob es jemals besser werden würde.

Doch nicht nur mit unseren jungen Mitarbeitern gab es große Herausforderungen. Mit manchen Besuchern erlebten wir noch ganz andere Dinge.

„Tilo, die Kasse wurde ausgeraubt!", rief mich ein Mitarbeiter eines Tages aufgeregt auf dem Handy an.

„Wie konnte denn das passieren? Ist etwa im Jugendzentrum eingebrochen worden?", fragte ich ihn.

„Naja...", meinte der Mitarbeiter kleinlaut. „Ich habe gestern Abend jemanden kennengelernt, der sagte, dass er 'ne Bleibe für die Nacht bräuchte. Da hab ich ihm angeboten, in unseren Räumen zu schlafen."

„Du hast den Typ, ohne ihn zu kennen, einfach ganz allein in unseren Räumen übernachten lassen?!", gab ich entsetzt zurück.

„Aber ich dachte, wir sollen immer Nächstenliebe zeigen...", entgegnete der Mitarbeiter etwas beleidigt.

„Okay, ist schon gut. Aber bitte, mach´ so etwas nie wieder!", stöhnte ich.

Es dauerte nicht lange und wir erlebten noch einige weitere Überraschungen mit diesem Übernachtungsgast, bis wir schließlich herausfanden, dass er Kleptomanie hatte, eine Art zwanghaftes Diebstahlverhalten. Nun wurde es auch unserem Mitarbeiter klar, dass es keine sonderlich gute Idee gewesen war, den jungen Mann in unseren Räumen unbeaufsichtigt übernachten zu lassen.

Im Stäbchenhaus

Unter den jungen Leuten, die unser Jugendzentrum besuchten, gab es immer wieder Einzelschicksale, die uns sehr berührten und für die Gott uns ein besonderes Herz gab.

Einer der Jugendlichen war Mirko. Er war im Heim aufgewachsen und hatte viele schlimme Dinge durchgemacht. Als wir Mirko kennenlernten, war er fünfundzwanzig Jahre alt, doch er benahm sich wie ein Teenager. Sein größtes Problem war, dass er immer wieder unter falsche Freunde geriet. Durch sie ließ er sich zu Sachen hinreißen, die zur Folge hatten, dass das Gefängnis mit der Zeit sein zweites Zuhause wurde.

„Ich muss wieder mal rein", kam die kurze SMS von Mirkos Handy.

‚Das gibt's doch nicht!', dachte ich. ‚Er ist doch grad erst seit paar Monaten draußen!'

Es war jedes Mal das gleiche: Sobald Mirko einsaß, zeigte er sich voller Reue und schäumte vor Versprechungen und Vorsätzen nur so über.

„Diesmal wird wirklich alles anders!", sagte Mirko beschwörend, als ich ihn einige Wochen später besuchte.

„Wenn ich's nur glauben könnte!", gab ich zögerlich zurück.

„Doch, du wirst sehen, ich werde nie wieder in meinen alten Freundeskreis zurückgehen, denn die ziehen mich immer wieder in all den Schlamassel rein", jammerte er und wurde ganz weinerlich.

„Ihr seid meine wirklichen Freunde!", schrieb er uns in den kommenden Monaten in unzähligen Briefen und schwelgte in guten Vorsätzen.

Doch als ich ihn am Tag seiner Entlassung abholte, konnte ich schon in seinen Augen lesen, dass auch diesmal alles wie immer ablaufen würde.

„Endlich bin ich raus! Jetzt muss ich erstmal richtig Party machen", schwärmte er.

„Mirko, du brauchst jetzt Disziplin, um deine guten Vorsätze einzuhalten. Denk an das, was wir in den letzten Wochen alles besprochen haben", versuchte ich ihm ins Gewissen zu reden.

„Jaja, das weiß ich selbst!", gab er genervt zurück.

Wenige Tage später war er wieder vollkommen in seinem alten Umfeld versackt und man musste kein Prophet sein, um voraussehen zu können, dass er schon bald wieder im ‚Stäbchenhaus' sitzen würde.

Das Auf und Ab seines Lebens war ein einziges Leiden: für ihn und auch für uns, die wir versuchten, uns um ihn zu kümmern. Da Mirko klein von Wuchs und durch seine ganze Kindheit auch etwas zurückgeblieben war, wurde er von seinen Kumpels vollkommen ausgenutzt. Die einzigen echten Freunde, die er hatte, waren wir. Wir wollten ihm wirklich helfen, aber er konnte das irgendwie nicht begreifen und daraus ergaben sich immer wieder tragische Situationen.

Eines Tages war in unserem Jugendzentrum eingebrochen worden. Es fehlte die gesamte Musikanlage und einige andere Gegenstände. Die Polizei nahm alles auf, konnte den Täter aber nicht ausfindig machen und das „Verfahren gegen Unbekannt" wurde schließlich eingestellt.

Nicht lange danach gab es wieder einmal einige heftige Probleme mit Mirko. Wir entschlossen uns, ihn zu Hause zu besuchen, um ihm in seiner Krise zu helfen. Während wir in seiner Wohnung saßen und über seine Probleme sprachen, entdeckte einer unserer Mitarbeiter plötzlich in seiner Schrankwand eine der gestohlenen Lautsprecherboxen aus unserem Jugendzentrum.

„Sag mal, das sieht doch aus wie ein Teil von unserer Musikanlage, wie kommt denn das hierher…?", entfuhr es unserem Mitarbeiter.

Auf einmal war Totenstille im Raum. Nach einem kurzen Augenblick des Schweigens sprang Mirko plötzlich auf und rannte ins Nachbarzimmer. Nur wenige Sekunden später kam er wieder in den Raum zurück. In seiner Hand hielt er eine Pistole. Uns stockte der Atem. „Verschwindet!", schrie er. Dabei fuchtelte er mit der Pistole herum.

Das war auch für uns zu viel. Wir wollten einfach nur noch raus, weg von diesem Verrückten, der offenbar vollkommen unzurechnungsfähig war. Das nächste Mal, als wir ihn besuchten, waren die Umstände jedenfalls nicht mehr so gefährlich, denn er saß wieder einmal im Gefängnis.

Eine wichtige Entdeckung

Je öfter ich junge Menschen wie Mirko kennenlernte, umso entmutigter wurde ich mit der Zeit. Sicher war es gut, dass sich jemand um solche Jugendlichen kümmerte. Sie fühlten sich bei uns wohl und genossen es, einen solchen Ort zu haben. Doch wenn ich auf die letzten Jahre unserer Jugendarbeit zurückschaute, dann war das Ergebnis sehr ernüchternd. Wir hatten zwar Tag für Tag in die jungen Leute investiert, aber zu wirklichen Veränderungen war es kaum gekommen. Die meisten waren immer noch gefangen in Süchten und zerstörerischen Verhaltensweisen. Sie suchten das Leben an den unmöglichsten Stellen. Doch für Gott, der ihnen wirkliche Liebe, Sinn und Bestimmung geben wollte und sie von ihren Süchten befreien konnte, wollten sich die Jugendlichen aus unerklärlichen Gründen nicht entscheiden.

‚Wieso verändert sich nichts und weshalb entscheidet sich keiner für Gott?', fragte ich mich, als ich eines Abends gedankenversunken zu Hause saß und über die Erlebnisse der vergangenen Jahre grübelte.

In der Bibel hatte ich von außergewöhnlichen Lebensveränderungen gelesen. Dort schienen solche Wunder an der Tagesordnung zu sein. Selbst Mörder waren durch Gottes Wirken plötzlich lammfromm geworden. Warum erlebten wir nicht solche Veränderungen?

Ich konnte mich einfach nicht damit abfinden, dass Gottes Wirken, so wie ich es in der Bibel gelesen hatte, heute nicht mehr möglich sein sollte.

‚Gott ist doch noch der gleiche Gott wie damals!', überlegte ich immer wieder.

Nachdem ich bis spät in den Abend hinein über all diesen Fragen gebrütet hatte, kam mir plötzlich eine Idee.

Ich nahm mein Handy und wählte die Nummer meiner Mutter.

„Sag mal, kann ich so spät noch vorbeikommen?", fragte ich.

„Ist etwas passiert?", meinte meine Mutter erschrocken.

„Nein, ich brauche nur dringend ein paar Bücher von dir", gab ich zurück.

„Ach so. Wenn es weiter nichts ist, dann komm ruhig vorbei", sagte sie beruhigt.

Meine Mutter hatte eine riesige Sammlung christlicher Bücher. Und als ich spät am Abend vor dem Bücherregal stand, erklärte ich meiner staunenden Mutter: „Ich brauche jedes Buch, in dem etwas über Gottes Wirken berichtet ist, über Lebensveränderungen, Erweckungen, Wundern, egal ob aus der Geschichte oder aus der jetzigen Zeit."

„Da hab ich eine ganze Menge…", meinte sie.

„Das ist super! Die nehm' ich alle mit!", rief ich begeistert.

Eine Stunde später fuhr ich mit zwei großen Taschen voller Bücher zurück nach Hause.

„Willst du eine Bibliothek eröffnen?", fragte Kessi, als ich die Bücher im Wohnzimmer aufstapelte.

„Nein, ich betreibe Forschungen", antwortete ich.

„Aha, Forschungen...", gab Kessi verhalten zurück und schaute mich mit einem großen Fragezeichen im Gesicht an.

Noch am selben Abend begann ich zu lesen. Und in den folgenden Wochen verschlang ich ein Buch nach dem anderen. Ich durchforschte Berichte über die Kirchengeschichte und las über Erweckungen und Wunder in verschiedenen Teilen der Welt. Ich wollte herausfinden, warum Gott an manchen Stellen so außergewöhnlich wirkte und sich anderswo nichts bewegte.

Nachdem ich etliche Bücher gelesen hatte, erkannte ich etwas, das sich überall wie ein roter Faden durchzog: Wo immer es in der Kirchengeschichte besondere Lebensveränderungen und Wunder gegeben hatte, wurde intensiv gebetet.

‚Das ist es!', ging es mir durch den Kopf.

Und plötzlich fiel es mir wie Schuppen von den Augen: Nur durch Gebet können Gottes Wunder freigesetzt werden.

Der Schlüssel

„Leute, ich hab den Schlüssel gefunden!", rief ich begeistert, als ich bei unserem nächsten Mitarbeitertreffen zur Tür herein kam.

„Ich wusste gar nicht, dass du deinen Schlüssel verloren hattest", meinte ein Mitarbeiter.

„Doch nicht *den* Schlüssel! – Ich meine den Schlüssel für unsere Jugendarbeit!", gestikulierte ich aufgeregt.

„Und was soll das sein, *der Schüssel* für unsere Arbeit?", gab der Mitarbeiter leicht irritiert zurück.

„Das Gebet!", sagte ich begeistert.

Dann erzählte ich von meinem Bücherstudium und las etliche Bibelstellen zum Thema Gebet vor.

Am Ende meiner Rede schaute ich erwartungsvoll in die Runde.

„Heißt das jetzt, dass wir den ganzen Tag zu Hause sitzen und beten?", fragte ein Mitarbeiter mit gerunzelter Stirn.

„Nein, sondern wir beten hier. Meine Idee ist folgende: Wir treffen uns alle zusammen jeweils eine Stunde vor den Veranstaltungen zum Gebet und während der gesamten Öffnungszeit beten dann einige von uns im Mitarbeiterraum", erklärte ich meinen Vorschlag.

„Noch eine Stunde eher kommen? Und dann den ganzen Abend

beten? Ist das dein Ernst?", entfuhr es einem Mitarbeiter.

„Lasst es uns doch einfach mal probieren", schlug ein anderer plötzlich vor. „Wenn es wirklich stimmt, dass die Wunder der Kirchengeschichte immer von intensivem Gebet begleitet waren, dann wären wir doch dumm, wenn wir das ignorieren. Ich möchte es jedenfalls miterleben, wie Jugendliche zu Gott finden, von Süchten befreit werden und ein neues Leben beginnen."

Erleichtert atmete ich auf und schaute den Mitarbeiter dankbar an.

Nachdem wir noch eine Weile miteinander diskutiert hatten, beschlossen wir, das Gebetsexperiment zu starten. Schon am nächsten Wochenende trafen wir uns eine Stunde vor Veranstaltungsbeginn zum Gebet und während der gesamten Öffnungszeit saßen einige von uns im Mitarbeiterraum und beteten intensiv für die Jugendlichen.

Es gab kaum eine vergleichbare Entscheidung, die unsere Arbeit so elementar geprägt hat, wie diese. Bereits nach kurzer Zeit waren die Auswirkungen so stark, dass wir beschlossen: Wir werden diese Gebetspraxis nie wieder aufgeben. Das Parallelgebet bei unseren Veranstaltungen brachte solch eine spürbare Veränderung, dass wir uns wie auf einem Segelboot vorkamen, das plötzlich vom Wind erfasst wird und so richtig in Fahrt kommt.

Die Clique

„Kann ich mal bei euch aufs Klo gehen?", sprach mich ein junger Mann mit Bomberjacke an, als ich an einem der Samstagabende gerade draußen vor der Tür unseres Jugendzentrums stand.

„Wieso denn nicht?", fragte ich verwundert.

„Naja, ich komme von da drüben", meinte er und zeigte mit seiner Hand zur anderen Straßenseite.

„Ach so…", sagte ich. „Also, von mir aus kannst du gern bei uns auf die Toilette gehen."

Mit „da drüben" war der Platz schräg gegenüber von unserem Haus gemeint, auf dem sich jeden Abend eine ziemlich krasse Jugend-Clique traf. Das war damals für uns eine böse Überraschung gewesen, nachdem wir unser Haus gekauft hatten. Statt der idyllischen Ruhe im trauten Heim, gab es jede Nacht bis in die frühen Morgenstunden lautes Gegröle. Die Jugendlichen hielten dort Saufpartys ab und es kam auch immer wieder zu Schlägereien. In regelmäßigen Abständen war die Polizei präsent.

Nachdem unser Haus nun ein Jugendzentrum beherbergte, kam es sehr schnell zu ersten Kontakten mit der Clique. Doch sie bestanden anfangs nur darin, dass ab und zu einer von ihnen bei uns auf die Toilette ging.

„Wollt ihr nicht auch mal zu einer Veranstaltung kommen?", fragte ich die Jugendlichen einmal nach einem Toilettenbesuch.

„Bei euch gibt′s doch nichts zu saufen!", kam als Antwort zurück. Glücklicherweise hatten wir diese Lektion aus unserem ersten Jugendclub gelernt und im neuen Objekt gab es tatsächlich „nichts zu saufen". Aber dafür gab es den Heiligen Geist. Und der wirkte auch nicht schlecht, das mussten sogar die Jugendlichen von der Clique anerkennen. Es dauerte nicht lange und der Boss der Clique sprach mich draußen vor dem Jugendzentrum an und fragte: „Sag mal, was nehmt ihr denn für ′n Stoff? Ihr könnt uns doch nichts weismachen, wir sehen doch, dass ihr alle auf Droge seid!"

Vor lauter Lachen brachte ich gleich gar keine Antwort heraus.

„Das ist keine Droge, sondern die Freude, die Gott uns schenkt", sagte ich und fügte mit einem Schmunzeln hinzu: „Diese ‚Droge' ist sogar kostenlos!"

„Was soll das denn für ′n Quatsch sein?!", gab der Cliquenboss zurück, während er lässig an seiner Zigarette zog.

„Die Freude, die du auf unseren Gesichtern siehst, die kommt nicht von irgendwelchen Drogen, sondern von Jesus", versuchte ich ihm zu erklären.

„Jesus…? Kenn′ ich nicht!", gab er schnippig zurück. Dabei verzog er die Mundwinkel und spielte nervös an einem seiner dicken Ohrringe.

„Wenn du etwas mehr über Jesus erfahren willst, dann komm doch einfach mal mit rein!", forderte ich ihn auf. „Wie heißt du eigentlich?", wollte ich noch wissen.

„Sag einfach Springer! So nennen mich alle in der Clique", meinte er und streckte mir die Hand entgegen.

„Ich bin Tilo und versuche diesen Laden hier etwas unter Kontrolle zu halten", gab ich mit einem Augenzwinkern zurück, während ich seine Hand schüttelte.

Ehrlich gesagt, war ich etwas überrascht von seiner Freundlichkeit. Damit hatte ich gar nicht gerechnet. Umso größer war mein Erstaunen, als er plötzlich sagte: „Na gut, mal anschauen, kann ja nicht schaden."

Damit kam Springer zur Tür herein und erlebte an diesem Abend seine erste JesusParty. Während des Programms stand er ruhig in der Ecke und beobachtete alles. Ich hatte keine Ahnung, was in seinem

Kopf vor sich ging, doch irgendetwas musste ihn gepackt haben, denn ab diesem Tag schleppte er einen nach dem anderen von seiner Clique mit in unser Jugendzentrum.

Mit der Zeit lernte ich die Leute von der Clique immer besser kennen. Und je öfter ich mit ihnen zu tun hatte, umso mehr tat sich vor mir eine ganz neue Welt auf. Nach jedem Wochenende hatten die Cliquenmitglieder neue Storys zu erzählen und irgendeiner von ihnen war eigentlich immer im Gefängnis. Besonders spannend waren ihre ständigen Probleme mit der Polizei.

Eines Tages lief ich mit einigen von den Jugendlichen auf der Straße entlang. Während wir uns unterhielten, ertönte aus einiger Entfernung eine Sirene. Je näher das Geräusch kam, umso unruhiger wurden die Jungs. Ständig schauten sie sich nervös um und beobachteten die Straße. „Ein Polizeiauto!", rief plötzlich einer von ihnen. Augenblicklich rannten sie alle los und verschwanden im nächsten Hauseingang. Ich blieb ganz allein auf dem Fußweg zurück.

Nachdem das Polizeiauto vorbeigefahren war, kamen die Jugendlichen wieder aus ihrem Versteck hervor.

„Was ist denn los?", wollte ich wissen. „Werdet ihr etwa gesucht?"

„Nein, das sind reine Vorsichtsmaßnahmen. Es ist besser wenn man von denen nicht gesehen wird…", meinten sie.

So gab es immer neue Überraschungen für mich.

Wenige Tage nach der Aktion mit dem Polizeiauto bekam ich eine SMS von Springer. Als ich die Mitteilung öffnete, erschien ein kurzer, rätselhafter Text: „Bitte, komm doch mal ins Klinikum, wir hatten ein Problem."

‚Wer weiß, was da wieder los ist?', ging es mir durch den Kopf.

Mit gemischten Gefühlen setzte ich mich ins Auto und fuhr zum Krankenhaus. Und dann fand ich sie vor: Die gesamten Cliquenmitglieder saßen wie die Hühner auf der Stange im Gang der Station und jeder von ihnen sah ziemlich mitgenommen aus. Nun stellte sich auch heraus, was das in der SMS genannte „Problem" war: nämlich eine Schlägerei, die irgendwo auf dem Chemnitzer Rummel stattgefunden hatte.

Trotz ihres ramponierten Zustands waren die Typen aber cool wie immer und humpelten ständig zur Raucherinsel. Während sie dort von einer Rauchwolke umgeben zusammenstanden, versuchte ich mit ihnen über ihr Leben zu sprechen. Ich hoffte inständig, dass derartige Erlebnisse ihnen endlich die Augen öffnen würden.

„Merkt ihr denn nicht, wohin euch dieser Lebensstil von Alkohol, Drogen und Gewalt führt? Ihr geht dabei immer mehr kaputt. Schaut euch doch mal an!", versuchte ich auf sie einzuwirken.

Sie standen mit ihren Zigaretten in der Raucherinsel und ich schritt vor ihnen auf und ab, wie ein Prediger vor seiner Gemeinde. Doch am Ende meiner Ansprache gab es weder Applaus noch Kollekte, sondern die Reaktion war nur ein müdes Achselzucken.

Ein unerwartetes Wunder

Doch immerhin kamen die Typen von der Clique nun regelmäßig in unser Jugendzentrum. Vor allem Springer ließ keine einzige Veranstaltung aus. Und unser Gebetsteam hörte nicht auf, Woche für Woche intensiv für Springer und seine Kumpanen zu beten.

Nach einigen Monaten fand eine JesusParty statt, in der ein für uns alle unvergessliches Wunder geschah.

Ich stand wie immer mit meiner Gitarre auf der Bühne und erzählte zwischen den Liedern über das Leben mit Gott.

„Ich habe früher auch das Leben in allen möglichen Dingen gesucht: in Partys, Alkohol und vielem anderen. Doch wirklich glücklich bin ich erst geworden, als ich mein Leben in Gottes Hände gelegt habe", sagte ich und fügte hinzu: „Wenn es heute Abend hier jemanden im Raum gibt, der auch ein Leben mit Gott beginnen möchte, dann lade ich dazu ein, beim nächsten Lied vor zur Bühne zu kommen, damit wir zusammen beten können."

Kaum hatte ich zu Ende gesprochen, löste sich Springer plötzlich aus der Menge und lief zur Bühne vor. Ich traute meinen Augen kaum. Er stand vor der Bühne und betete zu Gott. Ich war sprachlos!

„Kannst du heute nochmal den Song spielen: ‚Ich singe dir ein Liebeslied'? Das gefällt mir besonders gut", raunte Springer mir leise zu.

„Okay, wenn es dir so gut gefällt...", sagte ich verwundert. Ich konnte es kaum fassen, dass dieser harte Typ sich dieses sanfte Lied wünschte. Plötzlich kam mir ein verrückter Gedanke: „Willst du vielleicht mitsingen?", fragte ich Springer.

„Naja, ich bin zwar nicht der große Sänger..., aber wenn du meinst", gab er etwas zögerlich zurück. Wenige Sekunden später stand er mit dem Mikrofon in der Hand neben mir auf der Bühne. Und gemeinsam sangen wir: *„Ich singe dir ein Liebeslied, dir mein Retter, dir mein Jesus..."*

Den anderen Jugendlichen von der Clique fielen fast die Augen raus. Ihr Anführer stand da vorn und sang von Jesus. Man konnte es richtig in ihren Augen lesen, dass sie die Welt nicht mehr verstanden.

Ab diesem Abend war Springer wie verändert. Wir hatten damals mit unserer Band gerade unsere erste CD mit christlichen Liedern produziert. Springer wurde unser größter Abnehmer. Jeder aus seiner Clique bekam erst einmal pauschal eine CD von ihm geschenkt. Doch er wurde auch außerhalb seiner Clique aktiv.

Nach einem Wochenende kam er begeistert zu mir: „Tilo, das hättest du erleben müssen! Ich war gestern bei einigen alten Kumpels auf einer Skinhead-Party eingeladen. Da bin ich auf die Idee gekommen, dem DJ eure CD einlegen zu lassen. Was denkst du, wie verdutzt die Leute alle geguckt haben, als es plötzlich aus den Lautsprechern dröhnte: ‚Jesus, du bist der Herr‘!"

Videoclip zum Kapitel anschauen

„JesusParty im Jugendzentrum"

http://videoclip-1.newgeneration.de

Kapitel 9
Außergewöhnliche Erlebnisse

Der Anruf

Ich saß in meinem Büro und bearbeitete gerade einige Aufträge meiner Veranstaltungsagentur. Schon lange war ich nicht mehr dazu gekommen, etwas für meine Firma zu machen. Mittlerweile war ich fast nur noch für die Jugendarbeit im Einsatz, besuchte Jugendliche im Gefängnis, führte Seelsorgegespräche oder bereitete Veranstaltungen vor.

Doch wenigstens ab und zu war es notwendig einen Auftrag anzunehmen, denn von irgendetwas musste ich ja schließlich leben.

Nachdenklich schaute ich in meinen Computer und schrieb ein Angebot für ein Volksfest in Thüringen.

‚Eigentlich ist es total unvernünftig, meine Firma derart zu vernachlässigen‘, ging es mir durch den Kopf.

Je mehr ich mein Geschäft in den letzten Jahren zurückgefahren hatte, desto öfter hatten mir auch manche Geschäftspartner zu verstehen gegeben, dass ich wohl den Verstand verloren haben musste, eine so gut gehende Firma den Bach runter gehen zu lassen.

Ich konnte ihre Reaktionen eigentlich gut verstehen. Im Grunde genommen hatten sie sicher recht. Aber es war nicht der Verstand, den ich verloren hatte, sondern mein Herz. Ich hatte es an Gott und an die jungen Menschen verloren. Und ich hatte etwas gefunden, das mich viel glücklicher machte als Karriere und Geldverdienen.

Während ich so an meinem Schreibtisch saß und über meine Firma nachdachte, klingelte das Telefon. Ich nahm den Hörer ab und lauschte gespannt der Stimme am anderen Ende der Leitung.

„Was...? Wirklich?", fragte ich mehrmals bewegt nach.

Nachdem ich den Hörer aufgelegt hatte, stiegen Tränen in meine Augen. Die Nachricht ließ augenblicklich all das in den Hintergrund treten, was mich eben noch beschäftigt hatte. Es war so unfassbar, dass ich es kaum glauben konnte: Mein Jugendfreund und langjähriger Bandkollege Engel hatte ein Leben mit Gott begonnen und war Christ geworden.

Viele Jahre hatte ich dafür gebetet und nun war das Wunder geschehen. Vor lauter Freude war ich ganz aus dem Häuschen. Endlich konnte ich mit meinem Freund nicht nur die vielen gemeinsamen Erlebnisse teilen, die uns seit unserer Jugendzeit verbanden, sondern auch das, was mir jetzt das wichtigste war: das Leben mit Gott.

Es war einfach herrlich!

Die Band

Es dauerte nicht lange, da wollten Engel und ich wieder zusammen Musik machen. Das war fantastisch, denn die ersten Jahre hatte ich bei der JesusParty immer ganz allein mit meiner Gitarre spielen müssen. Später unterstützte mich der ehemalige Hauskreisleiter am Keyboard.

Doch zu zweit mit Gitarre und Keyboard einen Jugendgottesdienst zu gestalten, war nicht gerade das Highlight. Nun ergaben sich endlich neue Möglichkeiten und nach kurzer Zeit wurde die erste Band von NEW GENERATION ins Leben gerufen.

Ich war glücklich, wieder mit Engel zusammen Musik machen zu können. So war es fast wie in alten Zeiten, nur mit dem Unterschied, dass wir jetzt von Jesus sangen. Lediglich Kessi spielte noch in ihrer Rock 'n' Roll-Band. Aber irgendetwas in meinem Inneren gab mir die Gewissheit, dass auch sie bald mit in unsere Band einsteigen würde.

Kurz vor der Jahrtausendwende gab es ein besonderes Wochenende, an dem wir etliche Teenies in unserem Jugendzentrum zu Gast hatten und einen Musikworkshop für sie gestalteten. Ich studierte mit ihnen einen Rap ein, den wir in der Silvesternacht in einer Veranstaltung aufführen wollten. Während gerade einige der Teenies auf der Bühne standen und sich an dem Text probierten, fiel mir auf einmal eines der Teenager-Mädchen auf. Sobald ich sie sah, hatte ich den Eindruck, dass Gott zu mir sagte: „Sprich dieses Mädchen an und frage sie, ob sie als Sängerin mit in die Band einsteigen möchte."

‚Was soll ich machen!?', dachte ich.

Ich konnte doch nicht einem wildfremden Mädchen anbieten, in unsere Band einzusteigen. Ich kannte sie weder, noch wusste ich überhaupt, ob sie wirklich singen konnte.

Doch der Eindruck ging nicht weg, sondern er wurde immer intensiver. So fasste ich mir schließlich ein Herz und sprach das Mädchen an: „Sag mal, hättest du Lust, bei unserem nächsten Jugendgottesdienst mitzusingen? – Wie heißt du eigentlich?", wollte ich wissen.

„Ich bin die Rebekka", sagte sie etwas schüchtern und fragte verwundert: „Ich soll… mitsingen?"

„Naja… das war einfach so ein Impuls, den ich vorhin hatte", gab ich zögerlich zurück.

„Das ist ja krass!", sagte sie plötzlich ganz aufgeregt. „Weißt du, gerade in diesen Tagen habe ich mich gefragt, ob ich weiter in den Leistungssport investieren soll oder in das Singen. Beides mache ich nämlich bereits seit meiner Kindheit leidenschaftlich gern. Aber seit einiger Zeit spüre ich, dass ich mich für eine Sache entscheiden muss. Ich glaube, das ist die Antwort!" meinte sie bewegt.

Ab diesem Tag wurde Rebekka unsere Sängerin und ich hätte mir damals im Traum nicht vorstellen können, was sich aus dieser kleinen Begegnung im Laufe der Jahre für eine wichtige Zusammenarbeit entwickeln würde.

Mit Rebekka in der Band

Der Jugendgottesdienst

Die wunderbaren Veränderungen, die wir in den letzten Monaten mit Springer und seiner Clique erlebt hatten, begeisterten uns. Wir beteten darum, dass Gott noch viel mehr von solchen Jugendlichen berührt und aus dem Teufelskreis von Alkohol und Drogen herausholt.

In unserem Leitungsteam überlegten wir, wie wir auch außerhalb unseres Jugendzentrums junge Leute erreichen könnten.

„Was wäre, wenn wir mal einen richtig großen Jugendgottesdienst im Stadtzentrum veranstalten?", kam eines Tages der Vorschlag.

„Das ist es!", war die einhellige Meinung und alle waren begeistert.

„Da kann ja auch gleich unsere neue Sängerin Rebekka mitsingen", schlug ich vor.

Die Idee war geboren und ab da ging alles ganz schnell. Wir organisierten Räume im Stadtzentrum, übten ein Programm ein, probten mit der Band und begannen die Veranstaltung intensiv zu bewerben. Unter anderem verteilten wir in der Stadt Handzettel und ließen Werbespots über das Radio laufen.

Je näher die Veranstaltung kam, desto öfter trafen wir uns zum Gebet. Bei einem dieser Treffen verkündete ein Mitarbeiter plötzlich: „Ich habe den Eindruck, dass bei dem Jugendgottesdienst insgesamt dreiunddreißig Jugendliche zum Glauben finden werden."

Wir schauten uns fragend an.

„Das klingt gut… aber irgendwie auch etwas fantastisch", sagte ich. Doch noch viel verrückter wurde es einen Tag vor dem Event. Denn da erzählte dieser Mitarbeiter, er habe in der Nacht geträumt, dass es nun sogar vierunddreißig Jugendliche sein würden. Wir kratzten uns am Kopf. Das war doch schon sehr abgefahren…

Am nächsten Tag war es soweit. Den ganzen Nachmittag über hatten wir in der Stadt Jugendliche durch Flyer eingeladen und zwischendurch immer wieder intensiv für die Veranstaltung gebetet. Und beides zahlte sich aus, denn am Abend war der Saal mit ungefähr dreihundert Jugendlichen bis zum Anschlag gefüllt. Und dann ging es endlich los. Vom ersten Lied an sprang der Funke über. Wir konnten Gottes Gegenwart spüren, so wie wir es bis dahin noch nie in unseren Veranstaltungen erlebt hatten.

Während der Predigt war es mucksmäuschenstill. Man konnte richtig beobachten, wie Gott an den Herzen der Zuhörer wirkte. Unmittelbar nach dem Ende der Predigt baten wir alle Jugendlichen nach vorn zu kommen, die ein Leben mit Gott beginnen wollten.

Es waren unvergessliche Augenblicke. Während ich zusammen mit Rebekka und Engel auf der Bühne stand und wir ein ruhiges Anbetungslied sangen, kam einer nach dem anderen vor.

Und als sie sich alle vorn am Bühnenrand gesammelt hatten, entdeckten wir: Es waren tatsächlich genau vierunddreißig Jugendliche! Nicht einer mehr und nicht einer weniger. Wir waren völlig sprachlos und konnten nur noch staunend Gott danken.

Eine unerwartete Lebenswende

Je bekannter unser Jugendzentrum in der Stadt wurde, umso öfter bekamen wir Besuch von Jugendlichen aus den verschiedensten Szenen.

Einer von ihnen war Rocco. Er war in der Skinhead-Szene beheimatet und trug die übliche Tracht mit Bomberjacke und Springerstiefeln. Eines Tages tauchte er völlig unerwartet in unserem Jugendzentrum auf. Ich stand gerade im Eingangsbereich, als Rocco plötzlich auf mich zu kam und mich unvermittelt ansprach: „Das Leben ist doch einfach nur Scheiße", platzte er ruppig heraus und schaute mich mit finsterer Miene an. „Oder was soll der Sinn von dem ganzen F...ck sein?", legte er nach.

„Also... es gibt da schon einen Sinn", meinte ich vorsichtig und streckte ihm freundlich die Hand entgegen.

Dann begann ich, ihm von Gottes Liebe zu erzählen. Rocco gab viele coole Sprüche von sich. Doch mit der Zeit wurde er offener. Und nachdem wir uns in den folgenden Wochen einige Male getroffen hatten, taute er zunehmend auf und entpuppte sich schließlich als total netter Kerl.

Rocco hatte viele Fragen. Und auch wenn manche davon sicher mehr zum Provozieren gedacht waren, so ergaben sich doch daraus immer wieder interessante Gespräche.

„Die Religion ist doch einfach nur langweilig!", begann er zu sticheln, als wir eines Abends zusammen im Jugendzentrum am Tisch saßen und unsere Cola schlürften.

„Da hast du vollkommen Recht!", gab ich zu seinem großen Erstaunen zurück.

„Wie jetzt...? Ich denke, du bist... hä?", stammelte er und schaute mich total verwundert an.

„Ja, ich bin Christ. Aber Christsein kommt von Christus und der hat keine neue Religion gegründet, sondern im Gegenteil: Seine größten Feinde waren die religiösen Leute", begann ich dem verdutzten Rocco zu erklären.

„Das verstehe, wer will", schüttelte Rocco ungläubig den Kopf, während sich seine Stirn in Falten legte.

„Das ist eigentlich ganz einfach erklärt", setzte ich an. „Alle Religionen sind irgendwann einmal von Menschen erfunden worden und sie haben im Grunde genommen alle ein und denselben Kern: Man muss – je nach Religion – irgendwelche Dinge tun, etwa so und so oft am Tag beten und wieder anderes lassen, zum Beispiel irgendwelche Speisen, die man nicht essen darf. Wenn man das alles treu und brav macht, kommt man als Belohnung in den Himmel. So funktioniert Religion. Aber Jesus hat genau dieses religiöse Leistungssystem durchkreuzt, weil er wusste, dass das sowieso niemand schafft."

„Ich muss also gar nicht religiös werden...?", unterbrach mich Rocco erstaunt.

„Man kann sich den Himmel nicht mit Religiosität verdienen", antwortete ich und fügte hinzu: „Jesus hat durch seinen Tod am Kreuz selbst den Preis für unsere Erlösung bezahlt. Und statt einem religiösen Verhalten, lädt er uns zu einer vertrauensvollen Beziehung mit ihm ein."

„Das ist ja interessant. Ich dachte immer, dass das Christsein eine Religion ist, wo man sich durch gutes Benehmen und Kirchenbesuche das Paradies verdienen muss", gab Rocco zurück und kratzte sich nachdenklich am Kopf.

Irgendetwas schien ihn bei dieser Sache zu bewegen und statt der üblichen coolen Sprüche, saß er gedankenversunken auf seinem Stuhl und grübelte vor sich hin.

„Am besten du liest das alles selbst mal in der Bibel", meinte ich nach einer Weile und fügte hinzu: „Ich hatte bis vor ein paar Jahren auch eine ganz andere Vorstellung von Gott. Das ist wie mit den Engeln: In der Bibel sind sie als männlich, stark und furchterregend beschrieben, aber ich kannte sie nur als die kleinen dicken Engelchen

vom Weihnachtsschmuck. So ist es eben mit dem ‚Stille-Post-Prinzip‘."
„Was meinst du damit?", wollte Rocco wissen.

„Naja, es ist wie bei diesem Spiel: Nachdem eine Botschaft über längere Zeit von einem zum anderen weitergegeben wurde, ist irgendwann von der eigentlichen Aussage nicht mehr viel übrig. Aber zum Glück können wir das Original lesen. Mich hat das damals auch überrascht, wie sehr sich die ursprüngliche Botschaft von Jesus und von dem, was er wirklich wollte, über die Jahrhunderte verändert hat."

„Das klingt ja richtig spannend, so wie in einem Film, wo ein altes Geheimnis wiederentdeckt wird", meinte Rocco begeistert. „Ich werde da mal reinschauen in das alte Buch, ich glaub´ meine Oma hat noch so eine Bibel im Regal stehen."

Nur wenige Tage nach dem Gespräch kam Rocco eines Abends zur Tür unseres Jugendzentrums hereingeplatzt. Es war an einem Dienstagabend ungefähr 21.00 Uhr und ich hatte gerade zusammen mit einem Mitarbeiter das *Gebet für Chemnitz* beendet.

„Hallo Rocco, was machst du denn hier?", fragte ich erstaunt und gab ihm die Hand, wobei mir der Geruch von Alkohol und Zigaretten in die Nase zog.

„Naja, ich hatte den ganzen Tag so eine innere Unruhe und mir ging immer wieder unser Gespräch durch den Kopf. Irgendetwas hat mich wieder hier her gezogen", stammelte er.

Dann schaute sich Rocco verwundert im Raum um.

„Hier ist so eine komische Atmosphäre… so ein Frieden", meinte er schließlich und rieb sich die Augen.

„Das ist Gottes Gegenwart", sagte ich mit einem Schmunzeln und schaute meinen Mitarbeiter an, der die ganze Zeit neben uns stand und dem Gespräch gelauscht hatte.

Plötzlich kam mir der Gedanke, dass wir doch für ihn beten könnten. So fasst ich mir ein Herz und fragte ihn: „Willst du Gott nicht auch mal erleben? Wir können gern für dich beten, wenn du willst."

Rocco schaute mich leicht erschrocken an. Er öffnete den Mund, aber schloss ihn gleich wieder. In ihm schien irgendetwas zu kämpfen. Nach einigen Augenblicken sagte er schließlich mit verlegener Stimme: „Okay… solange ich nichts dabei machen muss."

So begannen mein Mitarbeiter und ich einfach für Rocco zu beten, ihn zu segnen und Gott zu bitten, dass er in sein Leben kommt.

Auf einmal, und für uns völlig unerwartet, klappte Rocco vor unseren Augen zusammen wie ein Taschenmesser. Er blieb eine ganze

Zeit am Fußboden hocken und ich hatte keine Ahnung, was in diesen Minuten mit ihm passierte. Doch irgendetwas Besonderes schien Gott an ihm getan zu haben. Denn als er wieder aufstand, fing er auf einmal selbst an zu beten und übergab sein Leben Gott. Von da an wurde Rocco Stammgast bei unseren Veranstaltungen.

Die Party
Durch unsere mittlerweile vielfältigen Kontakte in die verschiedenen Jugendszenen kam es immer wieder zu außergewöhnlichen Situationen.

Eine Schlüsselperson aus der Chemnitzer Türsteherszene feierte Geburtstag und hatte für seine Party gleich eine ganze Diskothek gemietet. Irgendwie war es zu der verrückten Idee gekommen, dass unsere Band dort spielen sollte und dass wir außerdem mit unserem gerade frisch gegründeten DJ-Team dort die Musik auflegen würden.

Der Abend wurde für uns alle zu einem unvergesslichen Erlebnis. Als wir uns einige Zeit später einige Fotos davon anschauten und uns an alles zurückerinnerten, konnten wir nur noch mit dem Kopf schütteln und uns fragen: ‚Haben wir das wirklich erlebt?'

Auf der Party waren ungefähr hundertfünfzig Typen anwesend, denen man lieber nicht allein bei Nacht begegnen wollte. Wir kamen uns vor, als wären wir mitten in einen Aufmarsch der rechten Szene hineingeraten. Überall liefen muskelbepackte und tätowierte Kerle herum und trugen Bier- oder Schnapsflaschen vor sich her.

Während wir unsere Bandanlage aufbauten, dachte ich immerzu: ‚Oh Gott, ich weiß nicht, ob das wirklich so eine gute Idee war...'

Irgendwann war es dann soweit. Wir betraten mit gemischten Gefühlen die Bühne und begannen unsere christlichen Lieder zu spielen. Auf der Tanzfläche standen die kahlgeschorenen Typen und versuchten zu unserer Musik ihre Party zu machen.

Nach dem wir circa eine Stunde lang gespielt hatten, begann unser DJ aufzulegen. Doch er traf nicht ganz den Nerv der Anwesenden. Weil ihnen die Musik nicht gefiel, schütteten sie kurzerhand ein Bierglas über dem Plattenspieler unseres DJs aus. Dann hielten sie ihm eine CD hin und verlangten, diese einzulegen: „Ansonsten gibt's Hacksalat..."

Solch muskelbepackten Argumenten war natürlich nichts entgegenzusetzen und so fand die Scheibe sofort ihren Platz im CD-Player. Dann ertönte eine furchtbare, garantiert vom Verfassungsschutz verbotene Musik.

Sobald diese Klänge zu hören waren, schrien alle nur noch wie im Chor: „Lauter, lauter!"

Anschließend begann eine wilde Tanzparty, wobei sich viele der Jungs ihre T-Shirts vom Leib rissen und mit ihren tätowierten Körpern zu poken begannen und sich dabei gegenseitig umher schubsten.

Währenddessen hatten sich unsere Bandmitglieder hinter die Bühne in den Backstage-Raum zurückgezogen und begannen inbrünstig zu beten. Ich habe manche unserer Musiker noch nie so hingebungsvoll beten gehört wie an diesem Abend.

Im Hintergrund unsere Band,
vorn grölende Partygäste

Schließlich mussten die flehenden Gebete wohl doch bei Gott angekommen sein, denn nach etwa einer halben Stunde wurden wir endlich von der furchtbaren Musik erlöst. Die Inhaberin der Diskothek tauchte auf und drohte die Polizei zu holen, wenn die Musik nicht sofort gewechselt würde.

So konnte unser lieber DJ schließlich wieder seine Arbeit aufnehmen. Völlig erschöpft bauten wir irgendwann früh am Morgen unsere Bandanlage ab und verstauten die Technik in unserem Bandbus.

„Ob das wirklich was gebracht hat?", meinte ich zu unserer Sängerin Rebekka, die während der Rückfahrt todmüde neben mir saß.

„Naja, auf jeden Fall war es eine interessante Erfahrung", gab sie zurück und rieb sich verschlafen die Augen.

Doch zumindest der Türstehertyp, der die Party veranstaltet hatte, schien selbst alles viel positiver erlebt zu haben als wir. Denn ab da besuchte er immer wieder unser Jugendzentrum und mit der Zeit entwickelte sich ein guter freundschaftlicher Kontakt zu ihm.

Musikalische Experimente

Inspiriert durch die Erfahrung mit der Party begann ich unsere Band weiter zu entwickeln und musikalisch oder tänzerisch begabte Jugendliche zu fördern. Wir experimentierten mit verschiedenen Bandbesetzungen und Musikstilen. Nach einer Weile hatten wir genügend Material, um in verschiedenen Jugendszenen aktiv zu werden.

Wir spielten überall, wo immer wir empfanden, dass Gott etwas vorbereitet hatte: in Jugendclubs, in Schulen, in Kirchen oder auf Open-Air-Festivals.

Einmal traten wir in einer Konzerthalle auf, in der üblicherweise nur härtere Bands spielten. Die Halle war gut gefüllt und neben unseren eigenen Jugendlichen waren viele nichtsahnende Metal-Fans im Publikum. Während sie bei unseren ersten Liedern voller Begeisterung mitgingen, waren sie sichtlich überrascht, als ich plötzlich anfing von Jesus zu singen.

In der Metal-Halle

Seit ich Christ geworden war, hatte ich dutzende neue Lieder geschrieben, in denen es um das Leben mit Gott ging. Eines dieser Lieder hieß „We Are Undignified" (‚Wir sind unwürdig'). Ich erklärte den Besuchern, dass wir Menschen eigentlich unwürdig sind, aber Jesus uns die Würde wieder zurückgegeben hat. Mitten im Konzert lud ich das Publikum dann zum Gebet ein.

Als wir spät in der Nacht unsere Instrumente einpackten, nahm mich unsere Sängerin Rebekka zur Seite und meinte: „Ich hätte nie gedacht, dass die Leute bei dem Gebet so still bleiben."

„Ich ehrlich gesagt auch nicht... Aber Gott tut zum Glück immer wieder Wunder.", gab ich begeistert zurück.

Videoclip zum Kapitel anschauen

„Konzert in der Metal-Halle"

http://videoclip-2.newgeneration.de

Kapitel 10
Das Kino

Ein weichenstellender Abend

Ich lehnte gemütlich an der Wand und genoss die JesusParty in unserem Jugendzentrum. Es war ein herrlicher Abend. Wir hatten einen Gastprediger eingeladen und er sprach gerade über Gottes Liebe.

„Ja, es stimmt', dachte ich, ‚Gott ist wirklich voller Liebe.'

Es ging mir gerade so richtig gut mit allem. Die schwere Pionier- und Aufbauphase der ersten Jahre lag endlich hinter uns. Der Betrieb unseres Jugendzentrums war wunderbar angelaufen, Jugendliche fanden zu Gott und inzwischen war auch unser Mitarbeiterteam so gewachsen, dass sich die Lasten auf viele Schultern verteilten. Alles lief einfach blendend und ich war an diesem Abend richtig glücklich und zufrieden.

Während ich der Predigt unseres Gastes lauschte und mich über alles freute, hörte ich plötzlich in meinem Inneren ganz deutlich Gottes Stimme: „Tilo, bist du bereit, noch einmal etwas ganz Neues zu wagen? Etwas, das viel größer ist als alles, was du bis jetzt erlebt hast."

Sobald ich die Frage hörte, sträubte sich alles in mir. Was immer es war, was Gott da wieder vorhatte, es machte mir schon Angst, bevor er sagte, worum es überhaupt ging.

So langsam stieg eine Ahnung in mir hoch, ich konnte es förmlich riechen: Die längst vergessene Sache mit dem Kino kam wieder auf die Tagesordnung.

Während die Erinnerungen allmählich wieder in mir wach wurden, dachte ich an das schockierende Gespräch mit dem Verkäufer zurück. ‚Sie müssen mit circa einer Million DM rechnen‘, hatte er uns am Telefon offenbart. Das war vor zwei Jahren. Doch der Stand unseres Vereinskontos war heute nicht viel anders als damals: nur ein paar hundert DM, das war alles, was wir hatten.

‚Wie soll so etwas gehen?‘, ging es mir durch den Kopf.

Allein der Gedanke, wieder bei dem Verkäufer anzurufen, schien mir völlig absurd. Doch der Eindruck ließ mich nicht los. Es war wie damals, als ich das Kino bei meinem Visionstag plötzlich vor meinem inneren Auge gesehen hatte.

Lange Zeit stand ich gedankenversunken mitten in der JesusParty, während unser Gastprediger vorn auf der Bühne weiter sein Thema hielt. Schließlich nahm ich mir ein Herz und sprach mit flüsternder Stimme ein leises Gebet: „Gott, wenn du wirklich willst, dass wir die Sache mit dem Kino wieder aufnehmen, dann brauche ich noch einmal ein besonderes Zeichen."

In diesem Moment – vollkommen unerwartet – geschah etwas Außergewöhnliches: Der Redner stoppte plötzlich mitten im Satz seinen Vortrag, schaute sich im Raum um, bis er mich entdeckte und sagte dann vor allen hörbar über das Mikrofon: „Tilo, das, was du jetzt die ganze Zeit in deinem Herzen bewegst, das ist von Gott. Da ist etwas vor deinem inneren Auge, was Gott dir gezeigt hat, ein verheißenes Land. Die Menschen werden dir sagen: Das ist zu groß, das geht nicht! Aber du wirst dieses Land einnehmen und Gott wird euren Dienst ausbreiten und er wird euch über den lokalen Raum hinaus bekannt machen. Darum brauchst du dich aber nicht zu kümmern, sondern Gott selbst wird dafür sorgen!"

Die Sätze trafen mich wie ein Hammer.

‚Gott ist hier!‘, durchfuhr es mich. ‚Er ist wirklich da und er sieht und hört alles, selbst wenn ich es nur in meinem Herzen bewege.‘

Eine ungewöhnliche Verkaufsverhandlung

Am nächsten Tag saß ich zu Hause vor dem CD-Player und hörte mir den Vortrag des Gastredners noch einmal an. Glücklicherweise hatten wir das Ganze mitgeschnitten. Während ich mir die Worte in mein Gebetstagebuch übertrug, schauderte es mich immer wieder.

Gottes Reden war nun nicht mehr zu überhören und nachdem wir auch im Leitungsteam Einigkeit darüber gefunden hatten, gab es keinen Zweifel mehr: Gott wollte, dass wir das Kino kaufen. Und er selbst würde sich um die Finanzierung kümmern!

Doch wie das in der Praxis aussehen sollte, davon hatte keiner von uns auch nur einen blassen Schimmer. Wir riefen einfach wieder bei dem Besitzer des Kinos in Düsseldorf an und erklärten unser konkretes Kaufinteresse. Der Besitzer zeigte sich bereit, zusammen mit einem Kollegen für eine Verkaufsverhandlung nach Chemnitz zu kommen. Nur wenige Wochen später fand der Termin statt.

Als der Tag kam, war mir ziemlich mulmig zumute. Gemeinsam mit meinen beiden Freunden vom Leitungsteam wartete ich in unserem kleinen Büro auf den Besuch. Mit jeder Minute wurden wir aufgeregter. Der Hauskreisleiter rutschte unruhig auf seinem Stuhl hin und her und Isi trommelte nervös mit den Fingern. Auch ich hatte keine Ruhe. Immer wieder ging ich zum Fenster und schaute angespannt auf die Straße.

Endlich sah ich den großen Wagen mit Düsseldorfer Kennzeichen vorfahren.

„Guckt euch das mal an!", rief ich meinen Freunden zu.

Wir klebten an der Fensterscheibe und beobachteten, wie zwei nobel gekleidete Herren mit grau meliertem Haar aus dem Auto stiegen. In dem Moment, als ich sie sah, rutschte mir das Herz in die Hose. Mit einem Schlag wurde mir bewusst, wie verrückt wir doch waren: Wir hatten ein Verkaufsgespräch über ein Kino vereinbart, obwohl wir keinerlei finanzielle Mittel besaßen. Tausend Gedanken rasten mir durch den Kopf und ich dachte immer nur: ‚Was in aller Welt soll ich diesen Leuten nur erzählen!?'

Nachdem wir in unserem bescheidenen Büro für alle einen Stuhl gefunden hatten, begann das Gespräch.

Die beiden Herren kamen sofort zur Sache: „Sie interessieren sich also für den Kauf dieser Immobilie?", begann der Wortführer im gepflegten Hochdeutsch.

„Ja, äh… stimmt", antwortete ich nervös und gab mir Mühe, dass ich wenigstens nicht allzu sächsisch klang. Es dauerte nicht lange und das Gespräch kam zu dem Punkt, vor dem ich mich am meisten fürchtete: zu der Frage nach den Finanzen… Denn egal wie man es drehte und wendete, Tatsache blieb: Wir hatten kein Geld. Mit erschreckender Zielstrebigkeit kam einer der beiden Herren nun auf den Punkt: „Wie ist denn Ihr Finanzierungskonzept?", wollte er wissen.

Da war sie nun, die Frage, auf die ich schon gewartet hatte, aber auf die es dummerweise keine vernünftige Antwort gab. So versuchte ich es erst einmal mit einem diplomatischen Ablenkungsmanöver.

„Ja, wissen Sie", stammelte ich, „hinter der Sache steckt eine große Idee und es gibt viele Unterstützer wie zum Beispiel... naja, äh... also so einige..."

So versuchte ich einige Minuten lang von der quälenden Frage abzulenken. Doch mit einem Mal passierte etwas völlig Unerwartetes.

Während ich immer noch von Unterstützern und potentiellen Geldgebern erzählte, platzte einer meiner Freunde plötzlich heraus und sagte: „Also, wir brauchen nicht lange um den heißen Brei reden. Geld haben wir keins, aber wir haben einen großen Gott! Er hat uns gesagt, dass wir in dem Kino ein christliches Jugendzentrum bauen sollen!"

Damit zog ein betretenes Schweigen im Raum ein.

‚Bist du waaaaaaaahnsinnig geworden!!!' schrie es in mir auf. ‚Jetzt ist mit Sicherheit alles vorbei', dachte ich.

Ich sah es schon richtig vor mir, wie die beiden Herren aufstehen und sagen würden: ‚Für solche religiösen Spinnereien sind wir nicht extra aus Düsseldorf angereist – auf Wiedersehen!'

Doch dann passierte das Wunder: Nachdem die beiden eine Zeit lang miteinander geflüstert hatten, sagte der Wortführer: „Das hätten Sie ruhig auch gleich sagen können, dass Sie ein christliches Jugendzentrum bauen möchten. Ich bin nämlich auch Christ. Wir haben uns gerade nochmal abgesprochen und würden Ihnen mit dem Kaufpreis wesentlich entgegenkommen. Wir bieten Ihnen die Immobilie für dreihundertfünfzigtausend DM an."

Das unerwartete Angebot verschlug uns die Sprache. Wir waren wie elektrisiert! Sollte das Objekt mit dem dazugehörenden großen Grundstück zuletzt noch eine Million DM kosten, so war es nun nur noch circa ein Drittel davon. Das war unser Wunder!

Obwohl wir immer noch keinen einzigen Pfennig hatten, hörte sich die Summe mit einem Mal wie Nichts an. Nach einem kurzen Blickwechsel mit meinen Freunden sagte ich ohne weiter darüber nachzudenken: „Also, wir werden das Kino kaufen. Wir kümmern uns in den nächsten Wochen um die Finanzierung. Machen Sie ruhig schon mal die Unterlagen fertig."

Damit war die Sitzung beendet und die beiden Herren fuhren wieder nach Düsseldorf zurück.

Am darauffolgenden Samstag verkündeten wir erstmals zur Jesus-Party die Idee: *Wir kaufen ein Kino!*

Die Begeisterung hätte nicht größer sein können. Keiner hatte einen Plan, woher das Geld für solch ein Objekt kommen könnte, aber unsere jungen Leute glaubten an einen großen Gott und waren auch selbst bereit, dafür Opfer zu bringen. Sie schlachteten ihre Sparschweine und auch jeder aus unserem Team gab, was ihm möglich war. Durch die Sammlung kamen siebentausend DM zusammen. Wir waren total ermutigt.

Ein herber Rückschlag

Doch in der darauffolgenden Woche traf uns ein herber Schlag. Einer der beiden Männer aus Düsseldorf rief an und sagte mir mit hörbar verlegener Stimme: „Es tut mir leid, Ihnen mitteilen zu müssen, dass es mit dem Kauf des Kinos leider doch nichts wird."

Mir rutschte vor Schreck das Herz in die Hose.

„Wieso, was ist denn passiert?", fragte ich.

„Es hat sich heute zufällig noch ein anderer Interessent gemeldet und dieser Interessent würde das Objekt sofort nehmen und er kann auch unmittelbar zahlen. Bei Ihnen war es ja noch gar nicht sicher, ob es mit der Finanzierung überhaupt klappen würde. Nehmen Sie es mir bitte nicht übel, aber ich muss die Immobilie leider dem anderen Interessenten verkaufen."

„Ich… äh… also… Wir haben aber schon eine Sammlung unter unseren Jugendlichen gemacht", stotterte ich.

„Es tut mir leid! Es ist mir auch unangenehm, aber ich bitte Sie um Ihr Verständnis."

„Gibt es denn gar keine Möglichkeit mehr?", fragte ich verzweifelt.

Der Mann am anderen Ende der Leitung holte tief Luft. Nach einer Weile meinte er: „Das Einzige, was ich Ihnen anbieten könnte, wäre, Ihnen das Objekt noch bis Ende der Woche zu reservieren. Aber natürlich nur für den Fall, dass Sie bis dahin eine sichere Finanzierungsmöglichkeit finden."

„Bis Ende der Woche? Das sind ja nur noch ein paar Tage…", sagte ich schockiert.

„Länger ist es leider nicht möglich", gab der Mann zurück.

„Okay… also dann, auf Wiederhören", verabschiedete ich mich und legte den Hörer auf.

Ich war am Boden zerstört! In meinen Gedanken sah ich mich vor unseren Jugendlichen stehen und ihnen kleinlaut die traurige Nachricht übermitteln. Ich müsste fragen, wie viel jeder bei der Sammlung gespendet hatte und dann alles zurückgeben. Aber was viel schlimmer war: Ich würde ihnen beibringen müssen, dass wir uns wohl irgendwie verhört hatten und dass der ganze Traum mit dem Kauf des Kinos nun wieder sterben muss.

Ich dachte an die Begeisterung, die ich in den Augen der jungen Leute gesehen hatte, als wir ihnen von der Idee erzählt hatten und ich stellte mir vor, wie enttäuscht sie nun sein würden. Ich konnte es einfach nicht begreifen. Gott hatte uns doch erst mit so vielen Zeichen auf diesen Weg geführt und nun war der Traum plötzlich zerplatzt wie eine Seifenblase.

Die letzte Hoffnung, die uns blieb, war die Frist bis zum Ende der Woche, die mir der Verkäufer am Ende des Telefonats eingeräumt hatte.

„Wir müssen noch einmal besonders beten und auf Gott hören", sagte ich zu Isi und dem Hauskreisleiter, als ich mich am Abend mit ihnen traf und von dem Anruf erzählte.

„Vielleicht sollten wir auch fasten", meinten meine Freunde.

„Das ist eine gute Idee! Also verzichten wir morgen alle aufs Essen und treffen uns nachmittags zu einer gemeinsamen Gebetszeit", schlug ich vor.

Am nächsten Nachmittag trafen wir uns mit knurrenden Mägen zum Gebet und waren voller Erwartungen, dass Gott uns ein Zeichen geben würde. Aber nichts passierte. Schweigend saßen wir zusammen und irgendwann waren wir einfach nur noch frustriert und fragten uns, was das Ganze überhaupt sollte.

Das Zeichen

Am späten Nachmittag, als wir schon fast aufgeben wollten, kam ein Anruf von meiner Mutter.

„Tilo, ich habe beim Gebet den Eindruck bekommen, dass ihr auf die *Scheere* fahren sollt. Ich glaube, dort will Gott euch ein Zeichen geben", meinte sie.

Die *Scheere* war ein Hügel am Rand unserer Stadt.

‚Und dort soll ein Zeichen vom Himmel fallen? Typisch meine Mutter, so ein verrückter Gedanke!', dachte ich.

Aber da wir nun schon einige Zeit ergebnislos im Gebet zusammen gesessen hatten, gaben wir uns schließlich einen Ruck und fuhren hin.

Ehrlich gesagt, hatte keiner von uns eine wirkliche Erwartung. Und tatsächlich, oben auf dem Hügel angekommen war nichts zu spüren als ein eisiger Wind, denn es war Anfang März und das Wetter war an diesem Tag nicht gerade angenehm. So liefen wir auf der Anhöhe hin und her und warteten auf das von meiner Mutter angekündigte Zeichen. Aber es kam kein Zeichen. Weder eine Erscheinung, noch eine Stimme vom Himmel – es geschah einfach gar nichts.

Nach einer Weile hatte ich es satt.

„Ich setze mich ins Auto", rief ich meinen Freunden zu, die noch weiter patriotisch auf und ab schritten und auf ein Zeichen hofften.

Durchgefroren ließ ich mich in den Sitz fallen, stellte den Motor an und drehte die Heizung auf. Einige Minuten lang starrte ich regungslos vor mich hin. Dann hob ich meinen Blick und schaute frustriert aus dem Autofenster.

Von dem Hügel, auf dem wir uns befanden, konnte man die ganze Stadt überblicken. Eigentlich war mir bis dahin noch nie aufgefallen, dass Chemnitz in einem Tal lag. Von hier oben sah die Stadt ganz winzig aus, wie eine kleine Spielzeugstadt, die jemand in der Hand hielt.

Während ich die vielen kleinen Häuser betrachtete, vollzog sich etwas Sonderbares: Ich begann die Stadt plötzlich wie aus Gottes Perspektive zu sehen. Ich konnte sehen, wie er diese Stadt tatsächlich in seiner Hand hielt! Und je länger ich dieses Bild betrachtete, umso mehr wurde mir bewusst, wie groß dieser Gott doch eigentlich war. Mir ging durch den Kopf, dass es tausende solcher Städte gab. Und sie alle hielt Gott in seinen Händen.

In diesem Moment geschah etwas Außergewöhnliches in mir. Ich wusste plötzlich mit großer Sicherheit: Wenn dieser große und allmächtige Gott möchte, dass wir eines dieser winzigen Häuser kaufen, dann ist es für ihn eine Kleinigkeit, für die Finanzierung zu sorgen.

Innerhalb von Sekunden waren alle meine Zweifel vollkommen verschwunden.

Ich kurbelte mein Fenster runter und rief so laut ich konnte: „Das Zeichen! Gott hat mir ein Zeichen gegeben!"

Aufgeregt kamen meine Freunde herbeigerannt.

Und dann erzählte ich ihnen mein Erlebnis und zeigte auf die Stadt im Tal.

Schweigend schauten meine Freunde auf die Häuser. Ich hatte keine Ahnung, was ihnen in diesem Augenblick durch den Kopf ging.

Nach einer Weile drehten sie sich zu mir um und sagten flüsternd: „Das ist wirklich Gottes Antwort!"

,Das gibt's doch nicht...', durchfuhr es mich. Ich konnte es kaum fassen.

Dass meine Freunde das Ganze auch als Zeichen empfanden, war ein bewegendes Wunder. Denn im Grunde genommen war es ja gar nichts Besonderes, dass Chemnitz in einem Tal lag und dass die Häuser der Stadt von so weit weg klein und winzig aussahen.

Aber Gott bewirkte, dass auch meine Freunde in diesem Moment so davon berührt waren, dass wir an Ort und Stelle übereinkamen, das Kino zu kaufen.

Die Frist
Voller Freude fuhren wir zurück in die Stadt.

Wir hatten keine Zeit mehr zu verlieren. Ich ging in mein Büro und nahm sofort das Telefon zur Hand. Dann wählte ich die Nummer des Verkäufers.

„Guten Tag. Es geht nochmal um das Kino in Chemnitz. Bezugnehmend auf unser gestriges Telefonat wollte ich Ihnen nur mitteilen: Die Finanzierung steht und wir können den Kaufvertrag unterzeichnen."

Der Mann am anderen Ende der Leitung war leicht irritiert.

„Also...", sagte er mit hörbar skeptischer Stimme, „ich will Ihre Worte ja nicht anzweifeln, aber es verwundert mich schon etwas, woher Sie so plötzlich die nötigen Finanzen für das Objekt aufgebracht haben. Sie werden verstehen, dass wir eine gewisse Sicherheit bräuchten, wenn wir den Kaufvertrag aufsetzen."

Nach kurzem Überlegen eröffnete er mir, dass wir zum Notartermin eine Summe von fünfundfünfzigtausend DM als Anzahlung mitbringen sollten und zwar in bar.

Wie aus der Pistole geschossen sagte ich: „Das ist kein Problem. Wir werden die gewünschte Summe mitbringen."

Die Aussage schien den Mann zu beruhigen. Wahrscheinlich war es vollkommen außerhalb seines Vorstellungsvermögens, dass jemand so etwas sagen konnte, obwohl das Geld für die besagte Anzahlung in Wirklichkeit überhaupt nicht vorhanden war. Denn in diesem Moment hatten wir außer den unter unseren Jugendlichen und Mitarbeitern gesammelten siebentausend DM einfach *nichts*.

Der Verkäufer sagte mir, dass er nun unmittelbar per Telefon den nächstmöglichen Termin bei einem Notar ausmachen und mich dann gleich wieder zurückrufen würde. Schon wenige Minuten später klingelte das Telefon.

„Wir können uns noch diese Woche treffen. Ich habe einen Termin am Freitagvormittag in einem Chemnitzer Notarbüro vereinbart. Ich faxe Ihnen die Adresse dann gleich noch zu. Und vergessen Sie bitte die Anzahlung nicht."

„Okay, also dann bis Freitag", sagte ich.

Kaum hatte ich den Hörer aufgelegt, wurde mir bewusst, was ich da eben Verrücktes gemacht hatte. Es war buchstäblich so, als wäre ich innerhalb der letzten Minuten vollkommen außerhalb meiner Sinne gewesen.

Doch nun meldete sich mein menschlicher Verstand zurück und schien mit unüberhörbarer Stimme zu sagen: ‚Du bist wahnsinnig geworden!'

Plötzlich befiel mich eine regelrechte Panik. Hatte ich denn den Verstand verloren? Was hatte ich zu dem Verkäufer gesagt? Dass ich am Freitag früh fünfundfünfzigtausend DM mitbringen werde?! Woher sollte in den verbleibenden zweieinhalb Tagen jemals so viel Geld herkommen?

Ein unerwarteter Besuch

Während ich verzweifelt an meinem Schreibtisch saß und über alles nachdachte, riss mich plötzlich der schrille Ton der Türklingel aus meiner Gedankenwelt. Ich ging zur Tür und öffnete. Mein alter Jugendfreund Engel stand draußen.

„Hallo, Tilo! Ich hatte gerade eben vor einer halben Stunde den Eindruck, dass ich dich unbedingt mal besuchen sollte", sagte er zur Begrüßung.

‚Oh nein, jetzt nicht!', dachte ich.

Engel hatte keinerlei Ahnung von unserer Situation und ich hatte keinen Nerv, ihm die ganze Geschichte zu erzählen. Doch nun stand er in meinem Büro und strahlte mich in seiner typisch fröhlichen Art an, so als wäre gerade der schönste Tag des Lebens und als hätte ich alle Zeit der Welt, um mit ihm in Ruhe einen Kaffee zu trinken und über alte Zeiten zu plaudern.

„Engel", sagte ich in einem ziemlich genervten Ton, „ich habe gerade überhaupt keine Zeit und ich habe ganz andere Sorgen, als mit dir einen Schwatz zu halten!"

„Was hast du denn, ist irgendwas passiert?", fragte er besorgt.

Ich atmete tief durch. Dann schüttete ich ihm kurzerhand mein Herz aus und erzählte ihm, in welcher Situation ich gerade war.

Während ich redete, bekam Engel ganz große Augen, so als würde ihm gerade ein Licht aufgehen und plötzlich platzte er heraus: „Jetzt weiß ich, warum ich dich besuchen sollte! Von mir bekommst du zehntausend DM. Es ist mein Erspartes. Ich gehe jetzt sofort zur Bank!"

Wenige Augenblicke später hatte er schon das Haus verlassen und war unterwegs zur Sparkasse.

Ich war wie vom Schlag getroffen! Alles, was ich machen konnte, war auf die Knie zu fallen und Gott für meinen Kleinglauben um Vergebung zu bitten.

Die Wunder beginnen

Ab diesem Augenblick begannen Gottes Wunder, so wie ich sie in all den Jahren nur selten erlebt habe. Weil uns bis zum Notartermin nur noch zweieinhalb Tage blieben und keine Zeit mehr war, einen groß angelegten Spendenaufruf zu starten, nahm Gott das Ganze einfach selbst in die Hand.

Das Einzige, was wir unternahmen, war ein kleines Rundschreiben, was wir in aller Eile aufsetzten und an die wenigen Freunde schickten, die wir damals hatten. Wir schafften es gerade noch rechtzeitig bis 18.00 Uhr die Briefe zur Post zu bringen. Mehr Möglichkeiten gab es nicht. Wir hatten zur damaligen Zeit noch keinen E-Mail-Verteiler und noch nicht einmal eine Internetseite. Ein paar Briefe an einige Freunde, das war alles, was wir unternehmen konnten.

Doch genau in dieser Situation zeigte Gott seine Möglichkeiten und ließ uns seine Wunder erleben. Es waren für uns alle unvergessliche Stunden: Im Laufe des nächsten Tages kamen von überall her Menschen in unser Büro und brachten Bargeldspenden zu uns.

„Wir haben gehört, ihr wollt das alte Kino kaufen", stand eine Frau im mittleren Alter vor der Tür und übergab uns einen Briefumschlag mit zweitausend DM. Wir waren sprachlos. So viel Geld von einer unbekannten Person. Es war unfassbar! Doch kaum war sie gegangen, klingelte es wieder.

Ein Rentner begrüßte uns und öffnete seine Geldbörse. Dann zog er einhundert DM heraus: „Hier, das ist für den Kauf des Kinos", meinte er.

Wenige Minuten später stand ein junger Mann in unserem Büro und hielt uns eine Plastiktüte voller Geld entgegen.

„Ich habe heute Vormittag einen Anruf von Freunden bekommen, dass ihr das Kino kaufen wollt. Da bin ich gleich ins Wohnzimmer gegangen und habe mein Sparschwein zerschlagen. Eigentlich war es für unseren neuen Fernseher gedacht, aber ich denke, ihr braucht es jetzt dringender." Damit übergab er uns den schweren Beutel.

„Das sind über eintausend DM!", sagte ich zu meinen beiden Freunden, nachdem ich das Geld zu Ende gezählt hatte.

Sowohl Isi als auch der Hauskreisleiter schauten immer wieder ungläubig auf den Haufen voller Geldscheine und schüttelten verwundert den Kopf.

„Träumen wir das alles nur?", meinte Isi.

„Vielleicht. Am besten wir kneifen uns mal", gab ich lachend zurück.

Doch was wir erlebten, war kein Traum, sondern ein reales Wunder. Immer wieder kamen wildfremde Leute und brachten Spenden. Es war regelrecht unheimlich und es fühlte sich so an, als hätte jemand das Ganze seit Monaten generalstabsmäßig vorbereitet.

Innerhalb kürzester Zeit hatte es sich wie ein Lauffeuer unter den Christen der Stadt und Region herumgesprochen, dass wir das Kino kaufen wollten. Und es war fast unglaublich, was sich daraufhin ereignete: Menschen riefen ihre Bekannten an und motivierten sie, auch zu spenden, einige Leute fuhren persönlich zu all ihren Freunden und sammelten Geld ein, eine Frau bat ihre Kollegen in ihrer Firma um Spenden und viele hoben ihre Ersparnisse ab, um das Geld für den Kinokauf geben zu können. Am meisten berührte uns ein Erlebnis mit einer Rentnerin. Sie hatte sich entschieden, in den nächsten Wochen nur noch von ihren Kartoffelvorräten zu leben, damit sie ihre ganze Rente spenden konnte.

Von Mittwochmorgen bis Donnerstagabend kamen insgesamt mehr als hundertfünfzig Menschen persönlich zu uns, um Briefumschläge mit Spenden abzugeben. Es war wie ein Strom, der einfach nicht aufhörte. In diesen zwei Tagen habe ich buchstäblich nichts anderes gemacht, als von früh bis spät Hände zu schütteln, mich zu bedanken, zu lachen, zu weinen und immer wieder Geld zu zählen.

Am Ende der zwei Tage hatten wir statt der geforderten fünfundfünfzigtausend DM über achtzigtausend DM zusammen.

Es war ein atemberaubendes Wunder!

Am Freitagmorgen fuhr ich zusammen mit Isi und dem Hauskreisleiter zum Notar. In meiner Hand hielt ich einen Aktenkoffer voller Bargeld. Als wir in das Notarbüro kamen, begrüßte ich den aus Düsseldorf angereisten Verkäufer: „Ach, wissen Sie, wir haben doch gleich ein bisschen mehr als die fünfundfünfzigtausend DM mitge-

136

bracht. Ich hoffe, Sie haben nichts dagegen, wenn wir gleich achtzig-tausend DM anzahlen?!"

Als wir wenige Zeit später an dem großen Konferenztisch saßen und ich den Stift in die Hand nahm, um meine Unterschrift unter den Kaufvertrag zu setzen, konnte ich nur noch denken: ‚Was ist das doch für ein wunderbarer Gott!'

Noch einmal eine Zitterpartie

Beruhigt durch unsere überraschend hohe Anzahlung räumte uns der Verkäufer für den Rest der Kaufsumme eine Frist von zwei Monaten ein. Inklusive diverser Nebenkosten waren nun noch einmal fast drei-hunderttausend DM aufzubringen.

„Ich hoffe, dass Ihre Finanzierung wirklich steht", meinte der Ver-käufer am Ende der Sitzung im Notarbüro und fügte hinzu: „Ihnen ist ja sicher bewusst, dass die ganze Sache sonst wieder platzen würde, falls Sie diese Summe nicht fristgerecht zahlen können."

„Natürlich ist uns das bewusst", gab ich zurück und schüttelte dem Mann zum Abschied freundlich die Hand.

Während der Rückfahrt ging mir der letzte Satz des Verkäufers immer wieder durch den Kopf: ‚…dass die ganze Sache sonst wieder platzen würde.'

Je länger ich über die Worte nachdachte, umso unruhiger wurde ich. ‚Woher soll noch einmal so viel Geld kommen?', fragte ich mich.

Das erste, was ich am folgenden Montag unternahm, war, unser Ver-einskonto für Onlinebanking freizuschalten. In den nächsten Wochen wurde ich fast süchtig danach, ständig die Umsätze abzurufen und zu schauen, ob wieder eine Überweisung eingegangen war. Tatsächlich hielt das Wunder an und es gingen fast jeden Tag Spenden ein. Aber im Anblick der Gesamtsumme, die wir aufbringen mussten, waren selbst große Spenden von ein- oder zweitausend DM wie ein Tropfen auf den heißen Stein.

‚Das ist nie zu schaffen!', dachte ich, als ich einige Wochen später vor dem Computer saß und den Kontostand betrachtete.

‚Noch nicht einmal fünfzigtausend DM und die Hälfte der Frist ist schon um…', ging es mir durch den Kopf und ich spürte, wie sich langsam Panik in mir breit machte. Mittlerweile war bereits ein Monat vergangen und mein Glaube, dass wir es je schaffen würden, hatte sich innerhalb der letzten Wochen verflüchtigt wie ein Nebel in der Sonne.

Während ich deprimiert vor meinem Rechner saß und auf den

Bildschirm starrte, hörte ich plötzlich in mir ganz deutlich Gottes Stimme: „Tilo, ich möchte, dass du bis zum Ende der Frist nicht mehr auf das Konto schaust. Ich möchte, dass du mir vertraust. Ich habe dieses Wunder begonnen und ich werde es auch zu Ende bringen."

Ich war wie vom Schlag getroffen.

Nicht mehr auf das Konto schauen zu dürfen, war in diesen Tagen im Grunde genommen das Schlimmste, was man von mir hätte verlangen können.

Aber genau deshalb war es Gott wahrscheinlich so wichtig. Er sagte mir, ich sollte nach all den Wundern, die ich erlebt hatte, endlich auf ihn vertrauen und nicht mehr zweifeln. Außerdem sollte ich meine Zeit lieber dafür verwenden, ein Fest vorzubereiten, zu dem ich alle Menschen einladen sollte, die für das Kino gespendet hatten. Als Termin nannte Gott mir das Wochenende direkt nach dem Ablauf der Frist, also in vier Wochen.

Ich war schockiert. Ich dachte: ‚Ich kann doch keine Einladungen zu einem Fest verschicken, obwohl ich noch gar nicht mit Sicherheit weiß, ob wir das Gebäude überhaupt bezahlen können.'

Doch Gott blieb dabei und ich spürte, dass er es wirklich so meinte, wie er es mir gezeigt hatte.

Am nächsten Tag begann meine Onlinebanking-Fastenzeit. Ich fand es unheimlich schwer und mit jedem weiteren Tag wurde meine innere Unruhe größer. Doch schließlich überwand ich mich und fing an, die Einladungen für das Fest zu gestalten. Als ich einige Tage später die Briefumschläge damit bestückte, kam ich mir ziemlich komisch vor.

‚Wenn kein Wunder geschieht, dann werden die Leute nicht zu einem Fest kommen, sondern zu einer Beerdigungsfeier', dachte ich.

So vergingen die Wochen. Tag für Tag ging ich schweren Herzens an meinem Computer vorbei und konzentrierte mich auf die Vorbereitungen für die Feier. Die Veranstaltung sollte direkt in dem Kino stattfinden. Der Verkäufer hatte uns nach dem Notartermin freundlicherweise bereits einen Schlüssel für das Gebäude ausgehändigt. Unsere jungen Leute hatten schon damit begonnen, den großen Kinosaal zu dekorieren. Sie hatten mehr Glauben als ich. Für sie schien es keine Frage, dass wir in einigen Tagen mit einer großen Party den Kauf des Kinos feiern würden.

Als die letzte Woche vor dem Ablauf der Frist anbrach, war ich so angespannt, dass es mich innerlich fast zerriss.

„Gott, bitte lass mich auf das Konto schauen!", betete ich.

Sobald ich mein flehendes Gebet ausgesprochen hatte, hörte ich Gott antworten: „Morgen kannst du auf das Konto schauen."

Die Stunden bis zum kommenden Tag kamen mir vor wie eine Ewigkeit. Nach einer unruhigen Nacht stand ich am nächsten Morgen zeitig auf und ging noch vor dem Frühstück ins Büro.

Aufgeregt schaltete ich meinen Computer ein. Während ich ungeduldig vor dem Schreibtisch saß und wartete, dass der Rechner hochfuhr, gingen mir viele Gedanken durch den Kopf. ‚Was ist, wenn jetzt nur einhunderttausend DM auf dem Konto sind?', fragte ich mich und dachte: ‚Obwohl ja schon allein diese Summe ein unrealistisches Wunder wäre...'

Bis vor wenigen Monaten waren auf dem Konto unseres Vereins nie mehr als ein paar hundert DM gewesen und nur ganz selten hatte jemand mal eine kleine Spende überwiesen. Wie kam ich nur darauf, jetzt zu erwarten, dass innerhalb der letzten vier Wochen mehrere hunderttausend DM eingegangen sein könnten?

Angespannt schaute ich auf den Bildschirm. Endlich war es soweit. Ich öffnete das Onlinebanking-Programm und startete die Umsatzabfrage. ‚Bitte geben Sie Ihre PIN ein', erschien die Aufforderung im Display. Einige Momente später sprang die Anzeige in das Startmenü zurück.

Die Umsätze waren abgerufen.

Nur ein einziger Mausklick trennte mich jetzt noch von der Information, die darüber entschied, ob in den letzten Wochen ein menschlich gesehen vollkommen unmögliches Wunder stattgefunden hatte oder ob wir das Kino wieder verlieren würden.

Ich holte tief Luft.

Dann legte ich meinen Finger auf die Taste und drückte.

Als der Kontostand angezeigt wurde, schaute ich wie erstarrt auf den Bildschirm.

„Das gibt es doch nicht!", entfuhr es mir, während ich überall am Körper eine Gänsehaut bekam.

Mehr als vierhunderttausend DM waren in den letzten Wochen eingegangen. Hunderte Menschen hatten gespendet.

Mit offenem Mund saß ich vor dem Computer und klickte wie ein Träumender die einzelnen Eingänge durch. Tränen liefen mir über das Gesicht.

„Bitte vergib mir meinen Unglauben", bat ich Gott. „Und danke für deine Treue!"

Buchstäblich am letzten Tag vor Ablauf der Frist konnten wir die restliche Kaufsumme überweisen. Und damit gehörte das Kino uns.

Die Freude unserer Mitarbeiter, der Jugendlichen und der vielen Leute, die für das Kino gespendet hatten, war überwältigend. Menschen lagen sich in den Armen, weinten, dankten und jubelten.

Am 6. Mai 2000, drei Tage nach Ablauf der Frist, veranstalteten wir im großen Saal des Kinos ein bewegendes Fest. Es war ein unvergesslicher Abend, an dem wir zusammen mit hunderten Menschen der Stadt und Region feierten und Gott für das Wunder dankten.

Bei der Feier im Kino

Kapitel 11
Neue Herausforderungen

Eine erschreckende Erkenntnis

Und, was meinst du? Das sind doch herrliche Räume, oder?", schwärmte ich, während ich mit einem befreundeten Baufachmann durch das ehemalige Kino und die dazugehörenden Nebengebäude lief. Ich hatte ihn einige Wochen zuvor gebeten, sich etwas näher mit dem baulichen Zustand des Objekts zu befassen.

„Willst du eine ehrliche Meinung?", fragte mich mein Freund zögernd und fügte hinzu: „Du wirst nicht unbedingt begeistert sein..."

„Wieso?", gab ich verwundert zurück. „Gibt es irgendwo größere Bauschäden?"

„Ob es Bauschäden gibt? Tilo, diese Gebäude sind alle weit über hundert Jahre alt. Und zu DDR-Zeiten hat nie jemand etwas daran gemacht", kam die Antwort.

„Naja, mir ist schon klar, dass wir da was machen müssen. Aber ist es denn wirklich so schlimm?", wollte ich wissen.

Mein Freund blieb stehen und schaute mir in die Augen. Nach einer Weile fasste er sich ein Herz und sagte: „Ich will ganz ehrlich sein: Die Bausubstanz ist so schlecht, dass es eigentlich besser wäre, alles abzureißen. Man wird nicht viel mehr als die äußere Gebäudehülle erhalten können."

Die Worte meines Freundes trafen mich wie ein Hammer.

‚Besser alles abreißen...‘, schwirrte es durch meinen Kopf. Ich konnte es nicht begreifen! Nachdem ich den ersten Schock etwas überwunden hatte, wandte ich mich dem Baufachmann zu und fragte: „Und was schätzt du, was so eine Komplettsanierung kosten wird?"

„Das kann ich aus dem Stehgreif nicht sagen, aber auf jeden Fall wird es ein Millionenprojekt."

„Ein... Millionenprojekt...?!", gab ich fassungslos zurück.

Mein Freund nickte und schaute mich mitfühlend an.

„Das muss ich jetzt erstmal verdauen", sagte ich und bedankte mich für die Beratung.

Völlig deprimiert ging ich nach Hause. Ich empfand die Situation zum Verzweifeln. Hatte ich nach dem Wunder mit dem Kauf gerade noch auf Wolke Sieben geschwebt, so war ich nun am Boden zerstört.

Das Kinogebäude von hinten

Das Beratungsgespräch

‚Ich muss zu Martin fahren‘, ging es mir durch den Kopf, während ich grübelnd zu Hause saß und krampfhaft überlegte, wie es nun weitergehen könnte. Martin war ein erfahrener Geschäftsmann, den ich noch von früher durch meine Firma kannte. Vielleicht konnte er mir einen Rat geben.

„Schön, dich wieder zu sehen!", begrüßte mich Martin, als ich ihn einige Tage später in seinem Büro besuchte.

„Ich freu' mich auch", sagte ich und machte es mir in einem seiner gemütlichen Bürosessel bequem.

„Den Kaffee wie immer mit viel Milch und ohne Zucker?", fragte er.

„Du hast es dir gut gemerkt", gab ich schmunzelnd zurück.

Martin schenkte mit ruhiger Hand meinen Kaffee ein und setzte sich mir gegenüber. Er schaute mich einige Augenblicke lang schweigend an und meinte schließlich: „Es hat doch bestimmt einen Grund, dass du zu mir kommst. Kann ich dir irgendwie helfen?"

„Ich brauche deinen Rat", begann ich mein Anliegen auszupacken. „Du wirst es nicht glauben, aber wir haben ein Kino…"

„…ein Kino gekauft – das hab´ ich schon mitbekommen", fiel mir Martin ins Wort und meinte lachend: „Die Story war ja schließlich in jeder Zeitung zu lesen."

„Ja, aber es gibt etwas, das nicht in der Zeitung stand: Die ehemaligen Kinogebäude sind halbe Ruinen. Ein befreundeter Baufachmann hat mir gesagt, dass die Sanierung ein Millionenprojekt werden würde", sagte ich und schaute Martin gespannt an.

„Und was steht einer Sanierung im Weg?", fragte er emotionslos.

„Was der Sanierung entgegensteht? – Alles!!"

„Ihr habt das Kino gekauft. Wer A sagt, muss auch B sagen", meinte er und nahm genüsslich einen Schluck aus seiner Kaffeetasse.

„Martin, das ist nicht mehr so wie früher in meiner Firma", gab ich zurück. „Wir sind ein kleiner Verein. Um so ein Projekt stemmen zu können, bräuchten wir eigentlich einen ganzen Stab vollzeitlicher Mitarbeiter. Aber wie sollen wir die bezahlen und woher sollen sie kommen?"

„Tja, da müsst ihr halt eine ganz neue Struktur aufbauen", meinte Martin und fragte: „Wie ist denn euer Vorstand aufgestellt? Was sind da für Leute drin und was sind sie von Beruf?"

„Also, der eine ist Maler und der andere ist gelernter Fernmeldemechaniker", antwortete ich etwas zurückhaltend.

Martin stellte seine Tasse ab und meinte: „Wenn du so ein Millionenprojekt managen willst, dann wirst du eher Leute brauchen, die sich in der Finanzwelt und der Baubranche auskennen."

„Aber ich kann doch wegen des Bauprojekts nicht einfach unseren ganzen Vorstand umstrukturieren", gab ich kopfschüttelnd zurück. Gedankenversunken trank ich meinen Kaffee aus. Dann stand ich auf und verabschiedete mich von Martin.

Auf der Rückfahrt versuchte ich die Hiobsbotschaften der letzten Tage zu ordnen. Zuerst die schockierende Einschätzung des Baufachmanns und nun noch der Rat von Martin.

‚Ich muss beten!', schoss es mir durch den Kopf. Ich hatte schon oft erlebt, wie Gott mir in scheinbar ausweglosen Situationen eine unerwartete Lösung zeigte.

„Gott", sagte ich laut, während ich die Geschwindigkeit meines Autos etwas drosselte. „Ich brauche deine Weisheit. Sind die richtigen Leute in unserem Team oder soll unser Vorstand wirklich umstrukturiert werden?"

Kaum hatte ich mein kurzes Gebet beendet, kam mir augenblicklich ein Zitat in den Sinn. Es tauchte in meinen Gedanken auf wie ein Blitz in der Nacht: „Profis bauten die Titanic, Amateure die Arche."

Die Worte hallten in meinem Inneren nach. ‚Das ist die Antwort!', durchfuhr es mich.

In diesem Moment zog ein tiefer Friede in mich ein und mir wurde ganz neu bewusst: Das Wichtigste, was ich für das bevorstehende Sanierungsprojekt brauchte, waren nicht erfahrene Finanzmanager, sondern Gottes Zusage, dass er das, was er begonnen hat, auch zu Ende führen wird.

Alles auf eine Karte

Einige Tage später fand unsere nächste Leitungssitzung statt. Ich hatte mich entschlossen, Isi und dem Hauskreisleiter nichts von meinem Gespräch mit Martin zu erzählen. Ich wollte sie inmitten all der Schwierigkeiten nicht zusätzlich verunsichern. Denn das, was vor uns lag, waren Herausforderungen, wie wir sie bisher noch nicht erlebt hatten.

„Wir können jetzt nicht einfach auf dem Kino sitzenbleiben", sagte ich nach Eröffnung der Sitzung und ergänzte: „Wir müssen uns der Herausforderung stellen, die Gebäude zu sanieren und Gott vertrauen, dass sich die Wunder fortsetzen, die er bei dem Kauf getan hat."

„Und wenn die Finanzwunder ausbleiben?", fragten meine Freunde vorsichtig zurück.

„Wir haben keine andere Option. Wir müssen alles auf eine Karte setzen und alles einleiten, was es für die Umsetzung eines solchen Projekts braucht."

„Und was bedeutet das?", wollte Isi wissen.

„Wir müssen einen Bauleiter und ein Handwerkerteam anstellen. Aber auch in unserem Büro müssen wir aufstocken. Bei dem, was auf uns zukommt, ist es unmöglich, nur noch mit Ehrenamtlichen zu arbeiten."

Meine Freunde schauten sich an. Für einige Momente zog Stille ein. Jeder war in Gedanken versunken und versuchte innerlich das Ausmaß der Entscheidungen abzuwägen, über die wir gerade gesprochen hatten. Die Situation war ähnlich wie damals, als wir herausgefordert waren, einen Kaufvertrag zu unterschreiben, obwohl wir gar kein Geld auf unserem Konto hatten.

„Nachdem wir am Anfang solche Wunder erlebt haben, wäre es doch eigentlich völlig unlogisch, wenn es jetzt nicht weitergeht", brach der Hauskreisleiter nach einer Weile das Schweigen.

„Das stimmt. Und Gott wusste ja auch, dass die Gebäude sanierungsbedürftig sind", meinte Isi und fügte hinzu: „Zum Glück wussten wir es vorher nicht, denn sonst hätten wir uns sicher nie auf dieses Projekt eingelassen."

„Und was heißt das jetzt?", fragte ich.

„Dass wir es wagen!", gaben beide fast zeitgleich zurück.

Ich schaute meine Freunde an. Ich empfand es als außergewöhnlich, dass sie bereit waren, noch einmal solch einen Glaubensschritt mitzutragen. Erleichtert atmete ich auf.

Zum Glück hatte ich nicht auf den sicher gut gemeinten Rat von Martin gehört. Denn was wir in dieser Phase noch viel mehr brauchten als Finanzberater, waren Teammitglieder, die an Gottes Wunder glaubten und bereit waren, etwas menschlich gesehen Unmögliches zu wagen.

Hätte ich hochbegabte Manager im Team gehabt, wäre wahrscheinlich nur eins passiert: Sie hätten mich zum nächsten Psychiater geschickt. Denn ohne jegliche finanziellen Mittel ein Millionenbauprojekt zu beginnen und zusätzlich noch eine ganze Reihe von vollzeitlichen Mitarbeitern einzustellen, wäre sicher für den gesunden Menschenverstand eines jeden Managers zu viel gewesen.

Unmittelbar nach unserer Leitungssitzung kam eine Flut von Aufgaben auf uns zu. Es gab eine Unzahl von Behördengängen zu erledigen. Zudem mussten Anträge gestellt, Bauleiter gesucht und Handwerker eingewiesen werden.

Vor allem aber mussten wir uns um Spendengelder kümmern. Denn der kleine Überschuss, den wir nach der vollständigen Bezahlung des Kinos noch übrig hatten, war angesichts des bevorstehenden Millionenprojekts nicht mehr als ein Tropfen auf dem heißen Stein.

Aber neben den finanziellen und baulichen Herausforderungen hatte der Kinokauf auch noch viele andere Dinge ins Rollen gebracht.

Eine verrückte Zeit

Mein Handy klingelte irgendwo auf meinem Schreibtisch und ich versuchte es zwischen den Bergen von aufgestapelten Papieren und Akten herauszufischen.

„Ja bitte?", rief ich gestresst in den Hörer, während ich mich in meinen alten Bürosessel fallen ließ.

„Hallo, Herr Reichold, hier ist die Freie Presse. Könnten wir morgen zu Ihnen kommen? Wir würden gern nochmal ein Interview mit Ihnen führen?", sagte eine Frau am anderen Ende der Leitung.

„Morgen...?", gab ich entgeistert zurück und klappte meinen Kalender auf. Dort bot sich das gleiche erschreckende Bild wie auf meinem Schreibtisch: ein Chaos von ungeordneten Notizen und Termineinträgen, die die gesamte Seite des Kalenders bedeckten.

„Äh, ja, wir kriegen das schon irgendwie hin, wann wollen Sie denn kommen?", fragte ich die Dame von der Presse.

Nachdem der Termin vereinbart war und ich mein Handy zugeklappt hatte, ließ ich meinen Kopf für einige Augenblicke auf die Schreibtischplatte fallen. Ich konnte einfach nicht mehr. In den letzten Tagen hatte ich jeweils kaum länger als vier Stunden geschlafen und im Büro eine Nachtschicht nach der anderen geschoben.

Durch den Kauf des Kinos war eine Lawine losgetreten worden, die uns regelrecht überrollte. Von überall her strömten neue Dinge auf uns ein: Journalisten, die über uns berichten wollten, Jugendliche, die fragten, ob sie sich uns anschließen könnten, Christen, die mit beim Bauen helfen wollten oder Pfarrer, die sich über unsere theologische Ausrichtung informieren wollten. Sogar der sächsische Landesbischof stattete uns einen Besuch ab.

Es war eine total verrückte Zeit. Plötzlich war unsere Arbeit in aller Munde. Sämtliche Zeitungen der Stadt sowie das Lokalradio berichteten über uns und es dauerte nicht lange, bis der erste Fernsehsender eine Reportage über uns brachte.

Auf solch eine Dynamik waren wir überhaupt nicht vorbereitet, weder ich als Leiter, noch das Mitarbeiterteam oder unsere Logistik. Vor allem fehlte uns jegliche Erfahrung, mit all den neuen Anforderungen umzugehen.

Unser kleiner Verein musste innerhalb weniger Monate zu einem regelrechten Unternehmen umstrukturiert werden. Der Sprung zu dem neuen Level war enorm. Waren wir bis vor kurzem noch ein kleiner Mini-Verein ohne nennenswerte Spendeneinnahmen gewesen, hatten wir nun plötzlich regelmäßig monatliche Ausgaben im fünfstelligen Bereich und mussten Tag für Tag darauf vertrauen, dass genügend Spenden eingingen, damit wir dies alles bezahlen konnten.

Mein größtes spürbares Problem war meine Zeit. Jeder Tag hätte hundert Stunden haben können und es wäre wohl trotzdem nicht genug gewesen. Von überall her zog und zerrte es an mir und ich konnte mit dem ganzen Tempo kaum noch Schritt halten.

Mittlerweile hatte ich die Räume meiner Firma in meinem Haus ausgeräumt und die Zimmer als Büros für unsere Jugendarbeit zur Verfügung gestellt. Für meine Firma hatte ich ohnehin fast keine Zeit mehr. Trotzdem wollte ich mich in dieser Phase nicht selbst auch noch bei unserem Verein anstellen lassen und Lohnkosten erzeugen. Die neuen finanziellen Herausforderungen waren ohnehin schon schwindelerregend. Deshalb hielt ich mich vorerst weiter durch einige wenige Aufträge meiner Firma über Wasser, die ich mit geringem Zeitaufwand von meinem Schreibtisch zu Hause aus managte.

Kapitel 12
Wunder auf der Straße

Eine neue Idee

Nur wenige Monate nach dem Kauf des Kinos saß ich zu Hause beim Frühstück und las die Zeitung. Während ich durch die Seiten blätterte, fiel mein Blick auf einen Artikel über das Chemnitzer Stadtfest. Die dreitägige Großveranstaltung sollte im Sommer stattfinden und auf mehreren großen Open-Air-Bühnen waren nonstop Kulturprogramme geplant. Nachdem ich die Zeilen überflogen hatte, spürte ich plötzlich einen inneren Impuls und hatte das Empfinden, dass Gott mir sagen wollte: ‚Dort solltet ihr dabei sein, mit einer eigenen Bühne.'

Ich setzte meine Kaffeetasse ab und hielt einen Moment inne. Ich fand den Gedanken echt verrückt. Wie sollten wir auch das noch leisten, gerade jetzt, wo wir mitten in dem riesigen Bauprojekt steckten. Und vor allem: Wie sollten wir es finanzieren? Wir müssten eine große Open-Air-Bühne mieten, dazu eine entsprechende Beschallungs- und Lichtanlage. Außerdem müsste ein Programm zusammengestellt werden, Bands gebucht und vieles andere organisiert werden. Es war wirklich eine utopische Idee und ich traute mir kaum, sie bei unserem nächsten Leitungstreffen zu erzählen. Doch wieder mal wurde ich überrascht. Denn statt der befürchteten Skepsis waren meine Freunde total begeistert.

„Gott wird schon für alles sorgen!", war die einhellige Meinung und es dauerte nicht lange, da war für uns klar: Wir werden das Projekt angehen.

Schon am nächsten Tag schrieb ich eine E-Mail an das Stadtfestbüro. Und tatsächlich, nur wenige Wochen später erhielten wir die Erlaubnis, eine eigene Bühne aufzubauen. Wir bekamen sogar einen ganz zentralen Standort direkt in der Mitte des Stadtfestgeländes, dort, wo sich die Menge der Stadtfestbesucher aufhielt.

Und dann geschah das nächste Wunder: Der Inhaber der Bühnenverleihfirma, den wir angefragt hatten, erklärte sich bereit, uns eine große überdachte Bühne kostenlos zur Verfügung zu stellen. Und noch etwas Wundersames passierte: Fast alle Bands und Künstler, die wir anfragten, verzichteten auf ihre Gage. Es dauerte nicht lange, da hatten wir ein dreitägiges christliches Bühnenprogramm zusammengestellt mit einer Vielzahl von regionalen und überregionalen Bands, Tanzgruppen, Chören und verschiedenen anderen Künstlern.

Die Tage auf dem Stadtfest wurden zu einem unvergesslichen Erlebnis. Durch unseren zentralen Standort kamen an unserer Bühne Massen von Menschen vorbei und hörten gespannt den Liedern und Aufführungen zu.

JesusParty auf dem Stadtfest

Am Samstagabend kam der Höhepunkt unseres Programms: eine große Open-Air-JesusParty. Hunderte Menschen hatten sich vor unserer Bühne versammelt. Zusammen mit Rebekka, Engel und den anderen Musikern stand ich auf der Bühne und sang Lieder, die wir teilweise extra für den Abend auf dem Stadtfest geschrieben hatten.

In der Mitte der JesusParty hielt ich eine Ansprache und erklärte den Zuhörern mit einfachen Worten das Evangelium. Ich sagte: „Mit der Verbindung zu Gott ist es so ähnlich wie mit einem Handy: Man braucht einen Kartenvertrag, damit es funktioniert. Sonst nützt einem das tollste Handy nichts, es gibt einfach keine Funkverbindung. Wegen unserer Sünden ist die

Zusammen mit Rebekka beim Open-Air-Konzert auf dem Chemnitzer Stadtfest

Verbindung zu Gott gekappt, aber durch das Opfer von Jesus am Kreuz gilt ein neuer Vertrag. Wir müssen ihn nur annehmen, dann kann die Funkverbindung zu Gott wieder hergestellt werden."

Am Ende meiner Rede lud ich die Zuhörer zum Gebet ein. Mitten auf dem Stadtfest, am Samstagabend, wo tausende Besucher unterwegs waren, wurde es für die nächsten Minuten rings um unsere Bühne herum still und viele Menschen neigten ihre Köpfe und sprachen das Gebet mit.

Unmittelbar nach Ende der JesusParty kam ein gut gekleideter Mann im mittleren Alter auf mich zu und sprach mich ganz aufgeregt an: „Wissen Sie, was eben mit mir passiert ist…", begann er und packte mich energisch am Arm.

„Nein, ich hab keine Ahnung…?", gab ich verwundert zurück.

„Ich bin heute Abend über das Stadtfest gelaufen und irgendwann ist mir Ihre Bühne aufgefallen. Von dieser Bühne ging so eine unbeschreibliche Atmosphäre aus."

„Was meinen Sie damit?", wollte ich wissen.

„Naja, wissen Sie, die Musik, die Sie spielen, ist sonst eigentlich nicht so mein Geschmack. Aber ich wurde davon angezogen, wie von einem Magnet. Es war so etwas wie ein himmlischer Klang, dabei bin ich ja eigentlich Atheist – beziehungsweise, ich war es bis eben…"

Plötzlich bekam der Mann ganz feuchte Augen und dann sagte er bewegt: „Als Sie geredet haben, da war mir so, als wäre jedes einzelne Wort für mich und meine Lebenssituation wie zugeschnitten. Und mit einem Mal wusste ich, es gibt diesen Gott tatsächlich!"

Der Mann machte eine kurze Pause. Dann schaute er mich mit leuchtenden Augen an und erklärte: „Ich habe das Gebet mitgesprochen. Und ich werde jetzt ein neues Leben anfangen."

Bereits zur nächsten JesusParty kam er mit in unser Jugendzentrum und obwohl er dort mit Abstand der älteste Besucher war, wurde er in der folgenden Zeit zu einem Stammgast. Später schloss er sich einer Kirchgemeinde an und entwickelte sich zu einem engagierten Christen.

Videoclip zum Kapitel anschauen

„JesusParty auf dem Stadtfest"

http://videoclip-3.newgeneration.de

Der Satanist

Die drei Tage auf dem Stadtfest waren voller überraschender Erlebnisse. Unsere Jugendlichen waren begeistert und wir alle sprühten regelrecht vor Tatendrang. Unter anderem hatten wir T-Shirts angefertigt, auf denen geschrieben stand: *JESUS – die Hoffnung für Chemnitz.* Damit liefen wir zusammen mit unseren Jugendlichen über das Stadtfest und verteilten Luftballons.

Am letzten Stadtfesttag kam ich zusammen mit unserer Sängerin Rebekka und einem anderen Mitarbeiter an einem Stand vorbei, wo allerlei okkulter Schmuck verkauft wurde. In der Auslage hing unter anderem ein schwarzes, umgekehrtes Kreuz. Irgendwie packte es mich und ich sprach die Verkäuferin an. Ich zeigte auf das Kreuz und sagte: „Junge Frau, Sie haben diese Halskette hier aus Versehen falsch herum aufgehängt!"

Die Dame betrachtete die Kette und schaute mich dann mit finsterer Miene an.

„Das soll so sein!", fauchte sie.

„Na, ob das wirklich einer kauft, wenn es verkehrt herum ist", gab ich skeptisch zurück.

Damit gingen wir weiter. Die Frau schaute uns noch lange entgeistert hinterher. Auf dem Rücken unserer T-Shirts war groß und deutlich zu lesen: *JESUS – die Hoffnung für Chemnitz.*

Ich hatte in diesem Moment keine Ahnung, dass diese Begebenheit in gewisser Weise wie ein Symbol für ein außergewöhnliches Ereignis war, das wir an diesem Tag noch erleben sollten.

Direkt neben unserer Bühne hatten wir ein Zelt aufgebaut, in dem ein Gebetsteam unsere ganze Aktion mit einer 24-Stunden-Gebetskette begleitete. Tag und Nacht wurde hier gebetet. Unmittelbar vor dem Gebetszelt befand sich unser Infopoint, an dem sich die Stadtfestbesucher kostenlose Jesus-Filme und andere Dinge mitnehmen konnten.

Während ich gerade an unserem Infopoint stand und einem Passanten eine DVD schenkte, bekamen wir plötzlich Besuch von einer Gruppe Satanisten. Sie wollten mit mir über den Glauben diskutieren. Doch sie wussten nicht, dass ich zum Diskutieren überhaupt nicht der richtige Ansprechpartner war.

Es war noch nie meine Art gewesen, religiöse Streitgespräche zu führen und mit jemandem über den Glauben zu diskutieren. Im Gegenteil, ich fand es immer richtig abstoßend, wenn ich religiös hochmotivierte Menschen kennen gelernt hatte, die es sich zum

Sport machten, sich mit Andersgläubigen ein Kräftemessen mit ihren Argumenten zu liefern. An solchen Diskussionen habe ich mich nie beteiligt. Für meinen Teil wollte ich mich lieber darauf konzentrieren, den Menschen Gottes Liebe und seine Wunder zu zeigen, so wie Gott mich jeweils dabei führte.

So war es auch bei dieser Begegnung. Ich ging auf den offensichtlichen Anführer der Satanistengruppe zu, gab ihm freundlich die Hand und sagte ihm, dass ich mich freue, ihn kennen zu lernen. Wie ich das schon oft in solchen Situationen erlebt habe, traf ihn das irgendwie direkt auf dem falschen Fuß. Es dauerte nicht lange und wir kamen ins Gespräch: Er erzählte mir von seinem Satanismus und ich erzählte ihm von der wunderbaren Liebe Gottes.

So standen wir zusammen und redeten. Der Satanist war ziemlich tief in der Szene drin. Es war nicht irgend so ein kleiner Teenie-Grufti, sondern ein Mann in meinem Alter. Er trug ein typisches Satanisten-Shirt, einen langen schwarzen Ledermantel und hatte mehrere umgekehrte Kreuze und ein Pentagramm um seinen Hals hängen. Nachdem wir uns eine ganze Weile unterhalten hatten, schenkte ich ihm zum Abschied noch einen Jesus-Film.

„Den schaue ich mir jetzt gleich zu Hause an. Wir sehen uns wieder!", sagte er und verschwand mit seinen schwarzen Kumpanen in der Menge der Stadtfestbesucher. Ich ging natürlich davon aus, dass er den Film in die nächste Mülltonne werfen und wir uns nie wieder begegnen würden. Schon zu oft hatte ich solche Situationen erlebt. Trotzdem beauftragte ich unser Gebetsteam, in den nächsten Stunden immer mal wieder besonders mit für den Typ und seine Freunde zu beten.

Der Tag ging vorbei und wir hatten noch einige weitere Begegnungen mit Satanisten, die uns verfluchen wollten oder mit einigen Hooligans, die mich unbedingt vor unserem Infostand anrempeln mussten und sich dabei ganz stark fühlten.

Das Duell

Als die letzte Band auf unserer Bühne gespielt hatte und wir gerade dabei waren, die Technik abzubauen, tauchte er plötzlich wieder auf: der Satanist. Er sagte, er habe sich den Film zu Hause angesehen, doch es sei alles ziemlicher Schwachsinn, denn schließlich sei Odin ja stärker als Jesus.

Ich weiß gar nicht mehr, wie es zu dem verrückten Gedanken gekommen war, aber plötzlich wurde die Idee geboren, man könne ja mal sehen, wer von beiden wirklich antwortet, wenn man zu ihm betet: Jesus oder Odin.

Meine Mitarbeiter standen mit etwas Abstand neben unserer Bühne und warfen mir fragende Blicke zu. Sie konnten nicht recht begreifen, was da wieder einmal für eine komische Aktion lief. Ehrlich gesagt, konnte ich es mir selbst kaum erklären, aber irgendwie spürte ich, dass Gott hier am Wirken war und etwas Besonderes vorbereitet hatte.

Kurz bevor das Experiment beginnen sollte, erklärte der Satanist, dass er für seine Sache noch einen Beistand holen müsste. Und damit verschwand er im Stadtfesttumult. Im ersten Moment dachte ich, dass er flüchten wolle, doch bereits nach wenigen Minuten tauchte er wieder auf und brachte eine zweite schwarz gekleidete Gestalt mit.

Nun sollte es losgehen. Wir standen zusammen neben unserer Bühne: er, sein Beistand und ich, zusammen mit meinem (unsichtbaren) Beistand. Da wir nicht verabredet hatten, wie das Ganze ablaufen sollte und wer mit seinem Gebet beginnt, hielt ich mich an das alte Prinzip ‚Agieren ist besser als Reagieren' und fing einfach an laut Jesus anzubeten.

Kaum hatte ich damit begonnen, sackte der Satanist plötzlich wie vom Blitz getroffen zusammen und blieb stöhnend am Boden hocken. Auch sein Beistand kauerte mit neben ihm. Dieser schien wie ferngesteuert zu sein. Denn anstatt seinem Kumpan beizustehen, nahm er dessen großes umgekehrtes Kreuz von seinem Hals, drehte es um, so dass es wie ein christliches Kreuz war, und presste es dem Satanist fest an die Stirn. Er hielt es eine ganze Weile in dieser Stellung. Dann ließ er das Kreuz abrupt fallen und rannte wie in Panik davon.

Es war wirklich unbegreiflich!

Ich hockte mich zu dem Satanist herunter und betete weiter laut Jesus an. Ich hatte keine Ahnung, was Gott in diesen Minuten an dem Satanisten wirkte, aber es war nicht zu übersehen, dass irgendetwas Außergewöhnliches mit ihm passierte. Er kauerte am Boden, hatte die Augen geschlossen, stöhnte und wand sich.

Nach einigen Minuten wurde er ganz still. Ich hörte auf zu beten und er öffnete seine Augen. Der Satanist schaute mich an und sagte mit bebender Stimme: „Nachdem ich das jetzt erlebt habe, muss ich handeln!"

Dann griff er in seine Manteltasche und zog unerwartet ein Messer hervor.

Ich hielt den Atem an.

153

Wie in Zeitlupe sah ich das Messer zwischen unseren beiden Körpern langsam immer höher kommen und in diesem Bruchteil von Sekunden schoss es mir durch den Kopf: ‚Jetzt ist es soweit! Du wirst als Märtyrer sterben!'

Doch das Messer ging nicht an meinen Hals, sondern an seinen eigenen. Mit einem kräftigen Ruck schnitt er sich seine satanistischen Halsketten ab und warf sie weit von sich.

‚Das war es also, was er erlebt hatte...'

Meine Gefühle fuhren mit mir Achterbahn. Nachdem ich mich eben noch auf eine schreckliche Messerattacke eingestellt hatte, war ich nun Zeuge eines einzigartigen Wunders.

Innerhalb der nächsten halben Stunde sprach ich mit dem ehemaligen Satanist darüber, wie man ein Leben mit Jesus beginnt. Ich wollte ihn nicht gleich überfordern, aber er hatte immer noch eine letzte Kette mit einem Pentagramm um seinen Hals hängen. Als ich ihn darauf ansprach, meinte er: „Diese Kette trage ich schon seit meiner Jugend."

„Aber jetzt brauchst du sie nicht mehr!", machte ich ihm Mut.

Er durchlebte noch einmal einen heftigen inneren Kampf, doch schließlich landete die Pentagramm-Kette in einer Gosse, mitten auf der Straße auf dem Stadtfestplatz. Danach warf er noch sein schwarzes T-Shirt weg.

Da ich ihn ja nicht frierend nach Hause gehen lassen konnte, gab ich ihm eines unserer T-Shirts mit der Jesus-Aufschrift. Ich werde nie den fassungslosen Blick unserer Mitarbeiter vergessen, als sie uns zusammen stehen sahen und wir uns zum Abschied umarmten.

Wir schauten dem ehemaligen Satanisten noch lange nach. Auf dem Rücken seines neuen T-Shirts war zu lesen: *JESUS – die Hoffnung für Chemnitz.*

In diesem Augenblick musste ich wieder an die Begegnung mit der Schmuckverkäuferin denken: Wie ich sie auf das verkehrt herum hängende Kreuz hingewiesen hatte und wie sie uns dann entgeistert nachgeschaut und die Schrift auf unseren T-Shirts betrachtet hatte.

Nun lagen einige umgekehrte Kreuze in der Gosse und das Leben eines Menschen war erneuert geworden.

Kapitel 13

Neue Begegnungen

Interessante Entdeckungen

Je länger wir mit unserer Jugendarbeit aktiv waren, desto öfter kamen wir nun auch in Berührung mit den verschiedenen Kirchen und christlichen Gruppierungen unserer Stadt. Durch unsere Initiative mit dem christlichen Stadtmagazin hatte ich ja schon etliche Begegnungen erlebt. Doch nun wurden die Kontakte immer intensiver.

Bereits unmittelbar nach Gründung unseres ersten Jugendclubs war mir klar geworden, dass wir nicht unser Süppchen für uns allein kochen konnten, sondern es nur gemeinsam mit all den anderen Christen ging. Deshalb war es für mich ein selbstverständlicher Schritt, in Netzwerken wie der Evangelischen Allianz oder dem Ökumenischen Arbeitskreis mitzuarbeiten.

Hier lernte ich sie nun immer besser kennen: die große und bunte Familie der Christenheit. Und fast alles, was ich dabei erlebte, war für einen jungen Christen wie mich vollkommenes Neuland.

Es gab wunderbare Menschen, komplizierte Kirchenpolitik, sonderliche Sprachausdrücke und jede Menge für mich unbekannte Sitten.

Mit der Zeit realisierte ich, dass es gar nicht *den Christ* oder *die Kirche* gab, sondern eine Vielfalt von verschiedenen Richtungen.

Bevor ich zum Glauben gefunden hatte, war mir zum Beispiel überhaupt nicht bewusst, dass es außer der lutherischen und katholischen Kirche noch viele andere Gruppierungen gab. Doch jetzt lernte ich immer weitere kennen: Methodisten, Baptisten, Pfingstler, Reformierte, Adventisten, Brüdergemeinden, Heilsarmee und etliche andere.

Als Leiter einer christlichen Jugendarbeit wurde ich nun auch zunehmend zu Treffen eingeladen, bei denen Pfarrer und Vertreter kirchlicher Gruppierungen zusammen kamen. Dort erschloss sich eine mir bis dahin vollkommen unbekannte Welt. Zum einen waren die Anwesenden meist mehr als doppelt so alt wie ich und zum anderen sprachen sie eine ganz andere Sprache. Teilweise verstand ich gar nicht gleich, worum es ging. Worte wie *Eucharistiefeier* oder *Kommunion* schwirrten durch den Raum und ich gab mir stets größte Mühe so zu tun, als ob ich das alles verstand.

„Wollen Sie einmal mit an unserem *Morgenlob* teilnehmen?", sprach mich eines Tages ein Pfarrer an. Ich hatte zwar keine Ahnung, was das war, aber es klang irgendwie interessant und so versuchte ich mir krampfhaft vorzustellen, was bei einem *Morgenlob* wohl auf mich zukommen würde.

Besonders bei Terminabsprachen fühlte ich mich manchmal ganz und gar verloren. In einer Sitzung der evangelischen Allianz schaute der Leiter in die Runde und fragte: „Können wir uns das nächste Mal in der Woche nach *Epiphanias* treffen?"

Alle schlugen ihren Kalender auf und schauten, ob es bei ihnen geht. Nur ich saß hilflos in der Runde, denn ich wusste schlicht nicht, in welcher Woche ich nachsehen sollte.

In einem ökumenischen Leitertreffen wurde ein gemeinsames Lied angestimmt. Nur, es war in *Lateinisch*. Mit leicht gesenktem Haupt machte ich stille Mundbewegungen mit und hoffte inständig, dass das Lied nicht allzu lange dauern würde.

Besonders speziell fand ich, dass ich in solchen Kreisen immer mit ,*Bruder Reichold*' angesprochen wurde.

Das Gespräch

Aber es gab auch unangenehme Überraschungen. Als mich ein Pastor in unserem Jugendzentrum besuchte, war er regelrecht entsetzt über unsere Räume.

„So sehen doch keine christlichen Räume aus! Diese ganzen Lichter und Farben lenken doch die Menschen nur von Gott ab", erklärte der Pastor mit ernster Miene.

Auch unsere Musik kritisierte er heftig. Alles war ihm zu laut und zu modern.

„Aber Gott ist doch kein altmodischer Gott!", protestierte ich verwirrt. Ich konnte das nicht begreifen. Gott hatte sein Wesen doch in der Schöpfung offenbart. Wenn ich an das prächtige Universum dachte, an all die bunten Farben, die vielen schrillen Tiere und die lauten Naturgeräusche wie Blitz und Donner, dann konnte ich mir einfach nicht vorstellen, dass Gott nur graue schlichte Räume und Harfenmusik lieben sollte.

„In der Bibel steht nirgendwo geschrieben, dass man Gott mit E-Gitarren und Diskomusik anbeten darf. Außerdem ist das gar keine Musik, sondern einfach nur Krach!", meinte der Pastor bissig.

Kaum hatte der gute Mann ausgeredet, begann sich in mir die Gegenfrage zu formen, wo denn in der Bibel stand, dass man Gott mit Orgelmusik anbeten sollte.

Doch plötzlich wurde mir klar, dass der sich anbahnende Wortstreit nur zu einer sinnlosen Diskussion führen würde. Viel besser wäre es, meinem Gegenüber etwas von meinem Herzen und meiner Motivation mitzuteilen.

So gab ich mir einen inneren Ruck und blickte dem Mann freundlich in die Augen. Dann sagte ich: „Wissen Sie, wir wurden bei dem, was wir machen immer wieder durch das Beispiel von Jesus ermutigt..."

„Aber, was Sie machen, das ist ja alles wie in der Welt!", fiel mir der Pastor barsch ins Wort.

„Was meinen Sie mit ‚der Welt'?", wollte ich wissen. „Es ist doch Gottes Welt, die er für uns Menschen geschaffen hat. Gott selbst hat das in uns hineingelegt, dass wir gern Musik machen, kreativ sind, tanzen, feiern und Freude haben. Es wäre doch geradezu schrecklich, wenn Gottes Kinder weltfremd, altmodisch und freudlos durchs Leben laufen würden. Dann wären wir ja eine regelrechte Abschreckung für die Leute."

„Aber Jesus hat niemals eine Disko veranstaltet!", hielt er entgegen und schwang dabei energisch mit seinem Zeigefinger durch die Luft.

„Das stimmt. Zumal es ja damals auch noch keine gab...", nickte ich mit einem Schmunzeln und fügte hinzu: „Aber vielleicht wäre er hingegangen, um dort die Menschen zu treffen. Als Jesus auf die Erde kam, ließ er alle ihm vertrauten Äußerlichkeiten im Himmel zurück.

Er brachte weder eine Harfe mit, er trug kein goldenes Gewand, noch kam er auf einem weißen Pferd geritten, sondern er identifizierte sich ganz mit den Menschen und der Kultur der damaligen Zeit. Er trug ihre Kleidung, sprach ihre Sprache und wählte seine Gleichnisse aus der Lebenswelt der damaligen Zeit. Und er ging dort hin, wo die Menschen lebten, sogar auf ihre Partys."

Ich machte eine kleine Pause und war verwundert, dass mein Gegenüber gar keinen Einspruch erhob. Nach einer Weile fuhr ich fort: „Dieses Vorbild hat uns immer wieder inspiriert. Ich glaube, dass auch wir den Menschen unserer Zeit ganz nah sein sollen, so wie Jesus es damals tat. Das ist auch der Grund, warum unsere Räume so aussehen, wie es die jungen Leute aus der Disko kennen und unsere Musik dem Sound ähnlich ist, wie er gerade im Radio läuft."

„Hm...", meinte er, während er sich nachdenklich am Kopf kratze.

„Aber die Menschen müssen doch einen Unterschied zu uns Christen erkennen...", setze er schließlich wieder an.

„Ja, das ist wahr.", pflichtete ich ihm bei. „Aber die Frage ist, wo der Unterschied liegen soll: in der Verpackung oder im Inhalt? Gott hat uns eigentlich nie beauftragt, in den äußeren Dingen eine eigene Kultur zu entwickeln, weder eine christliche Architektur, einen christlichen Musikstil noch eine eigentümliche Sprache, die den Menschen fremd ist. Das, was bei uns vollkommen anders sein sollte, ist doch nicht die Verpackung, sondern der Inhalt: die Freude, die wir ausstrahlen, unser Charakter und wie liebevoll wir miteinander umgehen. Das sollte sich radikal von den anderen Menschen unterscheiden."

Der Pastor schaute eine Weile schweigend vor sich hin. In ihm schien etwas zu arbeiten. Schließlich hob er seinen Blick und meinte: „So habe ich das eigentlich noch nie gesehen. Ich werde da nochmal drüber nachdenken müssen... Jedenfalls möchte ich Ihnen danken, dass Sie mit mir darüber gesprochen haben. Das hat mir sehr geholfen."

Dann gab er mir freundlich die Hand und verabschiedete sich.

‚Danke, Gott, dass du mir den Impuls gegeben hast, mit ihm zu reden, statt mit ihm zu diskutieren', betete ich innerlich bewegt, während ich dem Mann nachschaute.

Schubladendenken und heimliche Verbündete
Zwischen den Kirchenvertretern, die ich kennenlernte, gab es große Unterschiede. Mit einigen Pfarrern kam es schnell zu einer freundschaftlichen Zusammenarbeit, während uns andere mit spürbarer

Skepsis begegneten. Manche hatten ihre vorgefertigten Schubladen. Und wenn man da nicht hinein passte, gab es ein Problem.

Einmal wurde ich von einem Pastor angesprochen und gefragt: „Bruder Reichold, ist Ihre Arbeit dem evangelikalen Spektrum zuzuordnen oder sind Sie eher pietistisch geprägt?"

Ich schaute den Mann mit einem großen Fragezeichen im Gesicht an und war völlig überfordert. Beide Begriffe hatte ich bis dahin noch nie gehört, geschweige denn hatte ich eine Vorstellung, was sich dahinter verbergen könnte. In meiner Hilflosigkeit sagte ich einfach: „Wir sind ganz normale Christen."

Der Pastor legte seine Stirn in tiefe Falten und schaute mich mit skeptischer Miene an. Die Antwort war nicht zu seiner Zufriedenheit ausgefallen. Wir waren nicht in eine seiner vorgefertigten Boxen einzuordnen, also mussten wir irgendetwas Komisches an uns haben. Und dies ließ er mich ab da bei allen zukünftigen Begegnungen spüren.

Ich konnte das abgrenzende Schubladendenken mancher Christen einfach nicht begreifen. Nach meinem Empfinden war die bunte Vielfalt der Christenheit eigentlich etwas Wunderbares. Ich verstand nicht, warum das nicht von allen als Stärke gesehen wurde, so wie bei einer Fußballmannschaft, wo sich die Spieler durch ihre unterschiedlichen Spielpositionen ergänzten. Warum konnten die verschiedenen Kirchen nicht alle an einem Strang ziehen? Das wollte mir nicht in den Kopf gehen.

Je länger ich in der christlichen Szene aktiv war, umso mehr machte ich eine überraschende Entdeckung: Auch manche der Pfarrer schienen unter diesen Dingen zu leiden. Mitten in einem Treffen christlicher Leiter flüsterte mir ein landeskirchlicher Pfarrer, der neben mir saß, plötzlich ins Ohr: „Tilo, lass uns hier mal etwas frischen Wind reinbringen!"

Ich traute meinen Ohren nicht – ein heimlicher Verbündeter!

Aber er war nicht der Einzige. Mit der Zeit stellte sich heraus, dass es nicht wenige Pfarrer und Gemeindeleiter gab, denen es genauso ging wie mir. Auch sie sehnten sich nach Veränderung, wollten erstarrte Traditionen überwinden und hatten das trennende Schubladendenken zwischen den christlichen Gruppierungen satt.

Und je mehr ich solche Pfarrer und Gemeindeleiter kennenlernte, desto öfter dachte ich: Man müsste diese Leiter eigentlich nur alle zusammen bringen, dann würde sich gemeinsam so richtig viel bewegen lassen.

Das erste Treffen

Mitten in dieser Zeit hörte ich im Gebet von Gott, dass es jetzt mit dem Pfarrer- und Leiternetzwerk losgehen sollte. Seit meinem besonderen Gebetstag vor reichlich zwei Jahren hatte ich immer wieder mit meiner Namensliste für die Pfarrer und Gemeindeleiter unserer Stadt gebetet. Manchmal hatte ich schon selbst nicht mehr so richtig daran geglaubt, dass es jemals wirklich zur Gründung des Netzwerks kommen würde. Vielleicht ging es Gott ja nur darum, dass jemand für die Pfarrer betete.

Doch nun war es soweit und ich sollte alle Pfarrer und Gemeindeleiter von Chemnitz zu einem ersten Treffen einladen.

So verfasste ich ein kurzes Einladungsschreiben und schickte die Briefe mit klopfendem Herzen ab.

Und als der Termin einige Wochen später stattfand, durfte ich auf erstaunliche Weise die Frucht von zwei Jahren Gebet erleben: Insgesamt vierzig Pfarrer und Leiter aus den verschiedenen Gemeinden der Stadt kamen. Ich war überwältigt!

Da ich noch nie zuvor eine solche Veranstaltung geleitet hatte, war ich wieder einmal vollkommen auf Gottes Hilfe angewiesen. Doch Gott ließ mich nicht im Stich. Am Tag vor dem Treffen hatte er mir einen besonderen Impuls gegeben: Ich sollte mir dünne Holzstäbe besorgen. Diese brachte ich zu der Veranstaltung mit und verteilte sie an die Anwesenden. Dann begann ich über die biblische Verheißung der Einheit zu sprechen.

Ich sagte: „Einzeln sind wir zerbrechlich wie diese Holzstäbe. Aber wenn wir als Christen dieser Stadt alle zusammenstehen und an einem Strang ziehen, anstatt uns untereinander abzugrenzen, dann kann Gott unsere Unterschiedlichkeit benutzen wie die verschiedenen Instrumente eines Orchesters. Dann wird unsere Botschaft nicht mehr langweilig oder eintönig sein, sondern wie eine wunderbare Sinfonie erklingen, die Gottes Herz berührt und die Menschen unserer Stadt anzieht."

Zum Schluss meiner Rede fragte ich die anwesenden Pfarrer und Gemeindeleiter: „Wollen wir uns für dieses Ziel eins machen?"

Und zu meinem Erstaunen sagten alle: „Ja, es ist an der Zeit, dass wir das wirklich tun!"

Es waren bewegende Minuten, als wir uns anschließend zusammenstellten und mit einem Symbol unsere Einheit zum Ausdruck brachten. Jeder legte seinen Holzstab in die Mitte und dann banden wir die Stäbe zu einem dicken Bündel zusammen.

„Versucht es mal zu zerbrechen!", sagte ich und reichte das Bündel herum. Jeder nahm es kurz in die Hand und versuchte es. Aber keiner konnte es zerbrechen.

Die Pfarrer und Leiter schauten sich an und man konnte spüren, was sie alle dachten: ‚Ab heute werden wir zusammenstehen, so wie diese gebündelten Stäbe!'

Dieser Abend war der Start für die Entwicklung eines einzigartigen Netzwerks, das Gott im Laufe der Jahre in unserer Stadt und Region entstehen ließ.

Bereits kurz nach dem ersten Treffen signalisierten einige Pfarrer und Leiter ihr Interesse mitzuarbeiten und es formierte sich ein Leitungsteam. Wir starteten mit regelmäßigen Meetings für Pfarrer und Leiter, beteten gemeinsam für die Stadt und bauten freundschaftliche Beziehungen zu weiteren Gemeindeleitern auf.

Ich war Gott sehr dankbar für den spürbaren Segen, den er uns bei der Entwicklung des neuen Projekts schenkte. Zu dieser Zeit ahnte ich noch nichts von all den Wundern, die Gott vorbereitet hatte und von dem erstaunlichen Wachstum, welches das Netzwerk eines Tages erleben sollte.

Kapitel 14
Pionierarbeit

Viele Baustellen

Mittlerweile war mein Leben immer spannender und mein Terminkalender immer voller geworden. Langeweile war ein Fremdwort für mich und das nicht nur wegen meiner neuen Aufgabe mit dem Pfarrer- und Leiternetzwerk.

Vor allem die Bauaktivitäten im ehemaligen Kino kamen nun immer mehr ins Rollen. Jeden Samstag gab es große Arbeitseinsätze, zu denen viele junge Leute kamen, um mit zu helfen. Bei einem dieser Einsätze tauchte plötzlich Springer auf und brachte im Schlepptau eine ganze Meute Jugendlicher mit. Seit der außergewöhnlichen Jesus-Party, bei der sich der Cliquenboss unerwartet für ein Leben mit Gott entschieden hatte, half er uns regelmäßig auf der Baustelle mit. Doch diesmal kam er nicht allein.

„Ich hab' mal im Umfeld meiner Clique ein bisschen Werbung für die Baueinsätze gemacht...", sagte er und deutete mit einer lässigen Kopfbewegung hinter sich. Dort standen ungefähr zwanzig Jugendliche, die alle aussahen, als wären sie gerade frisch aus dem Gefängnis entlassen worden.

„Naja, da müssen wir mal sehen, was wir mit den vielen Leuten machen...", sagte ich und klingelte unseren Bauleiter an.

„Abriss!", tönte er ins Telefon und fügte hinzu: „Solange wir noch was abzureißen haben, können die Jungs sich dort austoben."

Eine halbe Stunde später konnte man Springer und seinen Bautrupp in Aktion sehen. Zum Glück gab es genügend zu tun. Auf dem dreitausend Quadratmeter großen Gelände standen nicht nur die beiden Kinosäle, die Gaststätte und das große Wohnhaus, sondern auch noch etliche kleinere baufällige Gebäude, die abgerissen werden mussten.

Die Jugendlichen waren begeistert. Endlich konnten sie mal so richtig ihre Kräfte walten lassen. Mit Brechstange und Vorschlaghammer bewaffnet legten sie los. So ging es jedes Wochenende. Überall wuselten Jugendliche herum, räumten altes Gerümpel raus oder rissen Wände ein. Mehr als einhundert Container Schutt wurden durch die Abrissarbeiten gefüllt.

Jugendliche räumen einen der Kinosäle aus

So aufwendig und kostspielig die umfangreichen Abrissarbeiten und die anschließende Entsorgung auch waren, verschaffte uns das Ganze doch eine wichtige Atempause, die wir im Leitungsteam dringend brauchten. Denn bis jetzt gab es im Grunde genommen noch keinerlei Vorstellung, was genau wir in den Gebäuden zukünftig überhaupt machen wollten. Geschweige denn gab es genaue Konzeptionen oder Raumnutzungspläne.

Der Architekt, an den wir uns gewandt hatten, schickte uns postwendend wieder nach Hause: Bevor er aktiv werden könnte, sollten wir uns erst einmal überlegen, was wir denn eigentlich genau wollten. Peinlicher ging es nicht!

In unserem Leitungsteam fingen wir an wie wild Pläne zu entwerfen und gaben uns fantastischen Spinnereien über die zukünftige Nutzung des Kinos hin. Teilweise redeten wir so, als würden auf unserem Vereinskonto Millionenbeträge lagern, dabei hatten wir kaum genügend Reserven, um all die Schuttcontainer von den Abbrucharbeiten zu bezahlen.

Aber die nichtvorhandenen Finanzen waren nicht das alleinige Problem. Vor allem fehlte uns die nötige Zeit zum Planen. Denn das Kino war ja nicht unsere einzige ‚Baustelle'. Gleichzeitig kämpften wir in dieser Zeit auch noch an vielen anderen Fronten: mit schwierigen Jugendlichen, der Veranstaltungsorganisation in unserem Jugendzentrum, dem regelmäßigen Erstellen des Stadtmagazins VISION, dem Aufbau des Pfarrer- und Leiternetzwerks und dem Betreuen der von uns gegründeten Kreativbereiche.

Mittlerweile waren in unserer Jugendarbeit verschiedene Bands entstanden, eine Schauspielgruppe und noch ein Tanzprojekt.

Die neuen Projekte und Initiativen waren in den letzten Jahren wie Pilze aus dem Boden geschossen und überall galt es Aufbauarbeit zu leisten.

Die Fußballmannschaft

Manchmal entstanden solche neuen Ideen buchstäblich von einem Tag auf den anderen. Und teilweise geschah dies auf ziemlich ungewöhnliche Weise. So war es auch im Jahr 2002, als ich mit einem ehemaligen Profi-Fußballer essen war. Ich hatte ihn einige Monate zuvor kennengelernt und nach einigen Gesprächen und Gebeten hatte er ein Leben mit Gott begonnen. Von da an besuchte er regelmäßig unsere JesusParty und fing an, ehrenamtlich bei NEW GENERATION mitzuarbeiten.

Nun saß ich mit ihm zusammen im griechischen Restaurant zum Abendessen und wir wollten noch einmal über seinen neuen Lebensweg reden. Während wir unseren Gyros genossen und über Gott und die Welt philosophierten, passierte etwas Eigenartiges: Wie aus dem Nichts kam mir plötzlich ein ganz intensiver Gedanke und platzte anschließend als Frage aus meinem Mund heraus: „Sag mal, was wäre, wenn wir eine christliche Fußballmannschaft ins Leben rufen?", packte ich meine spontane Idee auf den Tisch.

„Das ist eine super Idee!", gab mein Gegenüber zurück, so als hätte er nur auf diese Frage gewartet. Wenige Augenblicke später beteten wir zusammen und legten das neue Projekt in Gottes Hände. Als wir bezahlt hatten, fuhren wir mitten in der Nacht quer durch Chemnitz und schauten uns in Frage kommende Fußballplätze an.

An diesem Abend ahnten wir noch nicht, welch lange Odyssee mit dem neuen Projekt vor uns lag. Es waren viele Etappen zu bewältigen: Vereinsgründung, ein freies Stadion finden, Sponsoren suchen, ein Wappen entwerfen und einen Trikotsatz kaufen.

Doch noch viel schwieriger war es, geeignete Spieler zu bekommen, die sich für die Idee begeistern ließen. Denn unser Ziel war

kein Freizeitsport, sondern wir wollten mit einer christlichen Fußballmannschaft in den offiziellen Spielbetrieb der Kreisklasse einsteigen. Es dauerte ein Jahr, bis die erste Mannschaft aufgestellt war.
Und zu meiner großen Freude war auch mein Jugendfreund Engel dabei. Er hatte bereits seit etlichen Jahren in einem anderen Verein Fußball gespielt und wechselte nun in unseren neu gegründeten Fußballclub.

Unsere erste Saison in der 2. Kreisklasse begann mit vielen frustrierenden Niederlagen. Es war ein schwieriger Anfang, der uns einen
langen und steinigen Weg erahnen ließ, so wie wir es bereits bei nahezu
jedem neuen Projekt erlebt hatten.

Unsere Fußballmannschaft

Kleine Schritte zu großen Zielen

So vergingen die Jahre. Tag für Tag kämpften wir mit unseren an-
gefangenen Projekten, die oft nur ganz zäh anliefen. Es war eine kräfte-
zehrende Zeit, in der es viele Rückschläge und Entmutigungen gab.

Die größte Herausforderung blieb unsere Großbaustelle im
ehemaligen Kino. Wir bauten Stück für Stück von jeder kleinen Spende.
Manchmal schien es überhaupt nicht mehr weiterzugehen. Doch dann
geschahen wieder unerwartete Wunder: Wir bekamen von teilweise
wildfremden Menschen Spenden überwiesen, Firmen stellten uns
kostenlos Baumaterial zur Verfügung oder übernahmen Leistungen,
ohne dass eine Rechnung fällig wurde.

Doch trotz dieser Hilfe kamen die Bauarbeiten nur im Schnecken-
tempo voran. Es schien von Jahr zu Jahr unrealistischer, dass es
jemals gelingen würde, die Gebäude vollständig zu sanieren. Das Projekt klebte an uns wie ein Schicksal. Ich feierte sogar meinen 35.
Geburtstag in einem Raum mitten auf der Baustelle und betete

dabei innerlich, dass ich nicht auch noch meinen 40. Geburtstag zwischen Ziegelhaufen verbringen würde.

Auch in der Arbeit mit den Jugendlichen kam es mir manchmal vor wie bei einer Generalsanierung, bei der man immer wieder auf neue Schäden stößt und sich fragt, ob das Ganze überhaupt noch zu retten ist. Viele der jungen Leute, die ich kennenlernte, waren innerlich total kaputt und hatten ihr Leben mit Alkohol, Drogen oder Okkultismus zerstört. Manchen von ihnen konnte eigentlich nur noch ein Wunder Gottes helfen.

In unserem Jugendzentrum lernten wir mitunter die verrücktesten Typen kennen. Oft gingen wir nachmittags vor der JesusParty ins Stadtzentrum und luden auf der Straße Jugendliche für den Abend ein. Allein dadurch wurde jede Veranstaltung zu einer Überraschung. Manchmal kamen nur wenige Jugendliche und an anderen Tagen war es wieder so voll, dass gar nicht alle reinpassten. Und immer wieder erlebten wir neue Abenteuer und überraschende Besuche von ganzen Jugendgruppen aus den verschiedensten Szenen unserer Stadt.

Der Besuch

Das Bühnenprogramm unserer JesusParty war gerade eben zu Ende gegangen, als plötzlich die Eingangstür aufflog und zehn schwarze Gestalten hereinstürmten, die alle aussahen, als würden sie aus einem Monsterfilm stammen. Jeder von ihnen war von Kopf bis Fuß schwarz eingekleidet, mit Pentagrammen geschmückt und alle hatten ihre Gesichter mit schwarzer Farbe bemalt und mit großen umgekehrten Kreuzen verziert. Einer der Gestalten hatte sogar ein Schwert dabei. Es sah buchstäblich so aus, als wollte jemand einen Horrorfilm drehen und hatte sich dazu unsere Räume als Drehort ausgesucht.

Im Nachhinein stellte sich heraus, dass sich die zehnköpfige Satanistengruppe monatelang auf den Besuch in der ‚Höhle des Löwen‘, wie sie es nannten, vorbereitet hatte. Alles war generalstabsmäßig geplant worden und am besagten Abend waren sie extra nochmal zusammen auf dem Friedhof gewesen, um ihre Rituale zu zelebrieren und sich ‚geistlich zu stärken‘.

Für uns kam der Besuch jedenfalls vollkommen überraschend und wir waren auf eine solche Situation überhaupt nicht vorbereitet. Doch genau in diesem spannungsgeladenen Augenblick übernahm Gott die Führung.

Als hätten wir es mit unseren Mitarbeitern bis ins Detail geübt, machten plötzlich alle das Gleiche: Jeder Mitarbeiter ging sofort auf einen von der Gruppe zu und streckte freundlich die Hand zur Begrüßung aus: „Hallo, schön dass du da bist. Darf ich dich zu einem Drink an die Bar einladen?", wurde der eine angesprochen, während der nächste beiseite genommen und neugierig gefragt wurde: „Das ist ja ein interessantes Kostüm, hast du das selbst geschneidert?"

Innerhalb von Sekunden war die gesamte Gruppe auseinandergerissen und jeder einzelne Satanist war von einigen freundlichen jungen Christen umringt und in ein Gespräch verwickelt. Die Satanisten waren vollkommen verdutzt. Mit allem hatten sie gerechnet, nur nicht mit einem liebevollen Empfang. Natürlich blieb es nicht dabei, denn wenn wir nur lieblich-nett gewesen wären, hätten sich die Satanisten schnell eine Bühne bei uns gesucht. So drehten wir an diesem Abend so richtig auf: Wir erzählten ihnen von Jesus, beteten für sie und ließen im Raum kräftige Anbetungsmusik erschallen.

Die Satanisten entdeckten schnell, dass das Dunkle bei uns keinen Platz zum Landen hatte. Stattdessen spürten sie hier etwas, das sie bis dahin noch nie erlebt hatten: die Liebe Gottes.

Und so kamen sie wieder. Jeden Samstag besuchten sie unsere JesusParty und von Woche zu Woche nahm ihre Kostümierung ab. Nach einiger Zeit kamen zwei von ihnen erstmals in ganz normaler Kleidung und erklärten, dass sie nicht mehr zu der Gruppe gehörten. Wir staunten nicht schlecht.

Ab diesem Tag wurden die zwei „Aussteiger" Stammgäste bei unseren Veranstaltungen. Einer der beiden hieß Ronny. Er war ein hagerer Typ mit schwarz gefärbten Haaren. Obwohl er bereits über zwanzig war, hatte er keine abgeschlossene Lehrausbildung und lebte von Sozialhilfe.

Ronny hatte etliche Besonderheiten. Eine davon war, dass er überall seine E-Gitarre mit sich herumschleppte. Die Gitarre war sein ganzer Stolz und er ließ sein Instrument niemals aus den Augen.

„Was willst du denn mitten im Wald mit der E-Gitarre machen? Ohne Verstärker und Strom kannst du sie doch gar nicht benutzen", sagte ich zu Ronny, als wir ihn eines Sonntags mit zu einer Wanderung nehmen wollten.

„Ein wahrer Musiker trennt sich nie von seinem Instrument", gab Ronny selbstbewusst zurück und klemmte seine Gitarre fest unter seinen Arm.

Als ich ihn einige Zeit später bat, mir mal etwas vorzuspielen, stellte sich schnell heraus, dass es mit seinem Musiktalent nicht weit her war. „Kannst du mir mal paar Griffe zeigen?", fragte er mich kleinlaut.

„Klar, das mache ich gern", sagte ich und fügte nach einem Augenblick des Überlegens hinzu: „Du erzählst doch immer, dass du Langeweile hast. Willst du nicht mal mit auf unsere Baustelle kommen? Da könntest du lernen, wie man mit Werkzeug umgeht."

„Okay, probieren kann ich's ja mal", meinte er etwas zögerlich.

Schon am ersten Tag fühlte sich Ronny auf der Baustelle pudelwohl und es dauerte nicht lange, da wurde die Baustelle für ihn wie ein zweites Zuhause. Hier war er in Gesellschaft, hatte etwas Sinnvolles zu tun und zudem konnte er kostenlos am Baustellenessen teilnehmen. Die Regelmäßigkeit seines neuen Alltags tat ihm sichtbar gut.

Auch in unserem Jugendzentrum begann Ronny immer mehr aufzublühen. Und je länger er mit uns zu tun hatte, umso deutlicher konnte man eine Veränderung in seinem Leben spüren.

Wenige Monate nach unserem ersten Kennenlernen saßen wir zusammen mit einigen anderen jungen Leuten beim Mittagessen. Vor dem Essen wurde wie immer gebetet.

„Wer will denn heute das Tischgebet sprechen?", fragte ich in die Runde.

„Heute will ich beten", meldete sich Ronny plötzlich. Alle schauten ihn verwundert an und dachten, dass er einen Witz machte. Doch augenblicklich begann Ronny laut zu beten: „Jesus, ich danke dir, dass ich dich kennen lernen durfte und hier wirkliche Freunde gefunden habe. Und danke, dass wir jeden Tag genügend zu essen haben! Amen."

Ich traute meinen Ohren kaum. Was für ein Wunder!

Wieder einmal hatte ich erlebt: Gott kann wirklich jeden verändern, auch die Typen aus der Satanisten-Szene. Denn hinter der Fassade von schwarzen Klamotten steckten oft Menschen, die sich eigentlich nur nach Aufmerksamkeit sehnten. Zudem hatte ich bereits bei vergangenen Begegnungen mit Satanisten immer wieder festgestellt, dass sie zwar gern die christliche Religion auf die Schippe nahmen, aber vor der Vollmacht wirklicher Christen, in denen spürbar Jesus lebt, durchaus höchsten Respekt hatten. Denn auch viele Satanisten wussten im Grunde genommen, dass Jesus über Satan steht.

Kapitel 15

Rückschläge und Überraschungen

Jugendarbeit an zwei Fronten

Springer ist ins Gefängnis gekommen!", kam ein Mitarbeiter aufgeregt ins Büro gestürmt.

„Waaas?", fragte ich und starrte meinen Kollegen fassungslos an.

„Ja, er hat sich in irgendeine krumme Sache seines alten Freundeskreises mit hineinziehen lassen und weil er von früher noch eine Bewährungsstrafe laufen hat, haben sie ihn jetzt einkassiert."

Sobald der Mitarbeiter den Raum verlassen hatte, ließ ich mich frustriert in meinen Bürosessel fallen.

‚Immer dieses Auf und Ab!', dachte ich kopfschüttelnd. Gerade eben hatten wir das Wunder mit Ronny erlebt und nun kam dieser deprimierende Rückschlag.

‚Wir brauchen unbedingt mehr Mitarbeiter, die sich um die Jugendlichen kümmern…', ging es mir durch den Kopf.

Tatsächlich wurden die Herausforderungen mit den vielen jungen Leuten immer größer. Denn unsere Jugendarbeit fand inzwischen nicht mehr nur im Jugendzentrum statt, sondern auch auf unserer Großbaustelle. Und das lag nicht nur daran, dass viele unserer jungen Leute dort mit halfen. Es gab noch einen anderen Grund: Die Jugendgerichtshilfe schickte uns zahlreiche Jugendliche, die gemeinnützige Arbeitsstunden ableisten mussten. Oft fand sich kein anderer Träger, der bereit war, diese jungen Leute unterzubringen. So kamen sie alle zu uns. Teilweise waren täglich bis zu zehn verschiedene Jugendliche bei uns auf der Baustelle. Und das, was sie mitbrachten, war nicht nur ihre Arbeitskraft, sondern Verhaltensweisen, die uns teilweise an den Rand der Verzweiflung führten.

„Tilo, du wirst nicht glauben, was ich gestern wieder mit unseren ‚Stundis' erlebt habe", erzählte unser Bauleiter eines Tages, als wir zu einer Baubesprechung zusammensaßen.

„Was denn, gab es etwa Probleme?", fragte ich.

„Ob es Probleme gab…? Du solltest mal meine Magengeschwüre fragen", gab er sarkastisch zurück und fuhr fort: „Der eine hat mich mit dem Hitlergruß begrüßt, der andere war betrunken und ein dritter war den ganzen Tag unauffindbar – bis ich ihn irgendwann schlafend im Keller entdeckte."

Die Betreuung der Jugendlichen, die Arbeitsstunden ableisten mussten, war eine große Herausforderung. Zudem war unser Bauleiter eigentlich nicht angetreten, um Jugendsozialarbeit zu machen, sondern um eine Baustelle zu leiten. Ich empfand es ohnehin als ein Wunder, wie er all die Besonderheiten unseres außergewöhnlichen Bauprojekts verkraftete.

„Ich werde beten, dass Gott eine Unterstützung schickt", sagte ich nach Abschluss unserer Besprechung und klopfte unserem Bauleiter ermutigend auf die Schulter.

„Ja, bete ruhig mal, vielleicht hilft uns ja der liebe Gott", gab er stirnrunzelnd zurück und rollte seine Baupläne zusammen.

Wir bekommen Unterstützung

Kaum hatte unser Bauleiter das Büro verlassen, ging ich in meine Wohnung und begann zu beten.

„Gott, wir brauchen unbedingt personelle Unterstützung, sowohl auf der Baustelle als auch im Jugendzentrum", bat ich ihn.

Es war nicht das erste Mal, dass ich mit diesem Anliegen zu Gott kam. Je mehr unsere Arbeit in den vergangenen Jahren gewachsen war, desto öfter und intensiver hatte ich gebetet, dass Gott uns noch weitere kompetente Mitarbeiter schickt. Lange Zeit musste ich auf die Gebetserhörung warten, doch dann war es endlich soweit.

Zuerst kam ein zweiter Bauleiter, der sich besonders um die Anleitung der ehrenamtlichen Bauhelfer kümmerte sowie um die Jugendlichen, die gemeinnützige Arbeitsstunden ableisteten. Er hieß Dirk und war beruflich selbstständig. Bereits seit mehreren Jahren hatte er uns immer wieder in seiner Freizeit auf der Baustelle unterstützt. Inzwischen war er so intensiv mit NEW GENERATION verbunden, dass er seine selbstständige Tätigkeit an den Nagel hängte und vollzeitlich bei uns einstieg. Er wurde nicht nur auf der Baustelle zu einer großen Hilfe. Zusammen mit seiner Frau engagierte er sich in vielen Bereichen unserer Arbeit und die beiden waren schon nach kurzer Zeit nicht mehr wegzudenken.

Der Brief

„Ist es nicht herrlich, wie Gott sich um alles kümmert!", sagte ich begeistert, als ich einige Zeit später mit meinem Mentor telefonierte und ihm von unserem zweiten Bauleiter erzählte.

„Das ist wirklich sehr schön!", freute er sich mit.

Nach einem Moment des Schweigens meinte er nachdenklich: „An der Basis der Jugendarbeit bräuchte es eigentlich auch noch so eine Unterstützung für dich..."

‚Wie wahr', dachte ich.

Es gab zwar mittlerweile viele ehrenamtliche Mitarbeiter bei uns, doch die meisten von ihnen engagierten sich in irgendeinem anderen Bereich: an der Technik, in unserer Gastronomie, in unserem Fußballverein oder in einem Kreativteam. Aber an der Basis mit den Jugendlichen fühlten sich viele überfordert. In der Regel war ich es, der zu den Treffpunkten der Cliquen ging, Kontakte zu jungen Leuten aufbaute, sie besuchte und betreute. Und neben all den vielen anderen Aufgaben und Herausforderungen drohte mir dies langsam über den Kopf zu wachsen.

„Wir sollten beten, dass Gott auch für diesen Bereich jemanden schickt", meinte mein Mentor und fügte ermutigend hinzu: „Gott hat bestimmt jemanden vorbereitet."

Wenige Wochen später hatten wir eine Leitungsteamsitzung, bei der wir auf das Thema zu sprechen kamen.

„Wenn unsere Arbeit weiter so wächst, dann benötigen wir unbedingt noch Mitarbeiter im Jugendbereich", sagte ich.

„Stimmt. Und es kommt noch etwas anderes dazu: Wenn unser neues Jugendzentrum nach Ende der Bauzeit seinen Betrieb aufnimmt, dann brauchen wir auch Mitarbeiter, die mit im Gebäude wohnen und sich um die Jugendlichen vor Ort kümmern", meinte Isi.

„Das ist wahr", antwortete ich nachdenklich. „Am besten wir beten gleich mal und bitten Gott, dass er uns solche Mitarbeiter schickt."

Wir unterbrachen unsere Besprechung und begannen zu beten. Während wir da saßen und unser Anliegen vor Gott brachten, passierte etwas Eigenartiges: Ich musste plötzlich an ein christliches Ehepaar denken, das ich vor einigen Jahren flüchtig kennen gelernt hatte: Tanja und Andreas. Er war Arzt und sie Lehrerin. Sie wohnten in einer anderen Stadt, ungefähr 50 Kilometer von Chemnitz entfernt.

Augenblicklich hatte ich das Empfinden, dass Gott mir sagte: „Lade sie ein, nach Chemnitz zu kommen."

Es schien mir ein total verrückter Gedanke, doch als er bis zum Ende unserer Gebetszeit nicht weggegangen war, teilte ich den Eindruck meinen Freunden mit.

„Naja, probieren kannst du es ja mal", meinten sie.

Am nächsten Tag setzte ich mich an meinen Küchentisch und begann einen Brief an Tanja und Andreas zu schreiben. Ich erzählte ihnen vorsichtig von meinem Eindruck und bat sie, doch mal zu überlegen, ob sie nicht vielleicht nach Chemnitz ziehen und in unsere Arbeit einsteigen wollten.

Mit einem Stoßgebet zum Himmel steckte ich den Brief in die Post und harrte der Dinge.

Die Antwort

Wenige Wochen nachdem ich meinen Brief verschickt hatte, erhielt ich eine Antwort. Gespannt öffnete ich den Umschlag und begann zu lesen.

,Krass!', dachte ich, während ich die Zeilen überflog. 'Das ist ja unglaublich! Sie wollen tatsächlich kommen…'

Ich konnte es kaum fassen.

Die beiden schrieben, dass sie unmittelbar, bevor mein Brief ankam, zusammen gebetet und Gott gefragt hatten: „Wo ist unser Platz? Wir sind bereit, dorthin zu gehen, wo du uns haben willst."

Als kurz darauf meine Anfrage kam, war es für sie ein unübersehbares Zeichen und sie wussten: Das ist die Antwort auf unser Gebet!

Nur wenige Monate später zogen die beiden nach Chemnitz. Alles war wie vorbereitet: Andreas fand völlig unkompliziert eine Stelle in einem Chemnitzer Krankenhaus und auch Tanja konnte mit Beginn des neuen Schuljahres an eine nahegelegene Schule wechseln.

Tanja und Andreas wurden zu einer unschätzbaren Hilfe bei NEW GENERATION. Tanja gründete einen offenen Kindertreff und Andreas engagierte sich gemeinsam mit mir an der Basis der Jugendarbeit. Bereits nach kurzer Zeit wurde deutlich, dass die beiden ein ganz besonderes Herz für junge Leute hatten. Sie begannen sogar einige Jugendliche, die in Not waren, bei sich zu Hause aufzunehmen.

Es war für mich eine große Ermutigung zu erleben, wie sich dieses Ehepaar einsetzte, obwohl sie beide voll berufstätig waren. Sie opferten buchstäblich ihre gesamte freie Zeit für die Jugendlichen. Mittlerweile wohnten bei ihnen eine ehemalige Heroinabhängige, die gerade aus dem Gefängnis gekommen war, ein junger Mann, der Probleme im Elternhaus hatte und ein Mädchen, das momentan keine Bleibe hatte. Sie alle erlebten bei Tanja und Andreas eine Art betreutes Wohnen und nach einer Weile hatte man das Empfinden, die beiden betreiben eine Station für Jugendnotfälle.

Ich war Gott unendlich dankbar für die wunderbare Unterstützung, die er mir in dieser Phase schickte. Sowohl unser zweiter Bauleiter Dirk als auch Tanja und Andreas entwickelten sich im Laufe der kommenden Jahre zu wichtigen Säulen in unserer Arbeit und nach einiger Zeit wurden alle drei mit in den Vorstand unseres Vereins gewählt und wurden somit meine Leitungsteam-Kollegen.

Von der Partywelt zur JesusParty
„Ich habe wieder jemanden eingeladen", kam Andreas eines Tages begeistert auf mich zu.

„Na, wenn das so weitergeht, müssen wir bald anbauen", gab ich lachend zurück und klopfte ihm freundschaftlich auf die Schulter.

Tanja und Andreas waren absolute Beziehungsmenschen und lernten immer wieder neue Jugendliche kennen, die sie dann mit zur JesusParty brachten. Eine von diesen jungen Leuten war Sandy, die aus einer ziemlich krassen Szene kam. Sie hatte schon eine bewegte Vergangenheit hinter sich und lebte in einem Umfeld von Alkohol, Drogen und Rechtsradikalität. Mit Christsein und Kirche war sie bisher noch nie in Berührung gekommen. Nun hatte Andreas sie in unser Jugendzentrum eingeladen. Nur: Er hatte vergessen, ihr zu sagen, dass es ein *christliches* Jugendzentrum war...

Eines Abends tauchte Sandy zusammen mit einer Freundin bei uns auf. Wie sich später herausstellte, kamen sie in der inneren Erwartung, dass unser Jugendzentrum eine Diskothek war.

Ich stand gerade mit unserer Band auf der Bühne, als die beiden völlig ahnungslos mitten in die JesusParty hereinplatzten. Unsere Bühne befand sich damals unmittelbar neben der Eingangstür. Dieser Umstand hatte in der Vergangenheit schon für viele lustige oder weniger lustige Situationen gesorgt. Denn so oft die Tür aufging, kamen die Gäste jeweils direkt neben der Bühne raus und standen erst einmal wie auf dem Präsentierteller.

So war es auch bei Sandy: Mitten in der JesusParty kam sie plötzlich durch die Tür. Mit blond gefärbten Haaren und ihrem Piercing im Gesicht stand sie da. Nach einigen Sekunden der totalen Verwunderung platzte sie für alle hörbar zu ihrer Freundin heraus: „Jesus!!! Die singen hier von Jesus! Wo sind wir hingeraten?!"

Damit drehten sich die beiden auf dem Absatz um und schon waren sie wieder zur Tür heraus.

Glücklicherweise reagierte Andreas, der Sandy eingeladen hatte, geistesgegenwärtig und ging gleich hinterher. So standen die drei dann draußen vor dem Jugendzentrum und während Sandy cool an ihrer Zigarette paffte, versuchte Andreas erste neugierige Fragen über Gott zu beantworten. Nach der JesusParty kamen sie dann mit herein.

Wie in vielen ähnlichen Situationen erwies es sich auch hier wieder als ein großer Vorteil, dass wir nach Programmende immer noch für mehrere Stunden als Gaststätte geöffnet hatten. Sandy und ihre Freundin blieben bis zum Schluss und der Abend wurde zum Beginn einer intensiven Freundschaft.

Von da an kam Sandy jeden Samstag.

Als ich einige Wochen später nach einer JesusParty neben ihr an der Bar saß, sprach sie mich an: „Also, ich hatte ja bisher noch nie etwas mit Jesus-Typen zu tun, aber eigentlich seid ihr ziemlich nett."

Sie schlürfte an ihrer Cola und fügte mit einem verschmitzten Lächeln hinzu: „Das hätte ich gar nicht so erwartet..."

„Wieso? Was hättest du denn erwartet?", wollte ich wissen.

„Naja, ich dachte immer, die Christen sind solche depressiven Gestalten, die durch ihren Glauben einen Halt im Leben suchen", gab sie etwas verlegen zurück und meinte schließlich: „Ich glaube, bei euch kann ich auch mal meine Freunde mit herbringen."

Es dauerte nicht lange und Sandys Freunde kamen: ein großer kahlgeschorener Typ mit Schäferhund, ein kleiner muskelbepackter Junge aus der Türsteherszene und einige immerzu partylustige Mädchen. Sie alle wurden in der folgenden Zeit mehr oder weniger zu

Stammgästen in unserem Jugendzentrum und bombardierten uns, je nach Stimmung, mit neugierigen oder provozierenden Fragen über den Glauben.

„Deine Freunde sind ja eigentlich auch ganz nett", sagte ich eines Tages zu Sandy und fügte hinzu: „Wenn ihr wollt, könnt ihr alle zu unserer Sommerfreizeit mitkommen. Wir fahren in diesem Jahr nach Italien."

Bereits nach wenigen Tagen kam eine SMS von Sandy und ihren Freunden. Der Text lautete: „Wir sind dabei!"

Die Freizeit wurde zu einem unvergesslichen Erlebnis. Mehr als fünfzig Jugendliche machten zwei Wochen lang ein kleines verschlafenes Urlauberdorf am Mittelmeer unsicher. Zwischendurch fragte ich mich immer mal wieder, ob das alles wirklich so eine gute Idee gewesen war. Besonders herausfordernd waren die Nächte.

„Wir müssen jetzt endlich mal Nachtruhe einhalten!", rief ich früh um zwei Uhr verzweifelt über den Zeltplatz. Doch vergeblich! Während sich die einen über den nächtlichen Lärm beschwerten und von mir erwarteten, dass ich endlich eingriff, nölten mich die anderen voll: „Wir haben Urlaub und wollen Party machen!"

Aber auch tagsüber hatten meine Mitarbeiter und ich alle Hände voll zu tun: Es galt Unternehmungen zu organisieren, unsere täglichen Zeltplatzandachten abzuhalten, Gespräche zu führen und Streit zu schlichten. Und immer wieder trafen wir uns zu Gebetszeiten, in denen wir intensiv für die jungen Leute beteten.

Die Freizeit war ein Wechselbad der Gefühle und jeder Tag war voller Überraschungen. Doch mitten in all den Herausforderungen geschah ein herrliches Wunder: Sandy öffnete ihr Herz für Gott und auf der Freizeit gab sie öffentlich vor all ihren Freunden bekannt, dass sie jetzt Christ ist und ein neues Leben anfangen will.

Ab diesem Augenblick begannen unglaubliche Veränderungen in ihrem Leben. Manchmal war sie einfach nicht mehr wieder zu erkennen. Es zog sich durch sämtliche Bereiche ihres Wesens. Sie wurde zu einer wunderbaren Mitarbeiterin, die sich auch noch Jahre später voller Begeisterung bei NEW GENERATION engagierte.

Kapitel 16
Die Wüstenzeit

Die ewige Baustelle

Ich war gerade beim Frühstücken, als mein Handy klingelte. Unser Bauleiter war dran und klang ziemlich aufgeregt.

„Tilo, nächste Woche sind mehrere große Baurechnungen fällig", begann er sein Anliegen zu eröffnen. „Wir brauchen da insgesamt zwanzigtausend Euro. Und um überhaupt weiter arbeiten zu können, müsste ich spätestens morgen neues Baumaterial bestellen, sonst kommen die Arbeiten zum Erliegen. Was soll ich jetzt machen?"

Ich saß wie gelähmt auf meinem Stuhl und starrte vor mich hin. Gestern erst hatte ich auf unser Konto geschaut und mit Erschrecken festgestellt, dass keine neuen Spenden eingegangen waren, sondern der Kontostand inzwischen bei weniger als einhundert Euro lag.

Während unser Bauleiter am Telefon auf meine Antwort wartete, rasten mir die Gedanken durch den Kopf und ich spürte, wie langsam Panik in mir hochkroch. Was sollte ich nur machen? In den letzten Jahren hatte es immer wieder solche Situationen gegeben. Jedes Mal hatte ich vor der Entscheidung gestanden, entweder auf meinen Verstand zu hören und die Bauaktivitäten zu stoppen oder in der Hoffnung auf ein Wunder etwas menschlich vollkommen Unvernünftiges zu wagen.

Ich holte tief Luft.

„Bestell das Material, das gebraucht wird. Um die Rechnungen kümmere ich mich", sagte ich und bemühte mich, dabei so optimistisch wie möglich zu klingen.

Doch kaum war das Telefonat beendet, ließ ich meinen Kopf verzweifelt auf die Tischplatte fallen und begann hemmungslos zu weinen.

„Gott!", klagte ich mein Leid. „Du hast uns doch auf diesen Weg geführt. Bitte, hilf uns jetzt!"

Ich konnte nicht mehr. Seit Jahren arbeiteten wir nun schon Tag für Tag auf unserer Großbaustelle und es war einfach kein Ende abzusehen. Im Gegenteil! Es gab ständig neue Hiobsbotschaften: Die alte Dachkonstruktion war durchgefault und musste komplett ausgetauscht werden, einer der beiden Kinosäle war statisch nicht mehr zu halten und musste abgerissen werden und überall warteten weitere Überraschungen auf uns.

Es war einfach zum Verzweifeln. Wir saßen mitten auf einer an-gefangenen Baustelle fest und keiner konnte sich vorstellen, wie dieses Projekt jemals zu einem Abschluss kommen sollte.

Je deutlicher der Umfang und die Kosten der Sanierung im Laufe der Zeit geworden waren, umso mehr hatte sich die ursprüngliche Aufbruchsstimmung verflüchtigt. Dafür standen nun die ersten Leute auf der Matte, die uns für das Ganze kräftig kritisierten. „So ein Wahnsinn, so etwas anzufangen!", sagten die einen, während wir von anderen einfach nur belächelt wurden.

„Die ewige Baustelle!", war ein Titel, den wir regelmäßig von den benachbarten Anwohnern zu hören bekamen. Das war aber noch die harmloseste Variante. Andere Nachbarn wollten mit allen Mitteln verhindern, dass wir überhaupt eine Nutzungsgenehmigung als Jugend-zentrum erhielten.

Weil das Objekt mitten in einem Wohngebiet lag, gingen bei der Stadt etliche Eingaben wegen potentieller Lärmbelästigung ein. Tatsächlich wurde die abschließende Genehmigung ein langer und nervenaufreibender Kampf. Wir bekamen sie letztlich nur unter vielen Auflagen.

Das Schlimme war nur, dass jede einzelne Auflage immer neue Kosten in teilweise schwindelerregenden Höhen mit sich brachte. Unter anderem musste der Veranstaltungssaal komplett schallschutzverklei-det werden, außerdem waren elektrisch schließende Brandschutztüren einzubauen, eine Notstromanlage, Brandmelder und vieles mehr.

Allein die geforderte Belüftungsanlage wurde mit siebzigtausend Euro veranschlagt. Zusätzlich sollten wir ein Nachbargrundstück mieten, um genügend Parkplätze nachweisen zu können. So ging es Schlag auf Schlag.

Und nach jeder neuen Auflage sprach mich unser Bauleiter an und fragte, ob er die entsprechenden Arbeiten beginnen und Aufträge bei Baufirmen auslösen könne.

Abriss der alten Dachkonstruktion

Ich lebte in diesen Jahren in einer riesigen inneren Spannung und es war überhaupt nicht abzusehen, ob es jemals gelingen würde, das Megaprojekt abzuschließen oder ob das Ganze vielleicht eines Tages in einer großen Katastrophe enden würde.

Am schlimmsten für mich war, dass auch einige von unseren eigenen Mitarbeitern langsam ins Zweifeln kamen. Denn je länger sich das Bauprojekt hinzog, umso mehr schlich sich bei manchem die leise Frage ein, ob das Ganze wirklich von Gott war. Es dauerte nicht lange und die ersten Zweifel wurden laut ausgesprochen.

„Bist du dir wirklich sicher, dass das Vorhaben jemals zum Ende kommt?", sprach mich ein Mitarbeiter nach einem Arbeitseinsatz auf der Baustelle an.

„Wieso? Wie kommst du darauf?", gab ich verwundert zurück.

„Überleg mal, wie viele früher zu den Arbeitseinsätzen gekommen sind. Und heute waren wir gerade mal zu viert. Wenn es so weiter geht, werden wir die Fertigstellung nicht vor unserem Rentenalter erleben", meinte der Mitarbeiter zynisch.

„Aber hast du denn all die Wunder vergessen, die wir am Anfang erlebt haben? Du warst doch damals selbst so begeistert!"

„Ja, aber da wussten wir auch noch nicht, was mit dieser Baustelle alles auf uns zukommt", entgegnete der Mitarbeiter.

„Gott wird uns schon helfen. Wir müssen nur auf ihn vertrauen", versuchte ich seinen Glauben zu stärken.

„Tilo, du lebst irgendwie in deiner eigenen Welt. Aber die Realität ist anders!", gab er mit einem vorwurfsvollen Unterton zurück.

„Wie meinst du das, in welcher Welt soll ich denn leben?", fragte ich verdutzt.

„Naja, du weißt schon, in deiner biblischen Welt. Wir sind nicht das Volk Israel, das in der Wüste unterwegs zum verheißenen Land ist. Und selbst wenn wir es wären... Ich möchte jedenfalls keine vierzig Jahre auf einer angefangenen Baustelle sitzen und mich zum Gespött der ganzen Stadt machen. Außerdem kann ich nicht länger jedes Wochenende zum Arbeitseinsatz kommen, ich habe auch noch anderes zu tun."

Damit packte er seine Sachen zusammen und verabschiedete sich. Ich war am Boden zerstört. Ich kam mir vor wie der Kapitän eines sinkenden Schiffs, bei dem gerade die letzten Matrosen von Bord gingen. Und das Schlimmste daran war, dass er offensichtlich recht hatte: Unser Bauprojekt war nur noch durch ein Wunder zu retten.

„Warum tue ich mir das alles an?", murmelte ich frustriert vor mich hin, als ich von dem Arbeitseinsatz nach Hause lief. „Früher mit meiner Firma hatte ich so ein angenehmes Leben und jetzt dieser Stress..."

Tatsächlich waren die vielen Aufgaben bei NEW GENERATION in den letzten Jahren so intensiv geworden, dass ich meine selbstständige Arbeit vor einiger Zeit eingestellt hatte und mittlerweile vollzeitlich im Jugendzentrum arbeitete. An diesem Nachmittag krochen erstmals Gedanken in mir hoch, ob es nicht besser gewesen wäre, Geschäftsmann zu bleiben, anstatt mich mit all diesen Dingen herumzuplagen.

Interne Probleme

Als ob die Herausforderungen auf der Baustelle nicht schon schlimm genug gewesen wären, begannen in dieser Phase auch noch zermürbende Probleme in unserer Mitarbeitergemeinschaft.

Manche der Mitarbeiter entdeckten, dass die Jugendarbeit doch nicht so ganz ihre Sache war. Stattdessen kamen ihnen andere Ideen in den Sinn.

Eines Tages wurde ich von einem Mitarbeiter angesprochen, der erst kürzlich in unsere Gemeinschaft gekommen war: „Die Räume des Jugendzentrums sind doch sonntagnachmittags noch nicht belegt, oder?"

„Ja, das stimmt. Da sind sie noch frei. Warum fragst du?"

„Ich habe mir überlegt, da könnten wir doch einen Familiennachmittag mit Kaffee und Kuchen anbieten", meinte er begeistert.

„Aber wir sind doch ein Jugendzentrum!", gab ich irritiert zurück und fügte hinzu: „Unsere Unterstützer spenden ihr Geld doch nicht dafür, dass wir Kaffeekränzchen abhalten..."

Ich war sprachlos. Vor allem, weil es nicht das erste Mal war, dass so etwas passierte. Je mehr unsere Arbeit im Laufe der letzten Jahre in die Breite gegangen war und je mehr Leute dazukamen, desto umfangreicher wurden die verschiedenen Ideen, Interessen und Bedürfnisse. Mit der Zeit empfand ich es als einen richtigen Stress, all diese Dinge unter einen Hut zu bringen.

Als ich einige Tage später im Leitungsteam saß, erzählte ich von der Idee mit dem Kaffeekränzchen und sagte: „Ich glaube, wir müssen den Mitarbeitern das zentrale Anliegen unserer Arbeit noch einmal ganz neu vermitteln. Bisher habe ich immer einfach vorausgesetzt, dass es irgendwie schon allen bewusst ist. Aber das scheint nicht zu genügen. Was meint ihr?"

Ich schaute in die Runde und war gespannt auf die Reaktionen.

„Du hast Recht, es ist sicher sinnvoll, wenn wir das mal richtig auf den Punkt bringen", kam die erste Wortmeldung.

„Es wird sehr viel Klarheit schaffen", ergänzte ein anderer und fügte nach einer Weile nachdenklich hinzu: „Es könnte aber auch dazu führen, dass uns einige verlassen."

„Ja, das könnte sein", sagte ich. „Aber mir ist folgendes klar geworden: Wenn die Vision nicht allen bewusst ist, dann ist es ungefähr so, wie wenn sich Menschen miteinander zum Sport verabreden, aber vorher nicht geklärt haben, um welche Sportart es sich handelt. Jeder würde mit der Erwartung seiner eigenen Lieblingssportart zum Training kommen: Fußball, Tischtennis, Volleyball oder Schach. Das würde zwangsläufig in einem großen Frust enden!"

In dieser Leitungssitzung beschlossen wir, die Vision und den zentralen Auftrag von NEW GENERATION konkret zu formulieren. Und das war eigentlich ganz schnell auf den Punkt gebracht. Es ging um die ‚neue Generation': ihnen Gottes Liebe zu zeigen, in sie zu investieren, ihre Gaben zu fördern und ihnen zu helfen, Jesus kennenzulernen und in ihrer Berufung zu leben – das war der Dreh- und Angelpunkt all unserer Aktivitäten. Und das begannen wir nun allen unseren Mitarbeitern zu kommunizieren.

Jeder war herausgefordert, für sich selbst zu klären, ob dies auch seine eigene Vision war. Für manche war es eine Chance, sich noch einmal neu zu orientieren. Einige der erwachsenen Mitarbeiter entdeckten in der Auseinandersetzung mit der Vision, dass es für sie nicht mehr dran war, sich in einer Jugendbewegung zu engagieren.

Für wieder andere war es genau umgekehrt. Sie entschieden sich ganz neu dafür, sich bewusst mit ihrer Familie in die Jugendarbeit hineinzugeben.

Es war eine bewegte Zeit. Mitarbeiter verließen uns und andere kamen neu dazu. In dieser Phase blieben zwischenmenschliche Enttäuschungen und Missverständnisse nicht aus. Manches lag auch an mir, an mangelnder Geduld, zu wenig Einfühlungsvermögen und nicht vorhandener Erfahrung beim Umgang mit solchen Situationen.

Besonders schmerzhaft war es, als sich einige Zeit später auch meine beiden Freunde aus dem allerersten Team entschieden, wieder aus der Jugendarbeit auszusteigen. Das war ein großer Verlust. Sie und ihre Ehepartner waren über Jahre hin wichtige Säulen in unserer Arbeit gewesen. Auf der anderen Seite konnte ich ihre Entscheidung auch verstehen. Schließlich hatten sich im Laufe der Zeit viele Dinge verändert und wir waren nicht mehr der kleine Jugendclub, mit dem wir ganz am Anfang einmal begonnen hatten. So blieb mir nur eins: dankbar zu sein für all das, was die Pioniere der ersten Stunde geleistet hatten.

Eine schwierige Zeit

Die Visionsvermittlung und die daraus entstandenen Veränderungen waren ein langer und teilweise schwieriger Prozess. Trotzdem wusste ich instinktiv, dass es letztlich sehr viel Klarheit bringen und in der zukünftigen Zeit vieles leichter machen würde. Doch bis dahin war es noch ein weiter Weg. Im Augenblick konnte von Erleichterung keine Rede sein und das nicht nur wegen der Veränderungen in der Mitarbeiterschaft und der Schwierigkeiten auf der Baustelle.

Denn während der gesamten Bauzeit lief auch unser bisheriges Jugendzentrum auf vollen Touren weiter. Zudem steckten etliche unserer neu gegründeten Arbeitszweige noch in der Entwicklung. Im Grunde genommen war ich überall von „Baustellen" umgeben, die alle kein Ende nehmen wollten. Und die Herausforderungen schienen mich langsam zu zerreißen.

Eines Tages kam ich ins Büro, als ich von unserer Buchhalterin angesprochen wurde: „Die neue Ausgabe der VISION ist fertig gesetzt. Die Daten für das Stadtmagazin hätten eigentlich schon lange in die Druckerei gemusst, aber auf unserem Konto ist nicht genügend Geld, was soll ich machen?", sagte sie und schaute mich fragend an.

„Ich kümmere mich gleich darum. Ich bin sofort wieder da. Bis gleich", antwortete ich und verschwand so schnell ich konnte nach nebenan in meine Wohnung.

Sobald ich die Wohnungstür hinter mir geschlossen hatte, holte ich mein Handy heraus und wählte die Nummer meines Mentors.

„Ich kann nicht mehr! Ich will nicht mehr!", klagte ich ihm mein Leid und überhäufte ihn mit meinen Sorgen. Die Probleme sprudelten aus mir heraus wie das Wasser aus dem Hahn und ich redete mir den ganzen Frust von der Seele.

„Wir sehen uns ja bald wieder", meinte mein Mentor, nachdem ich fast eine Viertelstunde ohne Unterlass geredet hatte.

„Hoffentlich lebe ich dann noch", gab ich ironisch zurück.

Zum Glück gab es einige erfahrene Leiter von anderen christlichen Organisationen, die uns in dieser Zeit halfen und uns begleiteten. Sie kamen regelmäßig zu uns und führten Schulungen und Supervision für unsere Mitarbeiterschaft durch. Ohne diese Unterstützung von außen wären wir in der damaligen Phase sicherlich untergegangen.

Für mich waren die Beziehungen zu meinem Mentor und anderen Beratern regelrecht überlebensnotwendig. Sie bewahrten mich davor zu verzweifeln oder in einer Kurzschlussreaktion irgendeine katastrophale Entscheidung zu treffen. Manchmal war ich wirklich kurz davor, alles hinzuwerfen, weil ich einfach kein Land mehr sah.

Die Steilwand

Einige Wochen nach meinem verzweifelten Anruf saß ich zusammen mit meinem Mentor bei mir zu Hause am Küchentisch. Wir redeten über meine Situation und er gab mir verschiedene Ratschläge. Zum Schluss des Gesprächs betete er noch für mich.

Gerade als er gehen wollte, hielt er plötzlich inne und sagte: „Tilo, ich habe noch einen Eindruck für dich."

„Das ist sehr schön, ich kann zur Zeit jede Ermutigung gebrauchen", antwortete ich in der inneren Erwartung, dass mein Mentor mir zum Abschied noch etwas Erbauendes mit auf den Weg geben wollte.

‚Vielleicht hat Gott ja ein großes Wunder vorbereitet, durch das bald alles leichter wird?', ging es mir durch den Kopf und so schaute ich meinen Mentor erwartungsvoll an.

„Es ist vielleicht nicht ganz so, wie du erwartest...", begann er zögerlich, als hätte er meine Gedanken erraten. Dann fuhr er mit ruhiger Stimme fort: „Ich möchte meinen Eindruck über deine Situation in einem Bild beschreiben: Ich sehe eine große und unüberwindbare Steilwand vor dir liegen. Es ist eigentlich unmöglich, daran hochzuklettern..."

Mein Mentor hielt inne und schaute mich an. In seinen Augen konnte ich lesen, wie er mit mir mitfühlte, als würde es ihn selbst betreffen. Nach einer Weile legte er seine Hand auf meine Schulter und sagte: „Aber Gott hat diesen Weg für dich geplant und mit seinen Wundern und täglicher Beharrlichkeit wirst du es schließlich doch schaffen, auch wenn es sehr lange dauern wird. Wenn du durchhältst und diese Steilwand eines Tages überwunden hast, dann wartet dort ein wunderbares Land auf dich, viel schöner und herrlicher, als du es dir vorstellen kannst."

Noch nach vielen Jahren war ich meinem Mentor dankbar dafür, dass er mir damals dieses erschreckende Bild mit auf den Weg gab. Denn genau so war es letztlich gewesen. Wie gut, dass er mich in dieser Phase nicht mit billigen Ermutigungen abspeiste, so nach dem Motto: „Alles wird bald gut!" Nein! Er bereitete mich auf einen sehr langen und harten Marathon vor. Aber er stellte mir auch ein herrliches Ziel in Aussicht, für das es sich lohnte, diesen anstrengenden Weg Jahr für Jahr zu laufen.

In dieser schwierigen Zeit geschah etwas sehr Wichtiges in mir: Es wurden die wirklichen Motive für mein Engagement freigelegt. Hatte ich zu Beginn meiner Arbeit noch manches aus reiner Abenteuerlust heraus getan oder weil es einfach Spaß machte, so konnte ich nun nicht mehr davon zehren. Wenn ich nach meinem Gefühl gegangen und meiner Seele freien Lauf gelassen hätte, wäre ich manchmal am liebsten wieder in mein früheres Geschäftsleben zurückgekehrt. Doch nun lebte ich mit Gott und hatte ihm die Führung übergeben. Und er wollte, dass ich diesen Weg weiterging, auch wenn er manchmal überhaupt nicht angenehm war.

So wurde ich in diesen Jahren an meinem inneren Menschen geschliffen. Es war wirklich keine leichte Zeit. Ich fühlte mich wie ein Baum, an dem der Sturm rüttelt und bewirkt, dass die Wurzeln tiefer in den Boden treiben. Vor allem machte mir meine Gesundheit zu schaffen. Von all den Schwierigkeiten und Herausforderungen war meine Gesundheit das größte Problem und ich ging teilweise von einer Krankheit zur anderen.

Doch es gab auch hausgemachte Probleme, die ich hätte vermeiden können. Zum Glück hatte ich eine Frau, die mich immer wieder mit ihrer nüchternen Art auf solche Dinge aufmerksam machte.

Neue Ordnung in meinem Leben

„Du siehst irgendwie ziemlich fertig aus", meinte Kessi eines Tages, während sie mich mit sorgenvollen Augen musterte.

„Das ist ja auch kein Wunder, bei all meinen Problemen", gab ich zurück und fügte leicht genervt hinzu: „Bitte, schau mich nicht an wie einen deiner Patienten!"

Kessi hatte vor einiger Zeit in ihrer Rock 'n' Roll-Band aufgehört und noch einmal eine Ausbildung im Gesundheitswesen begonnen. Sie arbeitete mittlerweile als Krankenschwester und seitdem schien sie einen besonderen Blick für meinen Gesundheitszustand zu haben.

Nach einer Weile des Schweigens setzte Kessi wieder an: „Also mal ganz ehrlich: Du arbeitest Tag und Nacht und nimmst die Last der ganzen Welt auf dich und dann wunderst du dich, dass du total fertig bist. Wenn Gott wirklich Gott ist, dann solltest du die Lasten an ihn abgeben und nicht alles selbst tragen."

„Aber was soll ich denn machen...?", klagte ich mein Leid.

„Mein Vorschlag wäre, dass du dich mal im Fitnessstudio anmeldest und etwas mehr an die frische Luft gehst."

Das war wieder typisch! So kannte ich meine Frau. Doch gerade als ich mich aufregen wollte, hörte ich in meinem Inneren Gottes leise Stimme: „Höre auf deine Frau!"

Es waren nur diese vier Worte. Aber ich wusste sofort, dass Gott mir damit etwas Wichtiges sagen wollte. Und als ich mir kurz danach eine Zeit zum Gebet nahm, begann Gott intensiv mit mir über meinen Lebensstil zu sprechen.

„Tilo, vor dir liegt noch ein sehr langer Lauf und du musst gut mit deiner Zeit und deinen Kräften haushalten", hörte ich Gott sagen.

An diesem Tag zeigte Gott mir etliche praktische Dinge, die mir halfen, mein Leben besser zu strukturieren. Unter anderem erstellte ich einen Jahresplan mit Prioritäten und reservierte mir dabei gezielt Freiräume für meine Ehe, meine Zeit mit Gott sowie für Sport und Erholung.

Nur die konsequente Umsetzung dieser Vorsätze gaben mir letztlich die Kraft, den vielen Herausforderungen standzuhalten, mit denen ich in den folgenden Jahren oft konfrontiert war.

Kapitel 17
Randale im Jugendzentrum

Die Hooligans

Ich stand mit meiner Gitarre auf der Bühne und wollte gerade ein Lied anstimmen, als plötzlich eine Gruppe grölender Hooligans in unser Jugendzentrum stürmte.

„Party! Party!", brüllten sie und freuten sich, dass alle Augen auf sie gerichtet waren. Im Nu hatten sie die Aufmerksamkeit des gesamten Publikums erlangt und unsere jungen Leute starrten wie versteinert auf die Hooligans.

‚Gott, was soll ich jetzt machen?', betete ich innerlich.

Innerhalb von Sekunden musste ich, wie schon so oft, die Entscheidung treffen, ob ich den Nebenschauplatz ignoriere oder etwas unternehme. Zum Glück zeigte mir Gott in solchen Situationen meistens eine geniale Strategie und unterstützte mich mit seinem übernatürlichen Wirken. So war es auch in diesem Fall. Nach meinem kurzen Stoßgebet schnallte ich meine Gitarre ab und sprang von der Bühne. Dann ging ich direkt auf die Gruppe zu und sprach sie an: „Ihr habt mit euren Party-Rufen vollkommen recht! Aber das hier ist keine normale Party, sondern eine Party mit Jesus. Und wie auf jeder Party bestimmt der Gastgeber das Programm und das ist bei uns eben Jesus. Und damit ihr ihn auch kennen lernt, werde ich jetzt für euch beten."

Damit begann ich ohne weitere Vorankündigung laut für die völlig verdutzten Hooligans zu beten. Ich ging von einem zum anderen und legte ihnen beim Gebet die Hände auf. Im Hintergrund beteten alle unsere Mitarbeiter und die anwesenden Jugendlichen mit. Die Hooligans wurden unter der Kraft Gottes ganz still und einige bekamen panische Angst und wollten auf keinen Fall, dass ich ihnen die Hand auflege, sondern rannten raus.

Kaum war die Gebetsrunde vorbei, sagte ich zu den Hooligans: „Und jetzt machen wir weiter Party. Wenn ihr wollt, könnt ihr gern mitfeiern."

Damit ging ich zurück auf die Bühne, schnappte mir meine Gitarre und unsere Band begann eine feurige Anbetungszeit. Selten habe ich unsere Jugendlichen so kräftig singen gehört wie an diesem Abend. Die verbliebenen Hooligans hörten noch eine Weile still zu und gingen dann irgendwann ganz leise aus den Räumen.

„Das ist ja nochmal gut gegangen…", meinte unsere Sängerin Rebekka, als wir uns nach dem Programm mit den Musikern zum Gebet trafen.

„Ja, es hätte auch ganz anders ausgehen können", stimmte ihr Kessi nachdenklich zu. Sie war seit einiger Zeit als Bassistin mit in der Band dabei, und ich war dankbar, dass ich solche Erlebnisse nun mit meiner Frau teilen konnte.

„Zum Glück kommt Gott immer wieder mit seiner übernatürlichen Kraft. Ansonsten wären wir echt aufgeschmissen", sagte ich und fügte hinzu: „Trotzdem würde ich mir manchmal etwas mehr Ruhe bei der JesusParty wünschen. Wenn ich an die letzten Monate denke, da gab es eigentlich bei fast jeder Veranstaltung irgendeine Überraschung."

„Ja, das wäre wirklich schön, vor allem würden die Besucher dann auch mehr vom Programm mitbekommen", stimmte Rebekka zu.

Doch die erhoffte Ruhe blieb aus. Stattdessen wurde es von Woche zu Woche schlimmer. Immer wieder kam es zu Situationen, die unser vorbereitetes Bühnenprogramm mit einem Mal vollkommen zum Erliegen brachten.

Nicht lange nach ihrem ersten Besuch kamen die Hooligans wieder.

Doch diesmal hatten sie ihre Strategie geändert. Sie hatten sich einzeln im Raum verteilt und unauffällig unter das Publikum gemischt. Da es an dem Abend sehr voll war und die Jugendlichen dicht gedrängt in den Räumen standen, hatte es keiner von uns bemerkt. Das änderte sich erst, als die Hooligans mitten in der JesusParty plötzlich eine Rangelei anzettelten. Sie schubsten wie wild um sich und grölten dabei laut herum. Innerhalb weniger Augenblicke eskalierte die Situation so sehr, dass einige Besucher bis vor an die Bühne gestoßen wurden und dabei einiges von der Bühnentechnik mit umrissen. Selbst mein eigener Mikrofonständer flog um.

Wir mussten das Programm abbrechen und konnten nur noch beten. Zum Glück beantwortete Gott unser Gebet ziemlich schnell, denn sobald wir damit begonnen hatten, wollten die Hooligans mit einem Mal nur noch raus. Es schien, als wären sie plötzlich von einer unsichtbaren Macht verfolgt, vor der sie fliehen müssten. Wie in Panik rannten sie zur Ausgangstür. Nachdem der letzte von der Gruppe den Raum verlassen hatte, kehrte wieder Normalität ein. Von draußen gab es noch einige donnernde Schläge gegen Tür und Fenster, aber dann zogen die Typen ab und wir konnten unser Programm fortsetzen.

Samstagabend im Jugendzentrum

Chaos vor der Tür
Die Hooligans zog es immer wieder zu uns. Sie trauten sich zwar nicht mehr während der JesusPartys rein, aber irgendwie schien der Platz vor unserem Haus der ideale Treffpunkt für sie zu sein: Hier war immer etwas los, sie konnten provozieren und hatten bei uns eine Toilette, auf die sie gehen konnten. Sie brachten ihre Bierkästen und Schnapsflaschen mit und lagerten sich dann vor unserem Gebäude, um

dort ihre Saufpartys abzuhalten. Die einzigen Berührungspunkte mit uns waren ihre Toilettengänge, bei denen sie in ganzen Gruppen an unserer Bühne vorbeizogen und laut grölten.

Es dauerte nicht lange, da zog es immer mehr solcher Typen an und vor dem Jugendzentrum entstand eine zunehmend unkontrollierbare Atmosphäre, die es nicht selten notwendig machte, dass wir die Polizei rufen mussten.

Das Schlimmste an dieser Entwicklung war, dass allmählich unsere normalen Gäste wegblieben, weil sie sich nicht mehr wohl fühlten und teilweise sogar Angst hatten, unser Jugendzentrum zu besuchen.

„Du bist doch Arzt – hast du nicht eine Medizin gegen diese Typen?", scherzte ich eines Tages mit meinem Leitungskollege Andreas, als wir nach einer JesusParty über die Situation sprachen.

„Gegen so etwas hat die Pharmaindustrie leider noch nichts erfunden", meinte er lachend.

„Schade..." seufzte ich und fügte hinzu: „Aber mal im Ernst, wir müssen etwas dagegen unternehmen!"

„Und was?", fragte Andreas.

„Mein Vorschlag wäre, alkoholisierte Jugendliche prinzipiell nicht mehr rein zulassen. Damit könnten sie nicht mehr bei uns auf die Toilette gehen und somit auch nicht mehr unser Programm stören", gab ich zurück.

„Aber das würde ja alle von diesen Leuten betreffen", meinte Andreas nachdenklich.

„Das ist wahr. Aber was hat es denn bisher gebracht, dass wir sie rein gelassen haben? Egal, ob sie in einer Veranstaltung waren oder unsere Mitarbeiter in stundenlange Gespräche verwickelt haben, am nächsten Tag konnten sie sich doch ohnehin an nichts mehr erinnern", fasste ich die Erfahrungen der letzten Jahre zusammen.

„Das stimmt leider. Das einzige Resultat war, dass sie durch ihr Grölen und ihre sinnlosen Zwischenrufe immer viele andere davon abgehalten haben, etwas von unserem Programm mitzubekommen", sagte Andreas traurig.

Nachdem wir die Sache einige Tage später noch einmal im Leitungsteam besprochen hatten, beschlossen wir unsere neue Regel: *Kein Zutritt mehr für angetrunkene Personen!*

Wir setzten eine Hausordnung auf, in der wir die neue Regel verankerten und fassten einen Termin einige Wochen später ins Auge, an dem das Ganze in Kraft treten sollte.

„Das wird nicht einfach werden. Die Jugendlichen werden die Regeln nicht einfach so hinnehmen", meinte Andreas, als wir nach der Leitungssitzung noch eine Weile zusammensaßen und redeten.

„Wir müssen die Sache gut vorbereiten", entgegnete ich, während ich mir die auf uns zukommende Situation gedanklich vorstellte.

„Und wie wollen wir das machen?", fragte Andreas.

„Zum einen im Gebet. Wir werden mit unseren Mitarbeitern jeden Tag gezielt dafür beten, dass sich die ganze Szene vor unserem Jugendzentrum komplett auflöst. Und vor allem werden wir gegen diesen Alkoholismus beten, der die Jugendlichen so kaputt macht. Ich möchte, dass die Jugendlichen begreifen, dass man auch ohne Alkohol Spaß haben kann."

„Das ist sehr gut", meinte Andreas. „Aber wir müssen auch etwas Praktisches tun. Denn es kann sein, dass sich die Jugendlichen nicht von unserer neuen Regel abschrecken lassen und sich mit Gewalt Zugang verschaffen. Am besten wäre, wenn wir eine eigene Ordnungsgruppe aufbauen, die dafür sorgt, dass unsere Hausordnung eingehalten wird."

„Das ist eine super Idee! An so etwas hatte ich auch schon gedacht", gab ich zustimmend zurück.

In der folgenden Woche trafen wir uns mit einem Freund, der selbst Inhaber einer Security-Firma war und uns in der Vergangenheit schon oft bei größeren Veranstaltungen geholfen hatte. Er gab uns wichtige Tipps für den Aufbau einer eigenen Ordnungsgruppe. Außerdem trafen wir uns zu Beratungen mit der Polizei, die uns ebenfalls unterstützte.

Einige unserer männlichen Mitarbeiter wurden in den folgenden Wochen für den Ordnungsdienst geschult. Und dann kam der Samstag, an dem die neue Regel erstmals in Kraft treten sollte.

Die neue Regel

„Was ist denn das für 'n Scheiß!? Sind die blöde?!", hörten wir eine laute Stimme von draußen rufen, während wir in den Räumen unseres Jugendzentrums mit unseren Mitarbeitern beteten.

Wie jeden Samstag verbrachten wir eine Stunde vor Öffnung des Jugendzentrums miteinander im Gebet. Doch dieses Gebetstreffen war kein normales. Jeder von uns wusste, was an diesem Abend alles passieren konnte und dass wir Gottes besonderes Wirken brauchten.

Gespannt lauschten wir den ersten Reaktionen, die wir durch die

Fensterscheiben von draußen hören konnten. Die Kommentare ließen uns erahnen, was wir befürchtet hatten. Die Jugendlichen wollten unsere neue Regel keinesfalls akzeptieren.

Und tatsächlich: Kaum hatte unsere Ordnungsgruppe ihre Posten bezogen und die Tür geöffnet, begann ein zähes Kräftemessen und Diskutieren.

„Ich will doch bloß mal aufs Scheißhaus!", schrie ein Jugendlicher unsere Türsteher an, während ein anderer drohte: „Ich schlag dir die Fresse ein, wenn du mich jetzt nicht rein lässt."

So ging es an diesem Abend Stunde um Stunde. Es gab hitzige Diskussionen, Wutausbrüche und Beschimpfungen. Die Jugendlichen zerscherbelten provokativ ihre Flaschen vor unserem Haus und begannen die Mülltonnen umzuwerfen. Immer wieder gab es Gerangel und etliche Male drohte die Situation zu eskalieren. Es brauchte absolut starke Nerven und buchstäblich die Kräfte aller Mitarbeiter, um die neue Regel durchzusetzen.

Die folgenden Wochen verliefen nicht anders. Samstag für Samstag gab es ein nervenzermürbendes Tauziehen und nicht selten mussten wir auch die Polizei rufen. Doch wir blieben hart. Denn wir wussten: Wenn wir jetzt nachgeben, dann wird es schlimmer als je zuvor. In dieser Zeit war es geradezu normal, dass sich vor dem Gebäude bedrohliche und lautstarke Szenen abspielten, während wir drin versuchten, unseren Jugendgottesdienst zu feiern. Von außen trommelten die Jugendlichen an die Fensterscheiben und während ich bei der JesusParty auf der Bühne stand, hatte ich immer das Gefühl, dass es gleich eskalieren könnte.

Die Clique ließ keine Gelegenheit aus, uns ihren Ärger mitzuteilen. Nur wenige Tage nach Inkrafttreten der neuen Regel war unsere Eingangstür mit einem großen vulgären Schriftzug beschmiert. Die Schmierereien waren aber noch das Harmloseste. Es dauerte nicht lange, da wurde nachts unser Schaukasten eingeschlagen. Es folgte die Leuchtreklame und schließlich eine Fensterscheibe.

Es war eine sehr krasse Zeit und die Stimmung wurde zunehmend feindlicher gegen uns. Die jungen Leute hatten das Gefühl, dass wir ihnen ihren Treffpunkt wegnehmen wollten. Und sie hatten sogar recht, denn genau das war unser Ziel. Sie selbst wollten wir natürlich nicht vertreiben, aber das, was sie kaputt machte. Wir wollten nicht länger einen Treffpunkt fördern, an dem immer wieder neue Jugendliche in den Sumpf von Alkohol und Drogen hineingezogen wurden.

Feiern ohne Alkohol

Wenige Wochen später sah ich einige der Jugendlichen tagsüber auf der Straße langlaufen.

‚Endlich treffe ich sie mal im nüchternen Zustand', ging es mir durch den Kopf. Abends waren sie immer betrunken und unter Alkoholeinfluss konnte man nie normal mit ihnen reden.

Ich wechselte die Straßenseite und ging auf sie zu.

„Schön euch zu sehen!", sagte ich und streckte jedem zur Begrüßung die Hand entgegen.

„Ich denke, ihr wollt nichts mehr mit uns zu tun haben?", gab einer von ihnen abweisend zurück.

„Wieso, wie kommst du denn darauf?", fragte ich verwundert.

„Naja, wir dürfen doch nicht mehr rein, steht doch sogar groß auf einem Schild an eurer Tür", meinte er beleidigt.

„Ich wusste gar nicht, dass du ‚Alkohol' heißt", lachte ich und erklärte: „Auf dem Schild geht es doch nur um den Alkohol und nicht um euch. Ihr selbst seid jederzeit herzlich willkommen. Aber eben ohne Alkohol!"

„Ohne Alk?! Da kommen wir doch gar nicht in Partystimmung", riefen die Jugendlichen wie im Chor.

„Das dachte ich früher auch", gab ich zurück und begann etwas aus meinem Leben zu erzählen.

„Krass, das hätten wir gar nicht vermutet, dass du mal so warst", meinten die jungen Leute verwundert.

„Das hab ich aber eigentlich alles schon mal erzählt, in einer Veranstaltung vor einigen Monaten, in der ihr sogar alle da wart", entgegnete ich.

„Daran kann ich mich überhaupt nicht erinnern…", sagte einer der Jugendlichen überrascht.

„Genau das meine ich ja: Das bewirkt der Alkohol! Wenn du betrunken bist, bekommst du überhaupt nichts mit und kannst dich am nächsten Tag an nichts mehr erinnern. Was hat die Party dann für einen Sinn, wenn man sie gar nicht richtig erlebt?"

Die Jugendlichen schauten betreten auf den Boden. Es schien tatsächlich so, als würden sie in diesem Augenblick das erste Mal in ihrem Leben darüber nachdenken, was der Alkohol mit ihnen machte.

Ich wartete eine Weile und dann sprach ich meine Einladung aus: „Probiert es doch einfach mal und kommt am Samstag ohne Alkohol! Dann könnt ihr unsere Veranstaltung mal richtig miterleben."

191

„Naja, ich weiß nicht...", sagte einer der Jugendlichen und schaute fragend seine Kumpel an.

„Probieren können wir´s ja mal", meinte ein großgewachsener Junge mit Basecap schließlich und fügte hinzu: „Da saufen wir eben erst nach der JesusParty."

Damit brachen alle in ein schallendes Gelächter aus und auch ich musste mit lachen. Wir verabschiedeten uns freundlich und sie versprachen, am kommenden Samstag nüchtern in unser Jugendzentrum zu kommen.

In den folgenden Tagen kreisten meine Gedanken und Gebete immer wieder um die jungen Leute.

Als der Samstag kam, stand ich vor der Eingangstür und wartete gespannt. Vor dem Gebäude lagerten sich bereits etliche Jugendliche mit ihren Bierkästen und grölten sinnlos herum.

Während meine Blicke die Straße auf- und abschweiften, sah ich sie plötzlich auftauchen: die Jugendlichen, mit denen ich gesprochen hatte. Und schon von Weitem konnte ich an ihrem Gang erkennen, dass sie tatsächlich nüchtern waren. Ich war begeistert! Auch unsere Türsteher konnten es kaum fassen. Denn nach dem obligatorischen Anhauchen stellten sie fest: Die jungen Leute hatten wirklich nichts getrunken!

Ihre anderen Kumpel, die wie immer mit Bierflaschen in der Hand vor dem Jugendzentrum standen, begannen sich wahnsinnig aufzuregen.

„Wieso dürfen die rein? Ist die Regel etwa wieder aufgehoben?"

Neugierig wurde der Eingangsbereich von den Jugendlichen umringt.

„Sie sind nüchtern und deshalb dürfen sie heute reinkommen", sagte ich und fügte hinzu: „Wenn ihr nichts getrunken hättet, könnten wir euch auch reinlassen."

Meinen Kommentar vollkommen ignorierend bauten sich die Jugendlichen vor ihren abtrünnigen Kumpeln auf und fingen an sie zu belegen: „Wieso sauft ihr denn nichts? Seid ihr blöde geworden?"

„Wir wollten einfach mal wieder mit in eine Veranstaltung rein...", gaben sie etwas verlegen zurück.

Das war den Saufkumpanen zu viel und etlichen von ihnen platzte der Kragen.

„Ihr Verräter!", begann der eine zu schimpfen, während ein anderer mit den Fäusten drohte und schrie: „Ihr Christenfreunde! Haut ab und geht beten!"

„Du bist doch schon total besoffen!", gab einer der nüchternen Jugendlichen zurück und sagte zu seinen Freunden: „Kommt, wir gehen jetzt rein, lasst die Blödmänner quatschen."

So begann sich die Clique langsam zu spalten und es dauerte nicht lange, da zerstreute sich die ganze Szene zunehmend. Nach einigen Monaten war es endlich geschafft: Der Treff hatte sich vollkommen aufgelöst. Nur noch ab und zu zogen ein paar wenige grölend an unserem Jugendzentrum vorbei und versuchten zu provozieren. Aber in unseren Veranstaltungen war endlich Ruhe eingekehrt und die ganze Atmosphäre begann sich nun mehr und mehr zu verändern.

Der Überfall
Aber die Ruhe war nur von kurzer Dauer, denn leider sollte es noch einmal viel schlimmer kommen als alles, was wir bis dahin erlebt hatten.

Es war ein ganz normaler Samstagabend und wir waren gerade mitten in unserem Bühnenprogramm. Plötzlich hörten wir vor dem Gebäude immer lauter werdende Tumulte. Als wir aus dem Fenster schauten, trauten wir unseren Augen kaum. Auf der gegenüberliegenden Straßenseite standen circa fünfundzwanzig vermummte Hooligans und ordneten sich gerade zum Angriff auf unser Jugendzentrum. Sie postierten sich in einer breiten Reihe und begannen einen lautstarken Countdown zu zählen: „Zehn, Neun, Acht, ..."

Augenblicklich wurde mir klar, dass uns ein wirklich gefährlicher Überfall bevorstand und dass es für diese Situation keinen Ausweg gab. Während die Mitarbeiter und Besucher wie gebannt aus dem Fenster starrten, ging mir plötzlich durch den Kopf: ‚Unter den Gästen befinden sich minderjährige Teenager und eine junge Frau, die schwanger ist.'

„Gott, wenn du jetzt kein Wunder tust, dann werden wir eine schreckliche Katastrophe erleben!", betete ich.

Es blieb keine Zeit mehr, um irgendwelche Sicherheitsmaßnahmen zu treffen. Vor unserem Jugendzentrum formierte sich ein gewaltbereiter Mob, der in wenigen Sekunden auf alles einschlagen würde, was sich ihm in den Weg stellt. Mit erschreckend schnellem Tempo bewegte sich der lautstark schallende Countdown auf sein Ende zu.

‚Die Tür!', durchfuhr es mich. Doch es war bereits zu spät.

„... Drei, Zwei, Eins, Null!"

Sobald die letzte Zahl erklungen war, stürmten die Hooligans über die Straße und begannen unser Gebäude mit Bierflaschen und Feuerwerkskörpern zu bewerfen.

Ich griff zum Handy und wählte den Polizeinotruf. Während überall um mich herum Jugendliche in panischer Angst schrien, versuchte ich dem Beamten der Notrufzentrale unsere Lage zu schildern.

Inzwischen wagten unsere Ordner und einige Mitarbeiter ein mutiges Manöver, indem sie versuchten, den Eingangsbereich zu sichern. Doch das ließ sich leider nicht mit einem schnellen Handgriff realisieren. Die beiden Türflügel der Eingangstür waren während der Öffnungszeit immer aufgeklappt und seitlich an der Außenwand eingehängt. Um sie von Innen verschließen zu können, mussten draußen vor der Tür die beiden Haken gelöst werden. Es war eine riskante Aktion, für die einige unserer Mitarbeiter einen hohen Preis bezahlten: Denn während sie versuchten, die Haken der Eingangstür zu lösen, fiel der tobende Mob der Hooligans brutal über sie her. Ein Mitarbeiter wurde mit einer Bierflasche am Kopf verletzt und musste später im Krankenhaus behandelt werden, ein anderer erlitt Schnittverletzungen und mehrere Mitarbeiter wurden durch Schläge und Fußtritte traktiert.

Doch wie durch ein Wunder gelang es den Mitarbeitern nach einiger Zeit schließlich, die Eingangstür zu verriegeln, bevor die Hooligans in das Objekt eindringen konnten.

Es war wie eine Erlösung. Vorläufig jedenfalls. Denn ab diesem Augenblick begann ein furchtbarer Psychoterror. Die Hooligans fingen an, mit allen Kräften auf die Eingangstür des Jugendzentrums einzuschlagen. Zusätzlich begannen einige von ihnen, meine Hauseingangstür auf der anderen Seite des Gebäudes mit Fußtritten zu bearbeiten. In den Innenräumen herrschte die totale Panik unter den Gästen. Unsere Teenager und Jugendlichen schrien vor Angst und einige weinten verzweifelt, während die Mitarbeiter versuchten sie zu beruhigen. Während der ganzen Zeit telefonierte ich immer wieder mit der Polizei, die mir mitteilte, dass man für solch eine große Aktion erst einmal genügend Sondereinsatzkräfte zusammenziehen müsse und ihr Eintreffen deshalb noch einige Zeit dauern könnte.

Das Warten war entsetzlich und kam uns vor wie eine Ewigkeit. Um uns herum herrschte ein ohrenbetäubender Lärm. Innen das Schreien der Jugendlichen und von außen die donnernden Schläge gegen unsere beiden Türen, Geräusche zerscherbelnder Bierflaschen, das Hupen entsetzter Autofahrer auf der Straße und immer wieder die grölenden Schlachtrufe der Hooligans.

„Irgendwann wird eine der Türen nicht mehr standhalten", sagte ich zu Andreas, der mit einer Beule am Kopf neben mir stand. Auch er hatte beim Sichern des Eingangsbereichs einige Schläge abbekommen.

„Wenn die Polizei bis dahin nicht da ist, dann werden sie hier alles kurz und klein schlagen. Wir müssen unbedingt beten, dass die Einsatzkräfte noch rechtzeitig ankommen", meinte er.

Ich rief noch einige andere Mitarbeiter dazu und dann begannen wir dafür zu beten, dass Gott ein Wunder tut und die Türen bis zum Eintreffen der Polizei standhalten.

Wenige Minuten später hörten wir einen ganz lauten Knall im Treppenhaus. Die Hooligans hatten es geschafft, das doppelwandige Sicherheitsglas meiner Hauseingangstür zu durchschlagen. Damit war der Weg für ihr Eindringen frei. Uns stockte der Atem.

Doch genau in diesem Augenblick trafen die Spezialkräfte der Polizei ein. Buchstäblich in letzter Sekunde wurden wir vor der drohenden Katastrophe bewahrt. Ich atmete tief durch und konnte nur noch eins sagen: „Danke, Gott!"

Es war wirklich eine ganz große Bewahrung! Denn im Nachhinein stellte sich heraus, dass manche der Hooligans mehrere Promille im Blut hatten. Da war er wieder: unser großer Feind, der Alkohol. In diesem Zustand wären diese Jugendlichen wohl zu allem fähig gewesen. Wenn sie es geschafft hätten, in unser Gebäude einzudringen, wären aller Wahrscheinlichkeit nach furchtbare Dinge passiert.

Es wurde noch eine lange Nacht mit aufräumen und Scherben zusammensammeln, vielen Protokollaufnahmen der Polizei und dem notdürftigen Reparieren unserer Hauseingangstür. Am nächsten Tag gab es Artikel in jeder Zeitung der Region. Ein befreundeter Politiker erzählte mir, dass der Überfall unseres Jugendzentrums sogar im sächsischen Landtag thematisiert wurde.

Aus dem Schrecken wird ein Segen

So furchtbar diese Nacht auch war und so wenig ich so etwas noch einmal miterleben wollte, so erwuchs daraus letztlich ein ganz großer Segen. In vielen Kirchgemeinden wurde für uns gebetet und die Welle von Sympathie und Unterstützung, die wir von Anwohnern, Medien und Kirchenvertretern erfuhren, war wirklich überwältigend. Die größte Tageszeitung der Region interviewte mich mehrmals und ich konnte dabei ausführlich von Gottes Liebe erzählen sowie davon, dass wir den Angreifern vergeben haben und sie zu einem Gespräch einladen wollen.

Und tatsächlich kam es einige Zeit später zu einem solchen Treffen. Überwältigt von unserer Liebe und Annahme entschuldigten sich die

Täter bei uns und einige boten an, den Schaden wieder gutmachen zu wollen, indem sie uns bei Bauarbeiten in unserem zukünftigen Jugendzentrum, dem ehemaligen Kino, mithelfen.

So kam es schließlich, dass zwei der Hooligans unter anderem auch den Gebetsraum unseres neuen Jugendzentrums mit mir zusammen malerten. Jedes Mal, wenn ich später in diesem Gebetsraum saß, musste ich wieder daran zurückdenken, wie ich dort gemeinsam mit diesen Jugendlichen die Malerbürste geschwungen habe und ihnen dabei von Gottes Liebe erzählte. Und immer, wenn ich mich daran erinnerte, ging mir durch den Kopf: ‚Wie groß ist doch unser Gott. Er kann wirklich aus jedem Minus ein Plus machen!'

So zahlte sich unsere Aktion ‚Alkoholverbot' letztlich total aus. Denn seit diesem letzten Überfall kam es nie wieder zu solchen Problemen. Unser Jugendzentrum wurde unter den jungen Leuten der Stadt regelrecht als *das alkoholfreie Jugendzentrum* bekannt. Noch ein paar Mal kam es vor, dass Jugendliche an unserem Gebäude vorbeiliefen und grölten: „Scheiß Laden hier – da gibt's keinen Alk!" Aber das war alles.

Dafür erlebten wir nun etwas ganz Neues und das war einfach wunderbar: Immer öfter gab es Jugendliche, die samstagabends im Normalfall eigentlich Alkohol konsumiert hätten, aber nun auf das Trinken verzichteten, weil sie gern in unsere Veranstaltungen wollten.

Merkwürdige Rufe

Durch die Tatsache, dass Kessi und ich direkt über den Räumen des Jugendzentrums wohnten, erlebten wir viele Situationen noch einmal auf einer viel persönlicheren Ebene. Manchmal war es gar nicht so einfach, zu Hause wirklich zur Ruhe zu kommen. Umso mehr sehnten wir uns ab und zu nach ein paar erholsamen Stunden, in denen wir abschalten und einfach mal privat sein konnten.

So war es auch, als wir einmal kurz vor Weihnachten am 23. Dezember einen freien Abend hatten. An diesem Tag war unser Jugendzentrum geschlossen und ich saß mit Kessi gemütlich zu Hause im Wohnzimmer. Plötzlich wurde es unten auf der Straße laut. Wir hörten einige Jugendliche rumschreien. Sie standen direkt vor unserem Haus und riefen immer wieder: „Jesus! Wo bist du?" Dann brachen sie in ein schallendes Gelächter aus und grölten laut rum.

Kessi und ich schauten uns an.

‚Und das in der Weihnachtszeit!', dachte ich. ‚Wenigstens heute möchte ich einfach mal Ruhe haben!', stöhnte ich innerlich. ‚Einen Tag später, am 24. Dezember, würden wir das Jugendzentrum ja geöffnet haben, da sollen sie von mir aus kommen. Aber heute...'

Doch Kessi sagte in ihrer typisch trockenen Art: „Komm, Tilo, lass uns mal runter gehen!"

Das war ein Vorschlag, den ich in diesem Augenblick eigentlich gar nicht hören wollte. Aber was half es, ich spürte ja, dass sie recht hatte. Also packte ich schnell einige CDs unserer Band als Weihnachtsgeschenke ein und dann gingen wir runter.

Kaum waren wir aus der Tür gekommen, verstummten die Jugendlichen wie vom Blitz getroffen und ein großer Kerl kam stammelnd auf mich zu und fragte: „Bist du Jesus? Den hab ich mir ja ganz anders vorgestellt..."

„Ich...? Wieso?", gab ich verdutzt zurück. Ich verstand nicht recht, was er meinte. Zudem war ich ziemlich verwundert, dass das laute Grölen bei meinem Erscheinen so plötzlich aufgehört hatte und mich alle ganz erstaunt anschauten – so als wäre ich der Weihnachtsmann.

„Ist irgendwas...?", fragte ich in die Runde, weil mir die Sache langsam zu komisch wurde.

„Naja, das ist so...", begann einer der Jugendlichen stotternd. „Als wir vorhin hier vorbeikamen, da habe ich zu den anderen gesagt: Ich werde jetzt vor diesem Christen-Treff mal nach Jesus rufen und dann werdet ihr ja sehen, dass da keiner kommt."

Aha, so war das... Zum völligen Erstaunen dieses jungen Mannes war auf sein Rufen hin doch jemand gekommen, zwar nicht Jesus, aber dafür ich (in dem Jesus ja schließlich auch lebte). Damit hatte er nicht gerechnet. So erklärte ich den Jugendlichen, dass ich zwar nicht Jesus wäre, aber ihn persönlich kennen würde. Und dann sagte ich zu ihnen: „Zum Geburtstag von Jesus gibt es für euch alle Weihnachtsgeschenke."

Daraufhin öffnete Kessi unsere Tüte und jeder bekam eine CD geschenkt. Nun war das Eis endgültig gebrochen und es begannen viele gute Gespräche. Schließlich konnten wir die Jugendlichen noch für unsere Weihnachtsveranstaltung einladen.

Spät am Abend saß ich voller Freude zusammen mit Kessi in unserem Wohnzimmer. Was hätte ich wieder einmal verpasst, wenn wir nicht runtergegangen wären. Wie gut war es doch, eine Frau zu haben, die mitdachte! Überhaupt empfand ich es als großen Segen, dass sich Kessi mittlerweile immer intensiver mit in der Jugendarbeit engagierte. Gott ließ uns mit der Zeit zu einem wunderbaren Team zusammenwachsen, in dem wir uns in unserer Unterschiedlichkeit perfekt ergänzten.

Kapitel 18

Eine weichenstellende Entscheidung

Der Rückfall

Es war bereits nach Mitternacht, als mein Telefon klingelte und mich aus meinen Träumen riss. Schlaftrunken nahm ich den Hörer in die Hand, während in mir die leise Vorahnung aufstieg, dass mich wahrscheinlich nichts Gutes erwarten würde. Meistens gab es nur schlechte Nachrichten, wenn mich mitten in der Nacht ein Anruf erreichte. Und ich sollte Recht behalten. Am anderen Ende der Leitung war einer unserer Mitarbeiter.

„René ist wieder rückfällig geworden", sagte mein Kollege aufgeregt und verkündete mir gleich noch die nächste Hiobsbotschaft: „Er hat außerdem irgendeinen Mist gebaut und sitzt in U-Haft."

„Oh nein!", stöhnte ich und wünschte dem Mitarbeiter noch eine gute Nacht. Ich selbst konnte nach dieser Nachricht jedenfalls nicht mehr schlafen. Ich ließ mich frustriert im Wohnzimmer auf mein Sofa fallen und vergrub meinen Kopf in den Händen.

‚René ist rückfällig geworden!', raste es durch meine Gedanken. Das durfte doch nicht wahr sein! Hätte ich mich nur besser um ihn gekümmert!

René war ein junger Mann mit massiven Alkoholproblemen. Vor einigen Monaten hatte ihn ein Mitarbeiter mit in unser Jugendzentrum gebracht. Während einer Veranstaltung war er tief von Gott berührt worden und hatte erstaunt festgestellt, dass er plötzlich gar kein Verlangen mehr nach Alkohol verspürte. Es war wie ein Wunder: Seit diesem Tag hatte er keinen Tropfen Alkohol mehr getrunken. Stattdessen hatte er regelmäßig unsere Veranstaltungen besucht und begonnen sich spürbar positiv zu verändern. Doch vor zwei Wochen war er wieder mit seinem alten Freundeskreis in Kontakt gekommen. Seitdem war er wie vom Erdboden verschwunden und ging nicht mal mehr an sein Handy.

Und nun musste ich diese traurige Nachricht hören: Er war nicht nur rückfällig geworden, sondern sogar kriminell.

Ich war am Boden zerstört. Wie oft war es in den letzten Jahren schon so gelaufen: Wir hatten uns um jemanden gekümmert, ihm geholfen, für ihn gebetet und er hatte ein neues Leben begonnen. Doch nach einer Weile war er wieder zurückgefallen und in seinen alten Gewohnheiten versackt.

„Gott!", betete ich verzweifelt. „Was machen wir nur falsch?"

Ich konnte einfach nicht mehr und klagte Gott so richtig mein Leid. All die Zeit und Mühe, die ich Tag für Tag für die jungen Leute aufgeopfert hatte – hatte es überhaupt irgendetwas gebracht? Mit einem Mal kam der ganze Frust über die Enttäuschungen und Fehlschläge der letzten Jahre aus mir heraus und meine Tränen flossen wie ein Wasserstrom nach einem Dammbruch.

Eine wichtige Erkenntnis
Nachdem ich mich wieder gefangen hatte, begann ich über die frustrierenden Erfahrungen nachzudenken.

Grübelnd saß ich in meinem Wohnzimmer und ließ die Entwicklung unserer Jugendarbeit noch einmal vor meinem inneren Auge vorbeiziehen. Sicher, es war nicht mehr ganz so schlimm wie in den ersten Jahren, wo es gar keine Veränderung bei den Jugendlichen gegeben hatte. Seit wir damals die Sache mit dem Gebet entdeckt hatten und regelmäßig vor und während unserer Jugendveranstaltungen beteten, erlebten wir viele Wunder: Jugendliche wurden von Gott berührt, von Süchten befreit und begannen ein Leben mit Gott.

Doch wieso fielen die jungen Leute nach einem verheißungsvollen Start oft wieder in ihre alten Gewohnheiten zurück?

Irgendetwas Entscheidendes fehlte noch.

Nachdenklich ging ich zu meinem großen Bücherregal. Während ich verschiedene Bücher über Jugendarbeit herauszog, bekam ich plötzlich einen inneren Impuls: ‚Suche die Antwort in der Bibel!'

‚Über Jugendarbeit steht doch nichts in der Bibel...', dachte ich und nahm das dicke Buch in die Hand.

Gedankenversunken ließ ich mich auf meine Couch fallen und schlug die Bibel auf. Nachdem ich eine Weile darin geblättert und hier und da etwas gelesen hatte, fiel mein Blick auf die Geschichte, in der Jesus seine zwölf Jünger beruft. Natürlich kannte ich die Geschichte. Doch mit einem Mal hatte ich das Empfinden, dass Gott mir etwas ganz Spezielles dadurch sagen wollte.

So begann ich zu lesen. Und während meine Augen über die Zeilen wanderten, ging mir etwas auf, was ich bis dahin noch nie so verstanden hatte: Jesus kümmerte sich nicht um alle, sondern er investierte ganz gezielt in bestimmte junge Menschen.

Und plötzlich fiel es mir wie Schuppen von den Augen: Obwohl Jesus letztlich alle Völker der Erde mit der Botschaft von Gottes Liebe erreichen wollte, investierte er erst einmal nur in zwölf junge Menschen. Das schien auf den ersten Blick eigentlich vollkommen unlogisch. Aber Jesus investierte in sie mit der Perspektive der Multiplikation. Bereits nach drei Jahren machten diese einfachen und ungebildeten jungen Leute das gleiche, was Jesus zuvor gemacht hatte. Auch sie investierten sich wieder in andere. Und im Laufe der Zeit erreichte Gottes Botschaft dadurch schließlich die ganze Welt.

Das war es! Vor meinem inneren Auge tat sich ein ganz neuer Horizont auf. Ich entdeckte das Prinzip einer Kettenreaktion, die sich zu einer Bewegung entwickeln konnte.

Direkt nach dem Rückfall von René und nach meinem nächtlichen Erlebnis berichtete ich im Leitungsteam von meinen neuen Erkenntnissen.

„Leute!", sagte ich voller Begeisterung. „Ihr werdet nicht glauben, was für eine wichtige Erkenntnis ich heute Nacht beim Bibellesen bekommen habe!"

„Na, da sind wir ja mal gespannt!", gaben meine Freunde zurück und beugten sich erwartungsvoll nach vorn.

„Stellt euch vor, Jesus förderte ganz gezielt zwölf bestimmte junge Menschen", packte ich die Neuheit aus.

„Ja... und?", gab Andreas nach einer Weile mit fragendem Blick zurück.

Auch die anderen schauten mich ganz komisch an, so als würde irgendetwas mit mir nicht ganz stimmen.

„Jesus investierte drei Jahre lang Tag für Tag seine Zeit in diese kleine Gruppe", versuchte ich es noch einmal.

„Äh... und was ist da jetzt das Neue daran...? Das klingt ja so, als hättest du das erste Mal gelesen, dass Jesus zwölf Jünger hatte", meinte Tanja und kratzte sich verwundert am Kopf.

„Das ist es ja!", sagte ich eindringlich. „Wir haben das alle schon hunderte Male gelesen, aber nicht verstanden. Auch wir sollen über Jahre hin ganz gezielt in einige ausgewählte junge Leute investieren. Dann wird das gleiche geschehen, was nach den drei Jahren mit den Jüngern von Jesus passierte."

In den Gesichtern meiner Freunde entdeckte ich eine Veränderung. Inzwischen war ihnen ein Licht aufgegangen.

„Warum ist René denn wieder in seine alte Clique reingerutscht?", fragte ich und gab die Antwort gleich hinterher: „Weil sich keiner von uns ganz bewusst um ihn gekümmert hat."

Ich schaute meine Freunde an. Und dann packte ich meine Vision aus: „Stellt euch vor, jeder von uns würde sich eine Zeit lang gezielt in eine Gruppe junger Leute investieren, so wie Jesus es machte. Dann hätten wir in ein paar Jahren vielleicht zwanzig oder dreißig fähige Mitarbeiter und Leiter, die sich dann auch wieder für andere junge Leute einsetzen würden."

„Das ist es!", meinte Andreas und fügte begeistert hinzu: „Durch so eine Multiplikation würden langfristig ganz neue Möglichkeiten entstehen und wir könnten dadurch wirklich vielen jungen Menschen helfen."

Auch die anderen waren sichtbar von dieser Perspektive bewegt. Wir schauten uns an und jeder spürte, dass in diesem Augenblick eine faszinierende Idee unter uns geboren wurde.

Nur wenige Tage später nahm ich mir eine besondere Zeit zum Gebet und versuchte auf Gott zu hören und herauszufinden, in welche jungen Leute ich mich konkret investieren sollte. Das Ergebnis war eine einzige Überraschung. Denn die jungen Leute, die Gott mir zeigte, waren überhaupt nicht diejenigen, auf die meine eigene Wahl gefallen wäre. Zudem waren etliche von ihnen noch sehr jung und manche steckten in tiefen Problemen oder waren voller Rebellion.

Und doch spürte ich deutlich den Auftrag Gottes, mich genau um diese jungen Leute zu kümmern.

Ein ermutigender Rückblick

„Du bist ja heute wieder mal völlig in Gedanken versunken", meinte Kessi zu mir, als wir am nächsten Abend zusammen am Küchentisch saßen.

„Denkst du, dass etwas Sinnvolles herauskommt, wenn ich ganz gezielt bestimmte Teenager fördere?", fragte ich Kessi, während ich grübelnd an meinem Sandwich kaute.

„Wieso nicht? Du hast es doch schon einmal erlebt – bei unserer Sängerin Rebekka. Denk mal zurück, wie es damals bei ihr angefangen hat."

„Stimmt...", sagte ich und legte das Sandwich aus der Hand. „Am Anfang war sie eigentlich so ein typisches Teenie-Mädel, wo sich alles nur um Schönheit und Disko drehte", begann ich mich zu erinnern.

„Ja, aber als wir begonnen haben, in sie zu investieren und ihre Gaben und Talente zu fördern, hat sich ihr Horizont verändert", sagte Kessi und fügte hinzu: „Und das war sicher auch der Grund, warum sie schließlich selbst so ein großes Interesse an der Jugendarbeit bekommen hat."

Meine Erinnerungen schweiften zurück und in meinen Gedanken versuchte ich die Entwicklung der letzten Jahre wachzurufen.

„Vergiss nicht zu essen, dein Sandwich wird kalt", meinte Kessi und zeigte auf meinen Teller.

„Ich musste grad daran denken, wie Rebekka eines Tages ganz aufgeregt zu mir kam und sagte: Ich möchte mein Leben auch für junge Menschen einsetzen. Deshalb habe ich mich entschieden, Sozialpädagogik zu studieren."

„Und jetzt ist sie schon verheiratet und inzwischen bald mit dem Studium fertig...", meinte Kessi nachdenklich.

„Es ist doch eigentlich ein Wunder, dass sie in den ganzen Jahren ihres Studiums jedes Wochenende die 150 Kilometer von Görlitz nach Chemnitz gefahren ist, um samstags weiter mit in unserem Jugendzentrum zu arbeiten", sagte ich kopfschüttelnd.

„Und das liegt genau daran, weil sie hier diese jahrelange Förderung erfahren hat", ermutigte mich Kessi.

„Du hast Recht. Es wird sich auch bei den jetzigen jungen Leuten wieder lohnen. Ich werde sie fördern und in sie investieren, egal wie lange es dauert und egal wie schwierig es wird", sagte ich entschlossen und biss in das letzte Stück meines inzwischen kaltgewordenen Sandwiches.

Meine Teenie-Freunde

Zum Glück ahnte ich nicht, dass es mit Rebekka vergleichsweise einfach war und dass ihre Entwicklung eher einer Bilderbuchgeschichte glich.

Die meisten der Teenager, um die ich mich jetzt kümmern sollte, waren von einem ganz anderen Schlag: Sie rauchten, feierten wilde Partys und tranken an den Wochenenden viel Alkohol. Es waren Jungs und Mädchen im Alter zwischen dreizehn und achtzehn Jahren und eigentlich gab es kaum etwas, was uns miteinander verband, weder das Alter noch der Musikgeschmack noch ihre Lieblingsfilme und erst recht nicht die inneren Werte und Lebenseinstellungen. Zudem interessierten sich manche von ihnen für den Glauben genau so wenig wie ich in diesem Alter.

Das Einzige, was ich hatte, war Gottes Auftrag, mich in diese Teenager zu investieren. Zum Glück gab es die Möglichkeit, immer wieder für sie zu beten. Und je öfter ich für die jungen Leute betete, umso mehr schenkte Gott mir für jeden Einzelnen von ihnen eine besondere Liebe ins Herz.

Das größte Problem aber war, überhaupt erst einmal einen Draht zu den Teenies aufzubauen. Ich probierte alle möglichen Dinge aus. Ein Ergebnis davon war, dass ich Stammkunde bei McDonald's wurde. Es verging kaum eine Woche, in der wir uns nicht dort trafen. Zusätzlich organisierte ich Ausflüge, Lagerfeuerabende, Kinobesuche und viele andere Unternehmungen. Außerdem half ich bei schulischen Problemen und Hausaufgaben. Und immer wieder lud ich die Teenies zu mir nach Hause ein. Es dauerte nicht lange, da fühlte es sich in unserer Wohnung an wie in einem Teenager-Camp.

Wie es für mich damals typisch war, nahm ich mir dabei manchmal auch zu viel vor und teilweise passierte es, dass ich neben all meinen anderen Aufgaben gar nicht mehr alles unter einen Hut bekam.

„Tilo, kommen heute Abend nicht die Teenies zu uns?", fragte Kessi eines Tages am Frühstückstisch.

„Oh, du Schreck! Das hab ich ja ganz vergessen! Ist das wirklich schon heute?", gab ich bestürzt zurück und verschluckte mich fast an meinem Brötchen.

„Na, zum Glück hab' ich dran gedacht und schon alles eingekauft", sagte Kessi lachend und zwinkerte mir verständnisvoll zu.

Am Abend desselben Tages drängten sich knapp zehn Teenager in unserer Küche. Jeder hatte eine Aufgabe: Äpfel kleinschneiden,

Kompott machen, Zwiebeln braten, Tisch decken und so weiter. Die Teenies waren total aufgedreht und die Lautstärke im Zimmer schien sich im Minutentakt zu steigern. Solange jeder beschäftigt war, ließ sich das Ganze noch relativ gut im Griff haben, doch sobald die ersten mit ihrer Aufgabe fertig waren, begannen sie mit den Äpfeln zu jonglieren, untereinander ein Fangspiel mit Obst zu veranstalten oder sonstigen Blödsinn zu machen. Unsere Küche musste an solchen Abenden manchmal einiges aushalten.

Die Teenies hatten immer einen riesigen Spaß beim Kochen und genossen es, dass wir das Essen gemeinsam zubereiteten. Nach getaner Arbeit saßen wir dann zusammen an unserem großen Küchentisch und schlemmten ausgiebig. Danach kam die überaus spannende Frage, wer für den Abwasch verantwortlich war. Auf diesem Gebiet hatte die Motivation meist einen Tiefpunkt und etliche Male musste sich schließlich Kessi über die Geschirrberge erbarmen.

Nach dem Essen schauten wir in der Regel einen Film in unserem Wohnzimmer an. Ich legte mir im Laufe der Zeit eine ganze Sammlung DVDs zu, die Teenies gern anschauten und durch die sich nach Möglichkeit auch eine gute Botschaft vermitteln ließ. Nach dem Film übernachteten manchmal noch einige der jungen Leute bei uns.

Ein langer Weg
Während die Teenies zu den von mir angebotenen Freizeitaktivitäten meist begeistert kamen, waren sie an Glaubensthemen anfangs nur wenig interessiert.

Bei unseren Jugendveranstaltungen, zu denen ich sie regelmäßig einlud, wartete ich oft vergeblich. Nicht selten kam die Abmeldung in Form einer SMS, die meist denselben äußerst kreativen Inhalt hatte: „Kann heute nicht zum Jugendgottesdienst kommen. Hab noch ganz viel für die Schule zu tun. Muss zu Hause bleiben und lernen."

Später stellte sich dann nicht selten heraus, dass die SMS nicht von zu Hause aus gesendet wurde, sondern aus der Disko und dass mit „lernen" das Kennenlernen des anderen Geschlechts gemeint war.

So musste ich etliche frustrierende Erfahrungen machen und oft war mein einziger Trost die Erinnerung an meine eigene Jugendzeit.

Aber es gab auch viele schöne Erlebnisse. Wir feierten gemeinsam Geburtstage, fuhren zusammen in den Urlaub und lernten uns immer besser kennen und verstehen. Mit der Zeit entwickelten sich nicht nur vertraute Beziehungen zwischen ihnen und mir, sondern es entstanden auch tiefe Freundschaften zwischen den jungen Leuten selbst.

Im Laufe der Jahre durchlebten die Teenies verschiedene Phasen: Sie realisierten, dass Partywelt und Diskobesuche auch nicht glücklich machten, hatten Enttäuschungen mit falschen Freunden und machten hier und da erste Erfahrungen mit Gott. Und immer öfter ergaben sich nun auch Gespräche über den Glauben, bei denen sie zunehmendes Interesse zeigten.

„Sag mal, wie oft muss man eigentlich als Christ in der Bibel lesen? Einmal am Tag oder reicht einmal in der Woche?", wollte einer der Teenies wissen, als wir nach einem Filmabend noch alle zusammen in meinem Wohnzimmer saßen und Eis schleckten.

„Wie oft man muss? Man muss eigentlich gar nicht. Ich lese die Bibel, weil ich es so spannend finde", antwortete ich auf die sonderbare Frage.

„Weil es spannend ist?", meinten die Teenies wie im Chor. „Wir dachten immer, Bibellesen ist so eine Art Hausaufgabe für Christen."

„Wer sagt denn das?", fragte ich und amüsierte mich herzlich über ihre lustigen Vorstellungen. „Meint ihr, der liebe Gott ist wie ein Lehrer, der Punkte für jede Stunde Bibellesen verteilt?"

„Naja... keine Ahnung. Ich lese jedenfalls nur, wenn es eine Hausaufgabe von der Schule ist", meinte einer von ihnen.

„Ja, das war bei mir früher auch so", sagte ich und fügte hinzu: „Aber jetzt lese ich sehr gern. Und in der Bibel lese ich am liebsten und zwar deshalb, weil ich dabei mehr über Gott erfahre."

„Aber kann man denn durchs Lesen jemanden kennen lernen, dem man noch nie begegnet ist?", wollten die jungen Leute wissen.

„Ja. Es ist ungefähr so, wie wenn ich in alten Briefen meines Großvaters lese", gab ich zurück.

„Dein Opa war wohl auch so ein Heiliger?", stichelte einer der Jungs.

„Nein, eher nicht", gab ich kopfschüttelnd zurück. „Es ist nur ein Vergleich: Wisst ihr, ich habe eigentlich nie irgendetwas Persönliches von meinem Großvater erfahren. Im Grunde genommen kannte ich ihn fast gar nicht."

„Und das hat sich durch das Lesen von alten Briefen verändert?", fragte einer der Teenies skeptisch.

„Ja. Mein Opa war jahrelang in der Kriegsgefangenschaft und hat während dieser Zeit viele Briefe an meine Oma geschrieben. Nachdem meine Großeltern gestorben waren und ich die Briefe erbte, fing ich an, darin zu lesen. Wenn man solche Briefe oft genug liest, dann lernt man den Schreiber immer besser kennen: seine Erlebnisse, seine Einstellungen und irgendwann spürt man sein Herz."

„Wie poetisch... Und was hat das mit Gott zu tun?", warf eines der Mädchen ein.

„Weil es mit den Berichten aus der Bibel auch so ist. Wenn man sie mit dem richtigen Herzen liest, dann beginnt man mit der Zeit immer mehr, Gott kennen zu lernen und ihn zu verstehen."

„Das ist ja echt interessant...", meinten die Teenies und fragten: „Und das Gebet? Wofür ist das gut?"

„Wenn man mit Gott eine persönliche Beziehung haben will, dann sollte man natürlich auch regelmäßig mit ihm sprechen", sagte ich und fügte hinzu: „Es ist wie bei der Beziehung zu meiner Frau. Stellt euch mal vor, wie meine Ehe leiden würde, wenn ich nicht regelmäßig mit Kessi reden würde."

Mit der Zeit kam es immer öfter zu solchen Gesprächen. Meist ergaben sie sich ganz spontan, während wir zusammen Zeit verbrachten und etwas unternahmen.

Die jungen Leute hatten viele Fragen. Aber am meisten beobachteten sie einfach, wie ich mein Leben führte. Und das, was sie sahen, hörten und erlebten, begann sie immer mehr zu beschäftigen.

Es dauerte nicht lange, da gingen die ersten der Teenies Samstagabends nicht mehr in die Disko, sondern kamen regelmäßig zu den Veranstaltungen in unser Jugendzentrum.

„Wie kommt's denn zu diesem Sinneswandel?", wollte ich von einem Mädchen wissen, das bisher immer regelrecht versessen auf Diskobesuche gewesen war.

„Naja, in der Disko ist auch immer nur dasselbe. Das ist irgendwie langweilig. Und außerdem habe ich mich entschieden, jetzt auch mit Gott zu leben", meinte sie.

Ich traute meinen Ohren kaum.

Doch sie blieb nicht die Einzige. Einer nach dem anderen aus der Gruppe öffnete sich für Gott und mit der Zeit wurden die Veränderungen immer erstaunlicher.

Ein Jahr ohne Alkohol

„Tilo, wir haben uns überlegt, mal ein Jahr lang keinen Alkohol zu trinken. Wir wollen mal probieren, wie das ist. Was hältst du davon?", verkündeten zwei der Teenies plötzlich an einem gemeinsamen Silvesterabend.

„Äh, was ich davon halte...?", stammelte ich und konnte die unglaubliche Nachricht kaum fassen. Nachdem es die beiden in den letzten Jahren immer fast magisch zu feuchtfröhlichen Partys hingezogen hatte, wollten sie nun ein Jahr lang auf Alkohol verzichten.

„Also, wenn ihr das durchhaltet, dann mache ich bei dem alkoholfreien Jahr als moralische Unterstützung mit!", sagte ich spontan.

„Das ist cool!", riefen sie und hielten mir zum Einschlagen die Hand hin.

So begann das neue Jahr und nach meiner anfänglichen Skepsis stellte ich mit Erstaunen fest, dass sie es tatsächlich ernst meinten. Und das Tolle war, dass sie die gewonnene Zeit nun anders nutzen wollten. Statt Party- und Diskobesuchen fingen sie an, in unserem Jugendzentrum mitzuarbeiten.

Ich war begeistert! Aber auch bei anderen Teenies begannen unglaubliche Veränderungen. Es war, als hätte jemand einen Schalter umgelegt. Immer mehr von unseren jungen Leuten hörten plötzlich auf zu rauchen und Alkohol zu trinken.

Es war ein faszinierendes Jahr, in dem ich manchmal einfach nur staunend dastand und kaum glauben konnte, was sich da vor meinen Augen abspielte.

Doch je näher der nächste Silvesterabend kam, umso unruhiger wurde ich. Ich fragte mich, wie das Ganze wohl weitergehen würde, wenn das alkoholfreie Jahr zu Ende war. Aber zu meiner großen Überraschung verkündeten die jungen Leute am Silvesterabend: „Es war eigentlich so cool ohne Alkohol, wir hängen noch ein Jahr ran!" Prüfend schauten sie zu mir und warteten auf meine Reaktion. „Okay, ich werde wieder mitmachen", gab ich entwaffnet zurück.

Damals konnte ich ja noch nicht ahnen, wie viele solcher alkoholfreien Jahre zukünftig noch auf mich warten würden...

Was ist mit meiner Tochter los?

Es dauerte nicht lange, da fielen die Veränderungen auch den Eltern der jungen Leute auf und ich bekam den ersten verwunderten Anruf.

„Sind Sie es, Herr Reichold?", begrüßte mich die Mutter eines sechzehnjährigen Mädchens aus unserer Jugendgruppe.

„Ja... ich bin dran", gab ich etwas verhalten zurück. Instinktiv spulte ich in Gedanken die Ereignisse der letzten Tage zurück. Denn die Anrufe der Frau hatten in der Vergangenheit meistens keinen erfreulichen Grund. Oft kam die vorwurfsvolle Frage, warum ihr Kind gestern erst so spät in der Nacht aus unserem Jugendzentrum heim gekommen wäre. Ich musste der besorgten Mutter dann be-hutsam beibringen, dass ihre Tochter gar nicht bei uns aufgetaucht war, sondern den Abend vermutlich wieder einmal in irgendeiner Disko verbracht hatte.

Doch diesmal schien der Grund des Anrufs ein anderer zu sein, denn die Mutter fragte mich: „Sagen Sie mal, was ist denn mit meinem Kind passiert?"

„Passiert? Wieso?", wunderte ich mich.

„Naja, irgendwie ist eine große Veränderung eingezogen…", meinte die Mutter mit nachdenklicher Stimme.

„Was meinen Sie damit?", wollte ich wissen.

„Also, meine Tochter ist wie ausgewechselt. Sie hilft plötzlich freiwillig im Haushalt mit, ist freundlich zu mir und neuerdings lernt sie sogar eifrig für die Schule", erklärte mir die Frau.

„Ach so…", atmete ich erleichtert auf.

„Auf jeden Fall möchte ich mich bei Ihnen bedanken. Wie auch immer Sie das geschafft haben und was auch immer diese Veränderung bewirkt hat, bitte, machen Sie damit weiter. Sie haben meine volle Unterstützung dafür", meinte die Mutter abschließend.

„Vielen Dank!", antwortete ich etwas verlegen.

Solche Worte hatte ich bisher noch nie aus dem Mund dieser Frau gehört und ich konnte die unerwartete Lobesrede kaum fassen.

Die Veränderungen gehen weiter

Was sich in dieser Phase bei unseren jungen Leuten veränderte, war wirklich wundersam. Es war, als hätte es sich unsichtbar von einem auf den anderen übertragen. Und immer mehr Jugendliche von NEW GENERATION wurden davon angesteckt.

Themen wie Rauchen und Alkohol verloren vollkommen an Bedeutung. Es war teilweise fast unglaublich, das Ganze zu beobachten. Zum Beispiel auf den Geburtstagsfeiern. Waren die alkoholischen Getränke früher immer aufgereiht, als müsste es für Jahre reichen, so hatte man nun das Empfinden, auf einer Party von Antialkoholikern gelandet zu sein. Es war einfach Gottes wunderbares Handeln.

Auch die schulischen und beruflichen Perspektiven unserer jungen Leute veränderten sich grundlegend. Hatten sie sich bisher in der Schule oft hängen lassen, trafen sie sich nun nachmittags, um gemeinsam zu lernen. Die Auswirkungen waren enorm. Buchstäblich jeder von ihnen machte schließlich das Abitur und etliche begannen danach zu studieren.

Vor allem faszinierte mich, wie sich das Freizeitverhalten unserer Jugendlichen verändert hatte. Während sie früher stundenlang zu Hause gehockt und Computerspiele gespielt hatten, arbeiteten sie nun regelmäßig in unserem Jugendzentrum mit und engagierten sich in verschiedenen sozialen Projekten.

Und dadurch ergaben sich nun auch ganz neue Möglichkeiten für unsere gesamte Jugendarbeit.

Als ich eines Tages mit meinem Leitungsteamkollege Andreas zusammensaß und wir uns über die wunderbare Entwicklung unterhielten, kam mir plötzlich ein Gedanke: „Was wäre, wenn wir mit einigen von den jungen Leuten ein neues Mitarbeiterteam für unsere Jugendgruppenarbeit aufbauen?"

„Das ist eine gute Idee", meinte Andreas und fügte hinzu: „Dann hätten sie auch gleich ein Übungsfeld, wo sie das, was sie selbst empfangen haben, wieder an jüngere Teenager weiter geben könnten."

In unserem Jugendzentrum gab es bereits seit längerem Kleingruppentreffen für junge Christen. Nun begannen wir diesen Arbeitszweig umzustrukturieren. Wir bezogen die jungen Leute, in die wir in den letzten Jahren gezielt investiert hatten, als Mitarbeiter ein und übertrugen ihnen mit der Zeit immer mehr Verantwortung. Es war bewegend mitzuerleben, wie sie sich engagierten und sich nun selbst um jüngere Teenies kümmerten.

Die ganze Entwicklung der letzten Jahre empfand ich wie ein großes Wunder! Wenn ich an die Anfänge mit den jungen Leuten zurückdachte, dann konnte ich nur staunen, was Gott aus dieser kleinen Idee hatte wachsen lassen.

Kapitel 19
Bewegte Zeiten

Eine große Überraschung

Ich spazierte gerade zusammen mit Kessi durch die malerischen Gassen der Ostseestadt Lübeck, als ich über Handy einen Anruf aus unserem Büro bekam. ‚Oh nein!', stöhnte ich innerlich. Denn wenn ich während des Urlaubs vom Büro angerufen wurde, gab es meist keinen erfreulichen Anlass.

Mit gemischten Gefühlen zog ich mein Handy aus der Tasche und begrüßte meinen Kollegen: „Lass mich raten, das Konto ist leer, ein Jugendlicher ist vom Glauben abgefallen oder jemand hat die Scheiben unseres Jugendzentrums eingeschlagen?"

„Nein, Tilo", tönte es am anderen Ende. „Du wirst es nicht glauben, wir sind unter die ersten drei Plätze beim Endausscheid des deutschen Werte-Award gekommen!", rief der Mitarbeiter aufgeregt ins Telefon.

„Was sind wir...?", gab ich ungläubig zurück.

Wenige Wochen später saß ich zusammen mit Kessi unter den sechshundert Gästen bei der Festgala im Messegelände Hannover anlässlich der Preisverleihung des deutschen Werte-Award 2007, der unter der Schirmherrschaft des Bundesfamilienministeriums stattfand. Die Veranstaltung begann mit Musik und es folgte ein Vortrag über die Bedeutsamkeit des Engagements im Jugend- und Sozialbereich in unserer Gesellschaft. Schließlich kam es zu der Preisverleihung für „Besonders innovative und strukturverändernde Projekte". Der Moderator verkündete, dass zuerst der dritte, dann der zweite und schließlich der erste Platz bekannt gegeben werden würde.

Für mich war klar: der dritte Platz, das sind wir. Ich war reichlich aufgeregt und empfand es als regelrechte Folter, wie der Moderator es immer weiter hinzog, den Namen des dritten Platzes zu verkünden. Doch als es endlich soweit war, wurde jemand anderes aufgerufen. Während ich auf meinem Stuhl saß und klatschte, dachte ich: ,Oh Gott, wir haben den zweiten Platz gewonnen, das ist ja unglaublich!'

Aber als einige Minuten später der Gewinner des zweiten Platzes nach vorn gebeten wurde, war es wieder ein anderer. Unruhig rutschte ich auf meinem Sitz hin und her. War da irgendetwas schief gegangen? Vielleicht war es ja eine Fehlinformation gewesen, dass wir für einen der drei ersten Plätze nominiert worden waren?

Doch plötzlich hörte ich die Stimme des Moderators: „Den ersten Platz des deutschen Werte-Award 2007 erhält Tilo Reichold mit seinem Jugendprojekt in Chemnitz."

Wie benommen erhob ich mich von meinem Sitz und ging nach vorn, während mich eine Fernsehkamera verfolgte und ich vom Blitzlicht der Pressefotografen geblendet wurde.

„Herr Reichold, was möchten Sie anlässlich dieser Auszeichnung dem Publikum sagen?", fragte mich der Moderator und hielt mir das Mikrofon entgegen. An die Worte, die in diesem Augenblick aus meinem Mund kamen, konnte ich mich vor lauter Aufregung bereits am Ende der Veranstaltung nicht mehr erinnern. Aber als ich mir einige Tage später die Veranstaltung noch einmal im Fernsehen anschaute, hörte ich mich sagen: „Ich danke meinem Gott, der mich diesen herrlichen Weg geführt hat und ich danke unseren wunderbaren Jugendlichen."

Beim Werte-Award
zusammen mit anderen Preisträgern

Auf der Rückfahrt dachte ich daran zurück, wie alles begonnen hatte: Meine Sinnsuche als Jugendlicher, die Beichte, der erste Jugendclub

211

und all die Herausforderungen der folgenden Jahre. Wie gut war es doch, dass ich diesen Weg immer weiter gegangen war. Gott hatte mich wirklich in das größte Abenteuer meines Lebens geführt. Und plötzlich wusste ich: Das mit der Preisverleihung war Gottes Idee. Er wollte mich ermutigen und mir sagen: „Siehst du, Tilo, es lohnt sich, durch all die Schwierigkeiten hindurch treu auf diesem Weg zu bleiben, denn am Ende wartet ein großer Preis auf dich."

Dankbare Rückblicke

„Na, dann zeig mal her das tolle Ding", freute sich mein Freund und Leitungskollege Andreas, als ich wieder zurück in Chemnitz war.

Ich gab ihm den gläsernen Werte-Award in die Hand und er drehte ihn neugierig hin und her.

„Wo wollen wir ihn denn hinstellen?", fragte Andreas.

„Auf jeden Fall nicht neben unsere Fußball-Pokale. Da geht er unter wie ein Zwerg zwischen Riesen", gab ich lachend zurück.

Wir betrachteten die vielen Pokale, die die erfolgreiche Entwicklung unseres Fußballclubs symbolisierten.

„Hättest du das damals gedacht?", fragte ich Andreas, während ich eine der Trophäen in die Hand nahm.

„Wenn man an das peinliche erste Spiel zurückdenkt, dann sicher nicht", meinte er kopfschüttelnd.

„Und dass mein Jugendfreund Engel immer noch mitspielt", sagte ich gedankenversunken.

Ich hielt einen Moment inne und mit einem Mal ging mir auf, was Gott in den letzten Jahren für Wunder getan hatte. Im Laufe der Zeit hatte es in all unseren Projekten eine faszinierende Entwicklung gegeben, nicht nur bei unserem Fußballclub, sondern auch in den verschiedenen Arbeitszweigen unserer Jugendarbeit oder bei Initiativen wie dem Stadtmagazin VISION und dem Pfarrer- und Leiternetzwerk.

Bewegt sagte ich zu Andreas: „Wir können Gott wirklich sehr dankbar für alles sein."

„Ja, das können wir", nickte er und fügte nach einer Weile hinzu: „Nur auf der Baustelle brauchen wir noch ein Wunder..."

„Das ist wohl wahr", seufzte ich und stellte nachdenklich den Pokal ab.

Nach einem Moment des Schweigens schaute ich Andreas an und sagte: „Ich glaube, wir werden dieses Wunder schon sehr bald brauchen."

Immer noch auf der „ewigen Baustelle"

Als ich einige Tage später unser Büro betrat, wurde ich aufgeregt von einem Mitarbeiter begrüßt: „Hast du schon den Artikel in der Zeitung gelesen?"

„Welchen Artikel?", wollte ich wissen und hängte meine Jacke über meinen Bürosessel.

„Den Artikel über uns. Hier kannst du es selbst lesen."

Damit überreichte mir der Mitarbeiter eine Zeitung, in der über unsere „ewige Baustelle" im ehemaligen Kino berichtet wurde, mit dem Hinweis, dass die Eröffnung immer noch in weiter Ferne liegt.

„Oh nein!", stöhnte ich und legte frustriert die Zeitung aus der Hand.

„Das wird nicht gerade motivierend für unsere Spender sein...", warf ein Mitarbeiter unseres Büroteams in die Runde. Keiner reagierte auf den Kommentar. Alle saßen schweigend hinter ihrem Computer und versuchten, die negative Stimmung zu verarbeiten.

Auch ich machte mir Gedanken. Ich begann mir vorzustellen, wie die Nachricht auf unsere Unterstützer wirken würde. Mittlerweile bauten wir seit mehr als sieben Jahren an dem Gebäude. Weit über eine Million Euro waren inzwischen verbraucht, aber immer noch war kein Ende abzusehen.

Natürlich hatten wir schon viel geschafft, sowohl das Kinogebäude als auch das dazugehörende Wohnhaus waren weitgehend saniert. In die sieben Wohnungen waren bereits Mitarbeiter eingezogen und es waren einige WGs für junge Leute entstanden. Das brachte Mieteinnahmen. Doch diese waren angesichts der noch anstehenden Herausforderungen nur ein kleiner Trost. Denn für die letzten Bauabschnitte, die vor uns lagen, benötigten wir noch einmal mehrere hunderttausend Euro.

Die meisten Räume konnten noch lange nicht genutzt werden. Es fehlte fast überall die Inneneinrichtung. Allein die Ausstattung unserer Großküche war mit fünfzigtausend Euro veranschlagt. Im Saal und in einem weiteren Raum musste jeweils eine Bar eingebaut werden. Der neugebaute Toilettentrakt musste ausgestattet werden. Für die Büros brauchten wir Möbel und Technik. In sämtlichen Räumen, von insgesamt mehr als eintausend Quadratmetern Nutzfläche, fehlten noch die Fußbodenbeläge und die Wandverkleidung.

Die größte Herausforderung aber war der Einbau der Technik im großen Veranstaltungssaal. Der Dimensionswechsel war so groß, dass es faktisch nichts gab, was wir aus unserem bisherigen Jugendzentrum weiter verwenden konnten. Wir brauchten eine völlig neue, für den Saal konzipierte Beschallungsanlage inklusive Mischpult, Lichtanlage und Videotechnik.

Die finanziellen Herausforderungen, die vor uns lagen, waren schwindelerregend und keiner konnte sich vorstellen, wie wir das jemals schaffen sollten. Zudem hatten wir in den letzten Monaten zunehmend gespürt, dass vielen von unseren Freunden und Unterstützern langsam die Luft ausging.

Immer wieder hatten wir in den vergangenen Jahren Rundbriefe geschrieben und mitgeteilt, dass es doch noch etwas länger dauern würde und dass wir weitere Spenden benötigten. Und jedes Mal hatten sich Menschen gefunden, die noch einmal eine Spende gaben und damit die Hoffnung verbanden, dass es dann endlich geschafft wäre. Nun war bei vielen die Geduld zu Ende und es sprangen immer mehr Unterstützer ab, die nicht länger in die scheinbar endlose Baustelle investieren wollten. Es war schier zum Verzweifeln.

Aber es gab noch ein anderes Problem: Unser kleines Jugendzentrum in meinem Haus platzte mittlerweile aus allen Nähten. Inzwischen mussten wir bereits immer öfter zusätzliche Räume anmieten, um die vielen Bereiche unserer gewachsenen Teenager- und Jugendarbeit durchführen zu können.

Der Termin

„Wir brauchen endlich einen Eröffnungstermin", sagte ich bei unserem nächsten Leitungstreffen.

„Aber wir wissen doch gar nicht, wie lange es noch dauern wird", kamen die ersten Bedenken aus der Runde.

„Wir müssen beten und Gott bitten, dass er uns den Termin zeigt. Und dann müssen wir alles auf eine Karte setzen und glauben, dass wir es bis dahin schaffen werden", gab ich zurück.

Es wurde eine lange Sitzung. Nach intensiven Gebeten, Überlegungen und Diskussionen fiel schließlich die Entscheidung: Wir eröffnen ein dreiviertel Jahr später, am 12. September 2008.

Als ich am nächsten Morgen noch einmal über den Termin nachdachte, wurde mir klar, dass es rein menschlich gesehen eigentlich unmöglich zu schaffen war. Obwohl wir in jeder freien Minute Arbeitseinsätze durchführten und auch unsere Jugendlichen oft mithalfen, war die Zeit bis zu dem geplanten Termin einfach zu kurz.

Ich saß am Frühstückstisch und überschlug noch einmal alle bevorstehenden Arbeiten und ihre voraussichtlichen Kosten.

„Gott, wir brauchen jetzt viele Wunder!", betete ich laut.

Während ich gedankenversunken meinen Kaffee schlürfte, kam mir plötzlich eine Bibelstelle in den Sinn. Ich stellte meine Tasse beiseite und holte meine Bibel. Ich las im Alten Testament, wie das Volk Israel nach der jahrelangen Wüstenwanderung kurz vor dem Ziel auch vor einer scheinbar unüberwindbaren Herausforderung stand. Gott zeigte den Israeliten, dass sie immer wieder betend um die Stadt Jericho laufen sollten. Und als sie das taten, ließ Gott ein unerwartetes Wunder geschehen.

Sobald ich die Geschichte gelesen hatte, kam mir eine Idee. Was wäre, wenn wir ein tägliches Gebetstreffen früh am Morgen beginnen würden?

Das war es!

Doch als ich die Idee einige Tage später meinen Freunden vorstellte, gab es verhaltene Reaktionen.

„Denkst du wirklich, dass unsere jungen Leute früh eine Stunde eher aufstehen, um vor der Schule oder der Arbeit zum Gebet zu kommen?", kam die skeptische Frage.

„Wenn ich ehrlich bin, kann ich es mir auch nicht vorstellen", gab ich kleinlaut zurück. „Doch ich will es wenigstens probieren. Es kann ja nicht mehr passieren, als dass ich jeden Morgen allein beim Gebet bin."

Am nächsten Wochenende machte ich die Idee unter unseren Mitarbeitern und Jugendlichen bekannt.

Am darauffolgenden Montag klingelte kurz nach 6.00 Uhr mein Wecker. „Oh nein!", stöhnte ich. Ich war schon immer ein Nachtmensch gewesen und die Jugendarbeit mit den vielen späten Abendveranstaltungen hatte ihren Rest dazu getan.

‚Hoffentlich bin ich wenigstens nicht ganz allein, sonst schlafe ich vielleicht noch beim Gebet ein', ging es mir durch den Kopf, als ich mich schlaftrunken aus dem Bett quälte.

Kurze Zeit später stieg ich gähnend die Treppen hinunter ins Jugendzentrum und öffnete pünktlich um 6.30 Uhr die Tür.

Plötzlich sprang eine fröhliche Schar von unseren jungen Leuten hinter der Tür hervor.

„Überraschung!", riefen sie und streckten mir freudig die Hände entgegen.

Die Überraschung war tatsächlich gelungen. Doch noch viel verwunderlicher war, als die jungen Leute auch am folgenden Tag wiederkamen. Und von da an riss es nicht mehr ab. Ich hatte damals keine Ahnung, dass sich diese morgendlichen Gebetstreffen in den folgenden Jahren zu einem nicht mehr wegzudenkenden Bestandteil unserer Arbeit entwickeln würden. Tag für Tag kamen junge Leute und Mitarbeiter früh zum gemeinsamen Gebet und mit der Zeit wurden immer mehr davon angesteckt.

Die Zeit läuft

Je näher die geplante Eröffnung rückte, umso öfter fragte ich mich, wie wir all die bevorstehenden Dinge je bewältigen sollten. Denn es war ja nicht nur eine utopische Summe Geld, die wir noch benötigten, sondern es gab auch unendlich viel Arbeit. Eine Menge verschiedener Dinge musste bedacht und geplant werden: der Einbau der Technik, die Konzeption unserer Großküche, die Ausstattung der Büros, die Aufteilung der neuen Arbeitsplätze und vieles mehr. Zudem mussten wir die Eröffnungsfeierlichkeiten vorbereiten und die Veranstaltungsprogramme der ersten Monate nach der Eröffnung planen.

Aber es gab noch eine andere Herausforderung: nämlich die Mitarbeiter auf den bevorstehenden Dimensionswechsel vorzubereiten. Denn der Umzug ins neue Objekt, in dem wir auch etliche neue Arbeitszweige beginnen wollten, war viel mehr als nur eine räumliche Veränderung. Es war, als hätten wir bisher eine kleine Arztpraxis betrieben und wollten nun ein Krankenhaus eröffnen. Alles musste umstrukturiert und auf den neuen Level eingestellt werden.

Trotz all dieser umfangreichen Planungen und Umstrukturierungen blieben die Arbeiten beim Innenausbau die größte Herausforderung. Und mit jedem Tag, der verging, wurde mir deutlicher, dass es eigentlich nicht zu schaffen war. Mittlerweile waren es nur noch wenige

Monate bis zum „Tag X" und es brauchte inzwischen eine ganze Serie von Wundern, um den Termin einhalten zu können.

In unserem Leitungsteam wurden verschiedene Möglichkeiten und Notlösungen hin und her bewegt.

„Wenn wir die Eröffnungsparty nun absagen oder nochmal verschieben?", kam der erste Vorschlag aus der Runde.

„Dann springen uns die letzten Unterstützer ab!", gab ich zurück.

„Wir könnten die Eröffnungsfeier doch trotzdem machen, selbst wenn in den Räumen noch nicht alles fertig ist", meinte Andreas.

„Aber wie soll es danach weitergehen? Der Veranstaltungsplan für die Monate nach der Eröffnung ist ja bereits fertig", sagte ich und fügte hinzu: „Wenn die Eröffnung erst einmal stattgefunden hat, wird niemand mehr für die Inneneinrichtung spenden."

„Das stimmt. Und zudem brauchen wir ja dann alle eingehenden Spenden, um den laufenden Betrieb unseres neuen Zentrums zu finanzieren", meinte Dirk nachdenklich.

In der Runde zog betretenes Schweigen ein. Jeder suchte krampfhaft nach einer Lösung. Doch es war keine in Sicht.

Die Situation war zum Verzweifeln. Hatten wir uns denn mit dem Eröffnungstermin so verhört? Wir hatten doch gebetet und empfunden, dass Gott uns genau diesen Termin gezeigt hatte.

Frustriert und ohne Ergebnis gingen wir auseinander.

Als ich an diesem Abend im Bett lag, war ich noch lange wach und konnte nicht einschlafen. Immer wieder kreisten meine Gedanken um den bevorstehenden Eröffnungstermin.

Der Traum
In der Nacht hatte ich einen Traum:

Ich träumte, wie ich vor unserem neuen Gebäude stand. Es war der letzte Tag vor der geplanten Eröffnung. Draußen vor der Eingangstür wurden gerade Stühle und Tische abgeladen und jemand war dabei, Lautsprecherboxen reinzutragen. Als ich den Saal betrat, blieb mir vor Schreck fast das Herz stehen. Überall lagen riesige Schuttberge herum und die Wände waren noch komplett eingerüstet. Ich war total schockiert.

Plötzlich bekam ich eine richtige Wut auf unseren Bauleiter. Wie konnte er nur so verantwortungslos sein! Am Eingang standen die Mitarbeiter vom Dekorationsteam und wollten ihre Sachen reintragen, doch innen war noch die reinste Baustelle.

In meinem Ärger griff ich zum Handy und rief alle möglichen Gaststätten und Konzertsäle der Stadt an, um die Eröffnungsfeier in andere Räume zu verlegen. Aber wen ich auch anrief, alle sagten mir ab. Am Ende war ich so verzweifelt, dass ich nach Hause fuhr und mich heulend ins Bett legte. Ich hatte einfach keine Kraft mehr, irgendetwas zu unternehmen.

Am nächsten Tag schlich ich mich völlig deprimiert zu unserem Gebäude. Es standen keine Autos mehr vor dem Eingang und es schien niemand mehr da zu sein, der etwas für die Eröffnung vorbereitete. Es sah so aus, als hätten auch alle anderen Mitarbeiter die Flucht ergriffen. Frustriert öffnete ich die Tür und betrat den Saal.

Gerade als ich meinen Fuß in den Raum gesetzt hatte, wurde plötzlich alles hell erleuchtet und ich traute meinen Augen kaum, was sich dort für ein Bild bot: Alles war fertig eingerichtet! Vor mir lag ein herrlicher Saal mit festlich geschmückten Tafeln. Und von überall her kamen die Gäste geströmt und gratulierten mir zur Eröffnung.

Augenblicklich hatte ich nur noch einen Wunsch: Ich wollte den Bauleiter finden und mich bei ihm entschuldigen. Überall suchte ich ihn verzweifelt. Aber ich konnte ihn nirgends finden. Und mit einem Mal wurde mir klar: Der Bauleiter war Jesus! Da musste ich weinen. Weinen über mich, meinen Kleinglauben und darüber, wie sehr ich meinen wunderbaren Gott durch mein Misstrauen enttäuscht hatte.

Mitten in der Nacht schreckte ich auf. Wo war ich? Was war passiert? Ach so... ich hatte nur geträumt. Doch plötzlich war es mir, als stände Gott an meinem Bett und sagte: „Ich bin der Bauleiter. Vertraue mir!"

Wunder geschehen

„Tilo, du wirst nicht glauben, was ich gerade für eine Mail bekommen habe!", rief ein Büromitarbeiter, als ich einige Tage später ins Büro kam.

„Was denn? Zeig mal her!", sagte ich und schaute gespannt in den Bildschirm an seinem Computer.

In der E-Mail bot uns eine Anwaltskanzlei kostenlos Büromöbel an. Als ich die angehangenen Fotos sah, fielen mir fast die Augen raus. Das waren regelrechte Luxus-Büromöbel.

Nur kurze Zeit danach erhielt auch ich eine sonderbare Mitteilung.

„Will uns da jemand einen Streich spielen?", fragte ich in die Runde der Mitarbeiter.

„Wieso?", gaben meine Kollegen zurück.

„Hier schreibt schon wieder eine Firma, die uns kostenlose Büromöbel anbietet. Wir können uns so viele Schreibtische abholen, wie wir nur wollen."

„Das gibt's doch nicht!", meinten meine Mitarbeiter.

„Wahrscheinlich doch. Am besten fahren wir gleich mal hin und schauen uns die Teile an", schlug ich vor.

Wenige Tage später fand ein umfangreicher Möbeltransport statt.

Während ich die herrlichen Büromöbel betrachtete, hielt ich für einen Moment inne.

‚Das sind die Wunder Gottes, für die wir jeden Morgen beten...', durchfuhr es mich plötzlich.

Und tatsächlich: Mit jedem weiteren Tag kamen unglaubliche Dinge ins Rollen und wir erlebten ein Wunder nach dem anderen.

Ein Geschäftsmann aus der Gastronomie-Branche meldete sich und bot uns eine nahezu komplette Großkücheneinrichtung an. Eine Stiftung übernahm die Anschaffung neuer Computer. Ein Musikhaus unterstützte uns beim Kauf von Technik. Aber vor allem gingen unerwartete Großspenden ein.

„Brauchen Sie noch Geld für das neue Gebäude?", rief mich ein Geschäftsmann an.

„Äh... ja...", stotterte ich.

„Also, ich werde Ihnen heute noch eine größere Summe überweisen." Damit legte er auf.

Sprachlos saß ich vor meinem Schreibtisch und schüttelte ungläubig den Kopf.

Ich erlebte diese Tage wie im Traum. Die Wunder kamen Schlag auf Schlag. Es war, als ob jemand das Ganze generalstabsmäßig vorbereitet hätte. Handwerker meldeten sich und boten ihre Hilfe an. Ein Fußbodenfachmann verlegte uns in seiner Freizeit sämtliche Teppiche. Wir bekamen von einer Malerfirma eine ganze LKW-Ladung Tapeten und Farbe geschenkt und ein Malermeister organisierte kostenfrei wöchentliche Arbeitseinsätze. Innerhalb kurzer Zeit wurden sämtliche Räume tapeziert und gestrichen, ohne dass es uns auch nur einen einzigen Cent gekostet hätte.

Die Wochen vor dem Eröffnungstermin verliefen wie in einem Film. Jeden Tag geschahen unglaubliche Wunder und je näher der

Termin kam, umso mehr Helfer tauchten auf. Das Gebäude glich einem Ameisenstaat von Handwerkern. In jedem einzelnen Raum wurde gewerkelt und die Arbeiten zogen sich oft bis in die Nacht hin.

Den letzten Tag vor der Eröffnung verbrachte ich zu Hause und bereitete mich auf die Reden vor, die ich bei den verschiedenen Eröffnungsveranstaltungen halten sollte.

Die Eröffnung

Als ich am 12. September 2008 früh am Morgen den Saal unseres neuen Gebäudes betrat, stockte mir der Atem. Ich fühlte mich, als wenn ich träumte. Mit offenem Mund stand ich da und schüttelte ungläubig den Kopf. Ich konnte es kaum fassen: Der Raum war genauso festlich geschmückt, wie ich es in meinem Traum gesehen hatte. Dabei hatte ich unserem Dekorations-Team überhaupt nichts von meinem Traum erzählt.

Während ich staunend durch den herrlichen Saal ging, bekam ich eine regelrechte Gänsehaut. Ich war überwältigt und gleichzeitig erschüttert. Und mit einem Mal konnte ich nur noch weinen. Gott hatte seine Versprechen gehalten. Nie wieder wollte ich ihn durch mein Misstrauen enttäuschen!

Eine knappe Stunde später begann es im Saal lebendig zu werden. Alle an der Festwoche beteiligten Mitarbeiterteams trafen sich zum Gebet und zu letzten Absprachen. Mein Leitungsteamkollege Andreas hatte die ganze Festwoche detailliert organisiert. Alles wuselte herum, nur ich selbst hatte nichts zu tun. Ich kam mir richtig komisch vor, aber Andreas hatte darauf bestanden, dass ich während dieser Tage ganz frei sein sollte, um mit den Besuchern sprechen zu können. Was hatte ich doch für wunderbare Freunde!

Und dann ging es los. Die ersten Gäste trafen ein. Es war überwältigend, welche Anteilnahme wir erfuhren und wer uns während der verschiedenen Veranstaltungen der Festwoche alles besuchte.

In den vielen Jahren der Bauzeit hatten uns unzählige Menschen mitgeholfen. Neben unseren Jugendlichen und Mitarbeitern waren dies etliche Jugendgruppen aus ganz Deutschland, Rentner, Baufirmen, Hausfrauen, die für unsere Bauarbeiter Mittagessen zubereitet hatten, und einmal war sogar eine Gruppe christlicher Handwerker aus den USA gekommen. Sie hatten fast ihren gesamten Jahresurlaub genommen, um uns für einige Zeit auf der Baustelle zu unterstützen und dafür sogar ihren Flug selbst bezahlt. Und nun wollten sie es sich nicht entgehen lassen, zur Eröffnung zu kommen und das fertige Gebäude anzuschauen.

Aber es waren noch andere besondere Helfer auf der Baustelle gewesen: Mehr als dreihundert verschiedene Straffällige hatten im Laufe der Jahre gemeinnützige Arbeitsstunden bei uns ableisten müssen und einige von ihnen hatten hier sogar zu Gott gefunden und waren dann nach Ablauf ihrer Stunden auf freiwilliger Basis weiter auf die Baustelle gekommen. Auch sie wollten sich nun alles anschauen und mit uns zusammen feiern.

Interessierte Besucher bei der Eröffnung

Ein herrliches Fest

Die Festwoche war ein unglaubliches Erlebnis. Überall strömten Menschen auf mich ein. Vertreter der Stadt und der Kirchen schüttelten mir die Hände. Journalisten interviewten mich, mehrere TV-Sender waren da und das Regionalfernsehen übertrug sogar die gesamte Eröffnungsfeier. Menschen drückten mir Glückwunschkarten und Geschenke in die Hände. Alte Freunde von meiner früheren Band tauchten auf, ehemalige Gäste aus unserem allerersten Jugendclub und auch mein Bruder war angereist. Und immer wieder sah ich die strahlenden Gesichter: von Kessi, unserem Bauteam, den Jugendlichen, den Mitarbeitern oder von Menschen, die mitgeholfen oder gespendet hatten, unter ihnen auch Rebekka mit ihrem Mann, oder Engel, der zusammen mit seiner Frau gekommen war.

Für manche war es geradezu unfassbar: Die jahrelange Wüstenwanderung mit unserer Mega-Baustelle lag nun hinter uns und wir waren staunend in unserem „verheißenen Land" angekommen. Es war ein wirkliches Wunder. Mehr als 1,4 Millionen Euro hatte die Sanierung gekostet und überall waren herrliche Räume entstanden: unter anderem ein großer Veranstaltungssaal mit Konzertbühne, ein kleiner Saal, ein großzügiges Foyer, ein Seminarraum, eine Großküche, eine Bar, etliche Büros, ein Shop, Gebets- und Gesprächsräume, sieben Wohnungen, Lagerräume, ein Parkplatz sowie eine Sport- und Freizeitanlage mit Fußballplatz und Volleyballfeld auf dem Außengelände.

Als ich die staunenden Gäste durch das ehemalige Kino führte, wurde ich immer wieder tief bewegt. Jeder einzelne Raum war voller Erinnerungen daran, wie es hier einst aussah und welche Schwierigkeiten damals noch vor uns lagen. Überall konnte ich Gottes Wunder entdecken.

Das, was für viele geradezu unmöglich schien, war nun Wirklichkeit geworden. Dort, wo einst Berge von Schutt und abgerissenen Ziegelsteinen lagen, waren wunderbare Räume entstanden. Nichts erinnerte mehr an die viele Arbeit und die oft hoffnungslos scheinenden Herausforderungen. Verstummt waren auf einmal die Kritiker und Skeptiker, die voraussagten: „Das ist eine Nummer zu groß!" oder: „Das wird doch nie fertig!" Vergessen waren all die Anstrengungen und die schlaflosen Nächte voller Fragen, wie es wohl weitergehen und woher das Geld kommen würde.

Nun war dieses herrliche Objekt einfach ein wunderbares Zeugnis von Gottes Größe und seinen Möglichkeiten, die wir erfahren, wenn wir ihm ganz vertrauen.

„Ist das nicht alles ein großes Wunder?!", sagte ich zu Kessi, als wir nach Ende der Festwoche noch einmal die ganze Entwicklung mit dem Kinogebäude Revue passieren ließen.

Gemeinsam erinnerten wir uns zurück wie alles begonnen hatte: zuerst der besondere Gebetstag, an dem Gott mir gezeigt hatte, dass wir das Kino kaufen sollten, dann der rätselhafte Kommentar unseres Gastsprechers, der Eindruck von meiner Mutter, dass wir auf dem Hügel beten sollten und schließlich die vielen Finanzwunder.

„Ja, es hat sich wirklich gelohnt, auch wenn es oft ein anstrengender Weg war", meinte Kessi und freute sich mit mir, dass unser jahrelanges Bauprojekt nun endlich hinter uns lag. Sie hielt einen Moment inne und fügte dann hinzu: „Aber es wird sicher nicht die letzte Herausforderung gewesen sein..."

Kapitel 20
Alles wird größer

Im neuen Gebäude

Mit der Eröffnung unseres neuen Gebäudes begann für uns eine neue Ära. Kessi und ich genossen es, dass die Jugendarbeit nun umgezogen war und sich nicht mehr in unserem Haus abspielte. Nachdem wir mehr als zehn Jahre wie in einem Taubenschlag gelebt hatten, war es ein herrliches Gefühl, wieder ein Privatleben zu haben und nachts in Ruhe schlafen zu können.

Aber auch für NEW GENERATION brachen bessere Zeiten an.

Wir nannten unser neues Gebäude „NEW GENERATION-Club" und mit der Zeit veränderte sich unser Ruf grundlegend. Die früheren Probleme mit rumpöbelnden Jugendlichen hörten vollkommen auf. Unsere Events wurden nun vor allem von jungen Christen besucht. Die meisten kamen aus Chemnitz oder dem Umland, aber es gab auch immer wieder Besucher aus Dresden, Leipzig oder sogar aus Hof. Manche brachten ihre Freunde mit, die Gott noch nicht kannten und wir waren glücklich zu erleben, wie sie sich hier wohlfühlten.

Durch die neuen Räume ergaben sich nun ganz andere Möglichkeiten. Der Dimensionswechsel war wirklich gigantisch. Allein die Großküche des Gebäudes war schon halb so groß, wie die gesamte

Fläche unserer bisherigen Räumlichkeiten.

„Jetzt haben wir endlich genügend Platz", sagte ich, als wir einige Zeit nach der Eröffnung mit dem Leitungsteam durch unser neues Zentrum liefen.

„Ja, das sind wirklich genügend Räume, hoffentlich können wir sie auch unterhalten. Wenn ich an die Energiekosten denke, dann wird mir nämlich schon ganz schwindelig", warf Andreas in die Runde.

‚Energiekosten…', dachte ich. ‚Oh, oh… wer weiß, was da nach dem ersten Winter an Energierechnungen auf uns zukommt.'

In diesem Augenblick stieg erstmals die leise Ahnung in mir auf, dass es in der folgenden Zeit ein ganz neues Problem geben könnte: die Finanzierung der laufenden Kosten. Unsere gesamte Arbeit lebte nach wie vor nur durch private Unterstützer aus unserem Freundeskreis. Aber zum Glück hatten wir nicht nur viele Freunde, sondern auch Gott.

Zehntausend Euro

Nicht lange nach Ende der Bauzeit wurde unser Glaube an Gottes Wunder einmal mehr auf die Probe gestellt. Und das nicht nur wegen des Finanzbedarfs für die laufenden Kosten. Immer wieder gab es neue Projekte, deren Finanzierung nur durch Wunder möglich war. Die Herausforderungen lagen oft wie unüberwindbare Berge vor uns: zum Beispiel bei der Ausstattung der Freizeitanlagen auf unserem Außengelände, bei der Anschaffung eines Kleinbusses und auch bei vielen anderen Projekten. Jedes Mal konnte sich zu Beginn keiner von uns vorstellen, wo das Geld für all diese Dinge herkommen sollte.

So war es auch, als wir uns an einem Samstagnachmittag mit dem Leitungsteam trafen und krampfhaft nach einer Lösung für die Finanzierung eines der neuen Projekte suchten.

„Wieviel werden wir konkret dafür brauchen?", fragte ich vorsichtig.

„Zehntausend Euro", kam die Antwort aus der Runde.

„Zehntausend …", sagte ich, während ich die beiden Worte wie ein Gummiband in die Länge zog. „Das ist wirklich kein Pappenstiel…"

„Und die Frage ist, woher so viel Geld kommen soll", warf Dirk in seiner typisch nüchternen Art ein.

„Vielleicht findet sich ja ein Sponsor, der uns bei der Finanzierung unterstützt", meinte Andreas.

„Das ist eine gute Idee. Nur: Wer könnte das sein?", fragte Tanja.

„Wir können ja mal beten und auf Gott hören. Vielleicht zeigt er uns jemanden, den er dafür vorbereitet hat", schlug ich vor.

In den nächsten Minuten saßen wir still zusammen und jeder versuchte, auf Gott zu hören, ob er uns vielleicht etwas zeigte.

Nach kurzer Zeit hob Andreas seinen Kopf und räusperte sich.

„Also, ich musste die ganze Zeit an einen bestimmten Mann aus unserem Freundeskreis denken", sagte Andreas.

Er nannte uns den Namen und fügte mit leuchtenden Augen hinzu: „Irgendwie spüre ich, dass Gott da etwas vorbereitet hat."

„Wenn du meinst, dann sprich diesen Mann doch in nächster Zeit mal vorsichtig an und erzähl ihm von unserem Projekt. Vielleicht bekommt er ja ein Herz dafür, uns dabei zu unterstützen", meinte ich.

Das Wunder

Zwei Tage später, am Montagmorgen, rief mich unser Buchhalter an: „Tilo, stell dir vor, was passiert ist: Gerade habe ich eine Mail von jemandem aus unserem Freundeskreis bekommen, in der er uns mitteilt, dass er eben eine Summe von zehntausend Euro überwiesen hat. Er schreibt, dass er am Samstagnachmittag plötzlich den Eindruck hatte, dass er uns diese Summe überweisen soll. Wir könnten das Geld für eine Sache verwenden, die für uns gerade wichtig ist."

Ich hielt den Telefonhörer in der Hand und konnte vor lauter Überraschung gleich gar nichts sagen.

„Bist du noch dran?", fragte mich unser Buchhalter.

„Ja, äh… ich bin noch dran", gab ich stotternd zurück.

Nachdem ich mich wieder etwas gefangen hatte, fragte ich: „Von wem genau kam denn die Mail?"

Als unser Buchhalter den Namen aussprach, erstarrte ich fast vor Schreck. Es war genau der Mann, den wir im Laufe der Woche eigentlich ansprechen wollten. Doch Gott war uns zuvor gekommen und wollte uns unmissverständlich zeigen, dass wir bei solchen Dingen nicht menschlich nachhelfen müssen, sondern dass es genügt, auf ihn zu vertrauen.

Genau an dem Samstagnachmittag zwei Tage zuvor, als wir für die Sache gebetet hatten, gab Gott diesem Mann ins Herz, uns eine Summe zu geben. Und es war nicht irgendeine Summe, sondern genau der Betrag, über den wir gesprochen hatten: zehntausend Euro.

Als ich das Telefon aufgelegt hatte, spürte ich eine Gänsehaut an meinen Armen. Mich überkam eine überwältigende Ehrfurcht vor Gott. Ich saß wie gelähmt auf meinem Stuhl und dachte: ‚Wie groß dieser Gott doch ist!'

Gott schenkte es, dass unser Freundeskreis mit der gesamten Entwicklung von NEW GENERATION beständig mitwuchs. Immer wieder kamen neue Leute aus dem ganzen Land dazu, die sich mit uns verbunden fühlten und sich unseren Informationsbrief zuschicken ließen. Ich war fasziniert von der Anteilnahme und Leidenschaft, mit der uns viele Freunde unterstützten.

‚Was sich doch alles bewegen lässt, wenn Menschen von etwas begeistert sind und an einem Strang ziehen', ging mir durch den Kopf.

Vierzig Jahre
Ich war Gott sehr dankbar für die vielen Freundschaften, die im Laufe der Jahre entstanden waren. Überhaupt wurde mir immer mehr bewusst, wie gesegnet ich war, seit ich Gott die Führung übergeben hatte.

Wenn ich Bekannten aus meinem früheren Leben begegnete, erschrak ich manchmal richtig. Viele von ihnen sahen verlebt aus, hoffnungslos und frustriert. Ihre Träume waren zerbrochen, bei manchen war die Ehe auseinander gegangen und einige hatten bereits erste gesundheitliche Probleme auf Grund ihres ausschweifenden Lebensstils.

„Du siehst aus wie das blühende Leben. Wie machst du das nur?", fragte einer meiner alten Freunde, als er mir zu meinem 40. Geburtstag gratulierte.

„Das liegt an der Ernährung...", meinte ich und fügte mit einem Augenzwinkern hinzu: „Du kennst doch mein Ernährungsprogramm: Jeden Tag reichlich Bibellesen und als Nachtisch eine Gebetszeit."

„Das war mir klar", gab mein Freund zurück und klopfte mir lachend auf die Schulter.

Mein 40. Geburtstag war ein herrliches Fest.

Ich hatte mich schon seit langer Zeit auf dieses besondere Jubiläum gefreut und deshalb extra ein T-Shirt anfertigen lassen, auf dem die Aufschrift stand: *Ich bin 40 – Nie war das Leben schöner!*

Der Slogan war aber nicht nur auf den Stoff gedruckt, sondern es war das, was ich wirklich empfand: Mein Leben war noch nie so erfüllt wie jetzt. Und während ich zusammen mit vielen Freunden aus Nah und Fern eine wunderbare Geburtstagsparty verlebte, sagte ich mir: ‚Mit fünfzig wirst du sicher wieder so ein T-Shirt bedrucken lassen. Denn wenn man mit Gott zusammen ist, dann wird das Leben tatsächlich von Jahr zu Jahr schöner!'

Es geht immer weiter

„Und, wirst du jetzt erstmal ein bisschen kürzer treten?", fragte mich ein befreundeter Leiter einer anderen Jugendarbeit während der Feier.

„Wie meinst du das?", wollte ich wissen.

„Naja, nach dem Bauprojekt willst du dich doch sicher erstmal etwas ausruhen. Oder?"

„Keine Ahnung, was der Boss geplant hat…", gab ich achselzuckend zurück und fügte nach einer Weile nachdenklich hinzu: „Aber wie ich Gott kenne, hat er sicher noch einiges vor."

Tatsächlich war nach der anstrengenden Pionierzeit und dem Bauprojekt die Versuchung groß, sich erst einmal zurückzulehnen und auf dem bisher Erreichten auszuruhen.

Doch im Gebet spürten wir, dass Gott uns ermutigte, nicht stehen zu bleiben, sondern weiter zu gehen und Neues zu wagen.

Nur wenige Monate nach der Eröffnung unseres neuen Gebäudes ging es los. Ein neues Projekt nach dem anderen entstand und manchmal gab es solch ein rasantes Wachstum, dass wir kaum hinterher kamen.

Es entwickelten sich verschiedene neue Freizeit- und Kreativprojekte und auch unsere Schulungsarbeit wurde ausgebaut. Um junge Menschen besser fördern und in ihrer Persönlichkeit stärken zu können, gründeten wir die Christliche Trainingsschule (CTS). Später erweiterten wir diesen Bereich um eine Mitarbeiterschule und schließlich kam noch eine Leiterschaftsschule dazu.

Darüber hinaus eröffneten wir einen Teenager-Club, gründeten unsere Jugendgemeinde NEW GENERATION-Community und riefen ein überregionales Netzwerk für Jugendarbeit ins Leben.

Auch das Chemnitzer Pfarrer- und Leiternetzwerk entwickelte sich zu einer immer größeren Organisation, so dass wir dafür noch einen zweiten Verein gründeten, um die stadtweiten Projekte besser koordinieren zu können.

So gab es Wachstum auf allen Ebenen. Aber nicht nur die neu gegründeten Bereiche wuchsen, sondern auch das, was schon seit langem lief. Viele unserer Veranstaltungen, die vor etlichen Jahren einmal winzig klein begonnen hatten, waren inzwischen so gewachsen, dass wir sie in unseren großen Saal verlegen mussten. Und immer wieder kamen weitere Projekte und Events dazu. Schon bald stellte sich heraus, dass unsere neuen Räume an etlichen Tagen bereits an der Kapazitätsgrenze waren. Es war echt verrückt: Nicht einmal zwei Jahre nach der Eröffnung hatten wir schon wieder mit Raumproblemen zu kämpfen.

Neue Herausforderungen

Auch außerhalb unserer Stadt führte Gott mich zunehmend in neue Aufgaben. Bereits seit einigen Jahren war ich regelmäßig unterwegs, um in Jugendveranstaltungen zu sprechen.

„Wooooo willst du hinfliegen?!", fragte Kessi mit offenem Mund am Frühstückstisch.

„Auf eine Jugendkonferenz nach Russland. Das dauert nur ein paar Tage, dann bin ich wieder zurück", versuchte ich meine Frau zu beruhigen.

Für Kessi war mein bewegtes Leben manchmal echt herausfordernd. Aber auch für mich hieß es immer wieder unbekannte Gebiete zu betreten und mich neuen Herausforderungen zu stellen. Irgendwann musste ich meinen ersten Artikel für eine christliche Zeitschrift schreiben, sprach das erste Mal auf einer Konferenz, hielt einen Vortrag über Jugendkultur vor Politikern, wurde von Radiostationen interviewt oder in Fernsehsendungen eingeladen.

Manchmal konnte ich mit Gottes Tempo kaum Schritt halten und beschwerte mich regelrecht. Dann sagte er mir: „Wolltest du nicht immer ein abenteuerliches Leben führen?" Ich war sprachlos. Wie ernst Gott uns Menschen doch nimmt…

Bei einer TV-Sendung

Die vielen Herausforderungen und Aufgaben, in denen ich mittlerweile steckte, waren nicht immer einfach zu managen. Oft erlebte ich ein Wechselbad von herrlichen Wundern und entmutigenden Rückschlägen. Manche Projekte gelangen, andere missglückten. Neue Mitarbeiter kamen dazu, andere verließen uns wieder. Mal entwickelte sich alles wunderbar, doch dann kamen plötzlich solche Probleme, dass ich am liebsten alles hingeworfen hätte.

Gott ließ viele schwierige Umstände zu, damit ich daraus lernen und daran wachsen konnte. Und je mehr Schwierigkeiten und Herausforderungen ich im Laufe der Jahre durchlebte, umso fester wurde mein Leben schließlich in Gott verwurzelt. Und dafür war ich sehr dankbar.

Kapitel 21
Eine faszinierende Entwicklung

Die Karte

Ich stand vor meinem Briefkasten und zog den zusammengequetschten Stapel von Zeitschriften, Werbeprospekten und Briefen heraus. Während ich die Post durchschaute, blieb mein Blick an einer bunten Klappkarte hängen. Auf der Rückseite stand der Name eines Mitarbeiters, der bereits seit seinem Teenageralter bei uns war. Ich öffnete die Innenseite und las darauf eine große Aufschrift: *10 Jahre!*

Ich wusste sofort, was gemeint war: Auf den Tag genau vor zehn Jahren war der Mitarbeiter das erste Mal als Besucher in unser damaliges Jugendzentrum gekommen. Er hatte diesen Tag nicht vergessen und schrieb mir bewegende Worte, in denen er sich herzlich für meine jahrlange Förderung bedankte.

Als ich die Zeilen zu Ende gelesen hatte, stiegen Erinnerungen in mir auf. Ich musste an die Zeit vor zehn Jahren zurückdenken. Ich hatte damals viel in diesen Teenager investiert: Seelsorgegespräche, Ermutigungen und intensive Gabenförderung. Für ihn war diese Zeit eine wichtige Weichenstellung, die sein ganzes Leben in eine vollkommen neue Richtung führte. Bis dahin war er ein typischer Teenager gewesen, bei dem sich alles nur um Diskobesuche und Cool-Sein drehte. Aber als er dann in unseren Veranstaltungen Gott erlebte, wurde sein Leben für immer verändert. Hier fand er zu einer persönlichen Beziehung zu Jesus, gewann neue Freunde und entdeckte seine Gaben. Er begann in einem unserer Teams mitzuarbeiten, später besuchte er unsere Trainingsschule und übernahm schließlich sogar eine Leitungsaufgabe bei NEW GENERATION.

Als ich die Karte zugeklappt hatte, ging ich innerlich bewegt in mein Büro. Ich ließ mich auf meinen Drehsessel fallen und betrachtete die Pinnwand neben meinem Computer. Dort hingen die Fotos der jungen Leute, die ich nun seit vielen Jahren begleitete. Während ich die Bilder betrachtete, ging mir plötzlich auf, was Gott in den letzten Jahren für ein fantastisches Wunder an all diesen jungen Menschen getan hatte.

Die Sitzung

Wenige Tage später saß ich in unserem Seminarraum bei einer Besprechung mit dem Leitungsteam unserer Jugendgemeinde. Dieses Team hatte über einen Zeitraum von zwei Monaten eine spezielle Veranstaltungsserie für junge Leute organisiert, die gerade zu Ende gegangen war. Ungefähr fünfzig Teenager und Jugendliche waren an jedem der wöchentlichen Abende gekommen. Das Team hatte die Veranstaltungen vollkommen eigenständig geplant, vorbereitet und durchgeführt. Und ich war total stolz auf sie, denn die meisten von ihnen waren meine ehemaligen Teenies, in die ich über Jahre hin gezielt investiert hatte.

Unmittelbar nach Eröffnung der Sitzung begannen die jungen Leute von ihren Erlebnissen zu erzählen.

„Jetzt kann ich mir langsam vorstellen, wie es dir früher immer mit uns gegangen ist", meinte eine Mitarbeiterin und fügte mit einem verschmitzten Lächeln hinzu: „Weißt du noch, wie wir uns damals immer von der JesusParty abgemeldet haben, unter dem Vorwand, dass wir noch so viel zu lernen hätten."

„Und dabei waren wir in der Disko...", fiel ihr eine andere Mitarbeiterin lachend ins Wort.

„Daran kann ich mich tatsächlich noch genau erinnern...", sagte ich. „Aber, warum kommst du jetzt auf diese Geschichte?", fragte ich neugierig.

„Weil es mir mit manchen der Teenie-Mädels gerade ganz genau so geht", meinte die Mitarbeiterin mit einem tiefen Seufzer.

Während die Anwesenden weiter erzählten, musste ich daran zurückdenken, wie alles begonnen hatte. Damals, als ich anfing, in diese jungen Leute zu investieren, waren sie noch Teenager gewesen. Mittlerweile hatten die meisten von ihnen bereits ihr Studium absolviert und manche waren schon verheiratet. Jetzt saßen sie hier als meine Kollegen mit mir zusammen am Konferenztisch. Einige arbeiteten inzwischen sogar hauptberuflich bei uns und leiteten verschiedene unserer Projekte.

Gedankenversunken saß ich in der Sitzung und ließ die unglaubliche Entwicklung der vergangenen Jahre noch einmal vor meinem inneren Auge vorbeiziehen.

„Tilo, träumst du?", riss mich einer der jungen Leute plötzlich aus meinen Gedanken und tippte schmunzelnd an meinen Arm.

„Äh, ja... wo sind wir gerade?", fragte ich und versuchte, mich wieder auf das Gespräch zu konzentrieren.

„Wir hatten gerade überlegt, wie es jetzt nach der Veranstaltungsreihe weitergeht", meinte er und fügte nach einer Weile hinzu: „Vielleicht sollten wir gezielt in einige dieser Teenies investieren. Wir könnten doch kleine Gruppen bilden und uns mit ihnen treffen, so wie du es damals mit uns gemacht hast."

Er hielt einen Augenblick inne und fragte dann: „Was meinst du, Tilo? Lohnt es sich, so etwas zu beginnen?"

Ich hob meinen Kopf und blickte in die Gesichter der jungen Leute. Während ich einen nach dem anderen betrachtete, wurde mir bewusst, wie sehr sie mir alle ans Herz gewachsen waren.

Ich schaute einen Moment lang bewegt in die Runde und sagte dann: „Jeder Teenager ist wie ein kostbarer Schatz. Und es gibt nichts Lohnenderes, als in solche jungen Menschen zu investieren."

Eine wunderbare Gemeinschaft

Aber nicht nur bei unseren ehemaligen Teenies hatte es eine faszinierende Entwicklung gegeben. Auch viele langjährige Mitarbeiter waren zu zuverlässigen Säulen in unserer Arbeit geworden. Hatte ich in den Anfangsjahren noch vieles allein machen müssen, so war es nun fast umgekehrt: Die meisten Bereiche liefen mittlerweile vollkommen ohne mich. In allen Arbeitszweigen gab es fähige Leiter, auf die ich mich verlassen konnte und die ihre Mitarbeiterteams in wunderbarer Weise führten.

Unsere gesamte Gemeinschaft war im Laufe der Jahre immer mehr gewachsen und gereift. Mein Traum von christlicher Gemeinschaft, so wie ich ihn damals zu Beginn unserer Arbeit hatte, begann sich wirklich zu erfüllen: Der Traum einer Gemeinschaft, in der sich jeder gebraucht weiß und seinen Platz kennt, wo jeder aktiv mitarbeitet und in seinen Gaben geschult ist, eine Gemeinschaft von Menschen, die wirkliche Freunde sind und sich untereinander lieben, aber diese Liebe nicht für sich selbst behalten, sondern anderen damit dienen.

Diese Gemeinschaft erleben zu dürfen, war für mich die größte Freude überhaupt. Vor allem begeisterte mich das Miteinander der Generationen. Quer durch alle Altersgruppen waren tiefe Freundschaften gewachsen. Am deutlichsten konnte man dies bei Geburtstagsfeiern erleben, die fast immer generationsübergreifend waren. Viele unserer jungen Leute luden ihre erwachsenen Freunde ein und umgekehrt. Und alle profitierten vielfach von diesem segensreichen Miteinander.

Voller Dankbarkeit schaute ich auf die wunderbare Entwicklung zurück, als wir im Mai 2011 das 15-jährige Bestehen von NEW GENERATION feierten. Und als ich abends zur JesusParty zusammen mit Kessi, Rebekka und den anderen auf der Bühne stand, dachte ich: ‚Es ist wirklich unglaublich, was Gott in diesen 15 Jahren getan hat. Ich hätte es nie für möglich gehalten, dass dieser oft so steinige Weg einmal an so einem herrlichen Punkt herauskommt.'

In diesem Augenblick ahnte ich natürlich noch nicht, dass Gott mich nur kurze Zeit später in ein noch viel größeres Abenteuer führen würde.

Teil

3

Das Abenteuer geht weiter

Kapitel 22
Ein neuer Horizont

Der Spaziergang

Es war ein herrlicher Frühlingstag und ich genoss es, bei strahlendem Sonnenschein zusammen mit einem befreundeten Leiter auf einer kleinen Wanderung unterwegs zu sein. Nachdem wir eine Zeit lang miteinander gegangen waren, entdeckten wir eine Bank am Waldrand.

„Der Platz ist wie für uns geschaffen!", rief ich freudig und ließ mich zufrieden auf die Bank fallen. Vor uns lag die malerische Hügellandschaft des Erzgebirges und um uns herum zwitscherten fröhlich die Vögel. Ich atmete die klare Waldluft ein und freute mich an der wunderbaren Aussicht.

„Willst du einen Apfel?", fragte mich mein Freund und zog seinen Proviantbeutel aus dem Rucksack.

„Ja, sehr gern", gab ich zurück und nahm die goldgelbe Frucht entgegen.

Während ich genüsslich den Apfel kaute, fragte mein Freund mich plötzlich: „Tilo, wann wollt ihr eigentlich außerhalb von Chemnitz aktiv werden? Wird es nicht Zeit, irgendwann auch in anderen Städten Standorte von NEW GENERATION zu gründen?"

Mir blieb vor Schreck fast der Bissen im Hals stecken. Das durfte doch nicht wahr sein! Hatten sich die Leute heimlich abgesprochen, um mich mit diesen Gründungsideen zu verfolgen? Ich war sprachlos. Während ich mühsam das Apfelstück hinunterwürgte, versuchte ich mich zu erinnern, wie oft ich in den letzten Monaten nun schon mit diesem Thema konfrontiert worden war.

Begonnen hatte es mit dem Besuch eines christlichen Leiters aus Lüdenscheid. Bei einem Mitarbeitertreffen hatte er uns eine regelrechte Standpauke gehalten: „Ihr dürft nicht nur an eure Stadt denken. Ihr müsst auch in andere Regionen investieren!" Ich war davon gar nicht begeistert und nach dem Treffen hatte ich meine Teamkollegen schnell zu beruhigen versucht und gesagt: „So etwas ist nicht für jeden dran. Wir haben genügend hier in Chemnitz zu tun."

Doch kurz danach kam der nächste unbequeme Mahner, ein Pfarrer, dann ein Gastprediger und schließlich sogar Leute aus Amerika. Alle brachten uns mit verschiedenen Worten die gleiche Botschaft: „Bleibt nicht stehen, Gott hat noch viel mit euch vor. Und es ist Zeit, über die Grenzen eurer Stadt hinaus zu denken."

Irgendwann konnte ich das Ganze kaum noch hören. Mir schmeckte das überhaupt nicht. Ich legte mir einen guten Spruch zurecht, mit dem ich all diese nervigen Gespräche gleich immer abwürgen konnte.

„Meine Berufung ist hier in Chemnitz!", sagte ich jeweils. „Alles, was darüber hinausgeht, hat mit mir nichts zu tun."

Das sagte ich aber nicht nur zur Verteidigung, sondern davon war ich auch überzeugt. Zumindest hoffte ich es.

Eine ganze Weile lang war es mir gelungen, meine Ohren vor dem Thema zu verschließen. Doch nun hatte mein Freund es wieder an die Oberfläche befördert. Nachdenklich saß ich neben ihm auf der Bank am Waldrand und starrte in die Ferne.

,Aus Chemnitz heraus... auch in andere Orte', hallten in meinem Kopf die Worte, die ich in letzter Zeit so oft gehört hatte.

Ich dachte mir, dass es doch irgendwie so schön wäre, wenn jetzt einfach mal alles so bleiben könnte, wie es war: unser Club in Chemnitz, das Pastorennetzwerk, die Schule und all die anderen Projekte – war das nicht schon genug? Was führte dieser Gott nur schon wieder im Schilde?

Sicher, ich hatte ihn damals nach meiner Bekehrung gebeten, mich in das Abenteuer meines Lebens zu führen, aber mittlerweile hatte ich wirklich Abenteuer genug. Warum konnte es jetzt nicht einfach mal zu Ende sein?

Ich holte tief Luft und seufzte. Dann schaute ich meinen Freund an. Ich kannte ihn bereits seit vielen Jahren und er hatte mich durch viele Höhen und Tiefen meines Weges begleitet.

„Woher weiß ich, ob es wirklich Gottes Wille ist?", fragte ich ihn.

„Ich glaube, du wirst es in deinem Herzen spüren, wenn du deine Ängste ablegst und Gott vertraust, dass er dich auch auf diesem neuen Weg treu führen wird", gab mir mein Freund mit ruhiger Stimme zur Antwort.

Das Zeichen

Nicht lange nach dem Gespräch auf der Waldbank stand die jährliche Klausur unseres Leitungsteams an. Je näher die Klausur kam, umso deutlicher spürte ich, dass dort das ganze Thema garantiert wieder zur Sprache kommen würde. Bis dahin musste ich eine klare persönliche Sicht dazu finden. So rang ich in den Tagen vor der Klausur intensiv darum, zu erkennen, was Gott wirklich wollte.

Kurz vor der Klausur unternahm ich noch einmal einen langen Spaziergang, um in Ruhe auf Gott hören zu können. Unterwegs machte ich eine Pause und setzte mich auf eine Bank. Sobald ich auf der Bank saß, musste ich wieder an das Gespräch mit meinem Freund vor einigen Wochen denken.

Ich sollte meine Ängste ablegen und Gott vertrauen, hatte er zum Schluss gesagt.

In mir begann es zu kämpfen.

„Ich will es ja wagen", betete ich. „Aber wenn es dein Wille ist, dann zeige es bitte auch den anderen im Leitungsteam. Und ich brauche irgendeine Vorstellung davon, wie so etwas gehen soll, in anderen Regionen neue Standorte zu gründen."

Ich war eigentlich bei solchen Dingen kein ängstlicher Typ, aber allein der Gedanke an solch ein großes und völlig unbekanntes Unternehmen löste in mir eine gewisse Überforderung aus.

Ich atmete tief ein und stand von meiner Bank auf.

„Gott, ich gebe dir hiermit meine Ängste und Zweifel. Aber bitte, gib mir ein Zeichen!", betete ich.

Dann ging ich langsam zurück zu meinem Auto.

Als ich an einer Waldwiese vorbeikam, fiel mein Blick auf eine große Pusteblume. Plötzlich bekam ich einen ganz starken inneren Impuls. Ich sollte die Blume nehmen und pusten. ‚Was soll ich?' Ich kam mir richtig albern vor. Aber der Eindruck wurde immer intensiver. So bückte ich mich schließlich zu der Blume und trennte sie vorsichtig ab, damit die Samen an der Blüte blieben. Dann hielt ich die Blume vor meinen Mund und pustete kräftig.

Während ich den vielen kleinen Fallschirmchen nachschaute, die vom Wind in alle Himmelsrichtungen getragen wurden, wurde mir plötzlich klar, was gerade geschehen war.

‚Oh Gott!', dachte ich. ‚Das Zeichen...'

Mir lief ein kalter Schauer über den Rücken.

Gott hatte mich eben sehen lassen, was er vorhatte: das Aussenden von neuen Samen. Das, was in unserer Arbeit gewachsen war, sollte nicht an der ‚Blume' bleiben, sondern durch den Wind Gottes an viele andere Orte getragen werden.

Noch lange schaute ich den in der Luft schwebenden Samen nach.

Die Klausur

Wenige Tage später begann unsere Leitungsklausur. An den ersten beiden Tagen fanden die üblichen Besprechungen und Planungen statt. Aber den dritten Tag hatten wir als unseren „Visionstag" reserviert. Dort wollten wir uns Zeit nehmen, um gemeinsam auf Gott zu hören und zu erspüren, was er für die Zukunft mit uns vorhatte.

Als der Visionstag herangekommen war, spürte ich schon früh am Morgen: Heute wird irgendetwas Besonderes passieren. Es lag regelrecht in der Luft. Und als ich nach dem Frühstück zur ersten Sitzung ging, da konnte ich es fast mit den Händen greifen und ich wusste so deutlich wie nie: In dieser Sitzung wird etwas ganz Entscheidendes geboren werden.

So saß ich schließlich mit klopfendem Herzen in der Runde und war total gespannt, was Gott vorhatte. Und tatsächlich! Es dauerte nicht lange, da kam das Thema wieder an die Oberfläche, ob wir uns zukünftig nicht auch außerhalb von Chemnitz engagieren sollten.

„Für so ein großes Thema brauchen wir wirklich eine besondere Klarheit", sagte ich und schlug vor: „Wir müssen noch einmal intensiv auf Gott hören."

Wir begannen zu beten und nahmen uns anschließend eine Zeit der Stille, bei der jeder versuchte, auf Gottes Impulse zu hörten.

„Und, gibt es irgendwelche Eindrücke?", fragte ich nach einer Weile in die Runde.

„Naja...", kam die erste zögernde Wortmeldung. „Ich glaube, die Zeit ist gekommen, wieder einen Schritt aufs Wasser zu wagen."

Auch die anderen Kommentare gingen in diese Richtung.

„Was hast du denn von Gott gehört?", fragte Tanja.

Meine Freunde schauten mich gespannt an.

Ich atmete tief durch. Ich wusste, dass ich mit meinem nächsten Satz etwas ins Rollen bringen würde, was ich vielleicht nie wieder aufhalten konnte.

Schließlich fasste ich mir ein Herz und sagte vorsichtig: „Wenn ich ehrlich bin, weiß ich es schon seit langer Zeit, dass wir uns auch außerhalb engagieren sollen. Aber ich habe mich bisher immer gescheut es auszusprechen."

„Aber warum denn?", wunderten sich meine Freunde.

„Weil ich mich mit dem Ganzen überfordert fühlte…", sagte ich kleinlaut.

Nach einer Weile des Schweigens stand ich auf und begann von meinem Erlebnis mit der Pusteblume zu erzählen.

Sobald ich zu Ende geredet hatte und in die Augen meiner Leitungskollegen blickte, wusste ich: In diesen Minuten war eine Vision unter uns geboren worden, die unsere gesamte Arbeit für immer verändern würde.

An diesem Vormittag beschlossen wir, zukünftig auch in anderen Regionen neue Standorte von NEW GENERATION zu gründen. Im Gebet versprachen wir Gott, diesen Auftrag anzunehmen und sagten abschließend: „Dein Wille geschehe!"

Als wir von der Klausur zurück nach Hause fuhren, hatten wir keine Ahnung, wie schnell Gott die ganze Sache ins Rollen bringen würde.

Kapitel 23
Die ersten Stationen

Ein unerwartetes Angebot

Zwei Tage nachdem wir von der Klausur zurückgekommen waren, bekam ich Besuch von Michael, dem Leiter eines Schülercafés in der sächsischen Kleinstadt Lichtenstein. Wir kannten uns flüchtig von einer Jugendkonferenz, wo wir zusammen im Mitarbeiterteam gewesen waren. Nun saß er in meinem Büro auf dem Besuchersessel und ich hatte keinerlei Ahnung, warum er mich aufgesucht hatte. Während ich den Kaffee einschenkte, kam er vorsichtig zur Sache.

„Tilo, du weißt ja sicher, dass wir seit etlichen Jahren in Lichtenstein ein Schülercafé betreiben, direkt gegenüber vom Gymnasium."

„Ja, ich habe schon mehrfach davon gehört – eine tolle Arbeit!", sagte ich und dachte, dass es sicher darum ginge, dass wir dort mal mit unserer Band spielen oder einen Abend gestalten sollten.

Doch dann machte Michael plötzlich ein unerwartetes Angebot: „Könntet ihr euch vorstellen, das Schülercafé zu übernehmen? Wir möchten die Arbeit gern jemandem übergeben und wir denken, dass ihr der ideale Träger für so etwas sein würdet."

Ich traute meinen Ohren nicht. Vor gerade einmal 48 Stunden hatten wir Gott unsere Einwilligung gegeben, dass wir uns auf das Abenteuer einlassen würden, in anderen Städten neue Standorte zu beginnen. Und nun öffnete Gott uns nicht nur die Tür in eine erste Stadt, sondern er gab uns gleich noch die passenden Räume dazu. Ich war sprachlos.

Als ich meinen Leitungskollegen am nächsten Tag von dem Angebot erzählte und wir darüber gebetet hatten, war uns schnell klar: Das konnte kein Zufall sein. Gott wollte uns eine Starthilfe geben. Eindeutiger ging es nicht. Und so nahmen wir das Angebot kurzerhand an.

Nur wenige Monate später fuhren wir nach Lichtenstein, um den Umbau zu besprechen und die Schritte bis zur Eröffnung unseres ersten NEW GENERATION-Clubs außerhalb von Chemnitz zu planen.

Kopfschüttelnd lief ich durch die Räume des Gebäudes und dachte immer wieder: ‚Was ist das doch für ein wunderbarer Gott! Seine Pläne sind wirklich einzigartig und es gibt nichts Spannenderes, als ihm nachzufolgen.‘

Sonderbare Träume
Während die Vorbereitungen zur Eröffnung unseres Clubs in Lichtenstein anliefen, hatte ich eines Nachts einen ungewöhnlichen Traum:

Ich saß wieder mit meinem Freund auf der Waldbank und ich erzählte ihm, dass unsere Sängerin Rebekka einen neuen NEW GENERATION-Club in der Thüringer Stadt Altenburg leiten wird.

Der Traum verfolgte mich in den nächsten Tagen regelrecht. Ich fragte mich, was sich da nur wieder einmal in mir zusammengebraut hatte, dass ich solche verrückten Dinge träumte. Vielleicht war es deshalb, weil Rebekka seit einiger Zeit zusammen mit ihrem Mann und ihrer kleinen Tochter in der Nähe von Altenburg wohnte. Aber wie kam ich nur darauf, im Traum meinem Freund auf der Bank zu erzählen, dass sie dort einen Club leiten wird?

‚Naja, Träume sind eben manchmal ziemlich wirr‘, dachte ich.

Doch der Traum verschwand nicht aus meinem Kopf. Im Gegenteil. Ständig musste ich daran denken und als ich Rebekka einige Tage später traf, konnte ich mir einen Kommentar nicht verkneifen.

„Du bist mir letztens im Traum begegnet", sagte ich mit einem Augenzwinkern.

„Ich hatte auch einen ganz komischen Traum", entgegnete Rebekka plötzlich und dann erzählte sie mir, dass sie geträumt hatte, wie Gott ihr eine verantwortungsvolle Leitungsaufgabe anvertrauen würde.

Ich stutzte. Was hatte Rebekka da eben gesagt? Ich schaute sie an. War das vielleicht ein Zeichen von Gott?

„Rebekka", hörte ich mich plötzlich sagen, „vielleicht wirst du ja mal einen unserer neuen Clubs leiten."

Ich war in gewisser Weise selbst über meine kühnen Worte erstaunt. Doch noch viel überraschter war ich von Rebekkas Reaktion. Sie schaute eine Weile lang gedankenversunken vor sich hin und sagte dann mit bewegter Stimme: „Tilo, ich wusste, dass das irgendwann kommen würde. Ich glaube, das war damals der eigentliche Grund, warum ich Sozialpädagogik studiert habe: Ich wollte mich irgendwann auch einmal in so einer Arbeit engagieren, wie wir sie hier bei NEW GENERATION haben."

Ich war sprachlos. Hatte ich Rebekka richtig verstanden? Sie war für den Gedanken offen, die Leiterin eines neuen Clubs zu werden. Und es war kein Traum, sondern ich hatte es wirklich aus ihrem Mund gehört.

Auf der Suche in Altenburg

In den folgenden Monaten traf ich mich regelmäßig mit Rebekka, um mit ihr zusammen zu überlegen, wie aus dem verrückten Gedanken, in Altenburg einen NEW GENERATION-Club zu gründen, ein konkreter Plan werden könnte.

Nach einiger Zeit kamen wir auf die Idee, einfach mal nach Altenburg zu fahren und betend durch die Stadt zu laufen. Vielleicht sahen wir ja ein Gebäude, was sich für den zukünftigen Club gut eignen würde oder erhielten irgendein Zeichen von Gott. Jedenfalls wollten wir einen ersten Schritt gehen und aktiv werden.

So fuhren wir nach Altenburg und spazierten betend durch die schöne Altstadt. Wir schauten uns verschiedene Objekte an und notierten Telefonnummern, wenn wir an Ladenlokalen Schilder mit dem Hinweis ‚ZU VERMIETEN' entdeckten. In den kommenden Wochen besichtigten wir Räume und führten ein Verkaufsgespräch über ein leerstehendes Gebäude. Doch nichts davon war so richtig stimmig und es stellte sich nirgends ein gutes Gefühl ein.

„Irgendwie ist es das alles noch nicht", sagte ich zu Rebekka, als wir noch einmal all unsere bisherigen Unternehmungen auswerteten.

„Für die Fläche, die wir eigentlich bräuchten, sind die Mieten einfach zu hoch und ein Haus in der Innenstadt zu kaufen, ist mehr als utopisch", resümierte ich.

Um halbwegs bezahlbare Räume zu finden, bräuchte es wieder einmal ein großes Wunder. Das war mir bei all unseren Gebäudebesichtigungen immer klarer geworden. Überhaupt kam ich mir bei unseren Aktivitäten manchmal vor, als hätte ich den Verstand verloren. Denn im Grunde genommen hatten wir auf unserem Konto überhaupt keine Reserven für solch ein Vorhaben, sondern lebten selbst bei den Chemnitzer Projekten von der Hand in den Mund. Zudem steckten wir gerade mitten im Innenausbau unseres neuen Clubs in Lichtenstein und brauchten alle Finanzwunder dringend an dieser Stelle.

Irgendwie war das alles ziemlich verrückt und ich fragte mich, ob wir mit solchen Aktivitäten nicht vielleicht auf eine große finanzielle Katastrophe zusteuern würden. Nein – ich durfte diesen unvernünftigen Gedanken einfach nicht weiter nachgehen. Wie war ich nur darauf gekommen, mir Gebäude anzuschauen, obwohl wir überhaupt keine finanziellen Mittel dafür hatten?

Voller innerer Fragen zog ich mich zum Gebet zurück, um neue Klarheit über dem Ganzen zu bekommen.

„Gott", betete ich, „wenn der Gedanke mit dem Club in Altenburg wirklich von dir ist, dann musst du dich auch darum kümmern. Ich weiß nicht, wie wir das angehen sollen. Wir brauchen dafür ein ganz besonderes Wunder, sonst wird die Idee wohl wieder sterben müssen."

Mit einem tiefen Seufzer legte ich alles in Gottes Hände zurück und gewann schließlich auch meinen inneren Frieden wieder.

Doch gerade, als ich es losgelassen hatte, kamen plötzlich unerwartete Dinge ins Rollen.

Das Haus

„Tilo!", rief mich Rebekka einige Tage später ganz aufgeregt an. „Du wirst nicht glauben, was ich eben erlebt habe!"

„Na, da bin ich ja gespannt!", gab ich zurück und drückte den Hörer erwartungsvoll an mein Ohr.

„Wir bekommen ein Gebäude geschenkt! Direkt in der Altenburger Innenstadt."

„Was bekommen wir?!", schrie ich fast ins Telefon.

„Ja, eine ganz verrückte Geschichte! Jemand hat von unserem Vorhaben gehört und will uns nun dafür ein Gebäude geben", sagte Rebekka, die total begeistert war.

Das war das Wunder! Ich konnte es kaum fassen. Gerade jetzt, als wir die Sache wieder an Gott losgelassen hatten, zeigte er seine grenzenlosen Möglichkeiten. Es war eine regelrechte Achterbahnfahrt der Gefühle. In den nächsten Tagen überschlugen sich die Dinge. Wir trafen uns mit dem Leitungsteam, um uns zu beratschlagen und dann fuhren wir nach Altenburg, um das Gebäude zu besichtigen.

Es war ein großes Haus mit mehreren Etagen, das tatsächlich unmittelbar im Stadtzentrum lag. Schon nach wenigen Minuten Rundgang durch die Räume spürten wir: Das ist das ideale Gebäude! Es gab sogar einen Saal darin.

Aber uns wurde noch etwas anderes klar: Hier lag wieder eine gewaltige Arbeit vor uns. Denn obwohl es ein riesiges Wunder war, dass wir das Gebäude geschenkt bekamen und es in einem viel besseren Zustand war als damals das Kinogebäude in Chemnitz, realisierten wir bereits

nach dem ersten Rundgang: Die Räume mussten nicht nur für den neuen Nutzungszweck umgebaut werden, sondern es warteten wieder umfangreiche Sanierungsarbeiten auf uns.

Als wir wieder aus dem Gebäude herauskamen, sagte ich zu Rebekka: „Weißt du, was das bedeutet, so ein großes Gebäude?! Es ist fast so wie damals, als wir in Chemnitz das Kino gekauft haben. Für das, was jetzt vor uns liegt, sind wir ganz auf Gottes Handeln angewiesen. Und es braucht Unterstützer hier in Thüringen, Menschen, die für das Projekt spenden, beim Bauen helfen und für das Ganze beten."

Rebekka schaute mich an. In ihren Augen sah ich eine Mischung aus Freude über das Wunder mit dem geschenkten Gebäude und Sorge über die ungewisse Zukunft.

„Aber die gute Nachricht ist: Hier in Altenburg ist Gott derselbe Gott wie in Chemnitz!", sagte ich und fügte hinzu: „Du brauchst dir keine Sorgen zu machen, Gott hat uns das Gebäude nicht gegeben, um uns dann damit hängen zu lassen!"

„Zum Glück hab' ich es ja schon in Chemnitz miterlebt", gab Rebekka zurück und lachte plötzlich ganz ausgelassen.

„Ja, zum Glück!", sagte ich und lachte mit.

Wenige Wochen später, am 20. Oktober 2011, saß ich bei einem Notar

246

in Altenburg und setzte meine Unterschrift unter den wundersamen Vertrag, durch den wir das Gebäude für den symbolischen Preis von einem Euro überschrieben bekamen. Das Wunder war geschehen und nun lag wieder ein neues Abenteuer vor uns.

Als ich einige Tage danach zusammen mit Rebekka vor dem Gebäude stand, musste ich mich plötzlich an unsere erste Begegnung zurückerinnern. Zwölf Jahre war es inzwischen her, als Rebekka das erste Mal in unseren früheren Jugendclub gekommen war. Zu dieser Zeit war sie noch ein Teenager gewesen. Als ich sie damals sah, hatte ich den rätselhaften Impuls bekommen, sie anzusprechen und zu fragen, ob sie unsere Sängerin werden wollte. Es war einfach bewegend, was sich im Laufe der Jahre aus dieser Begegnung entwickelt hatte. Und je länger ich darüber nachdachte, umso deutlicher wurde mir: Gott selbst hatte sich diese erstaunliche Geschichte erdacht. Er wusste damals schon über den ganzen Weg Bescheid.

Die Eröffnung in Lichtenstein

Im Dezember 2011 war inzwischen der Umbau unseres neuen Clubs in Lichtenstein abgeschlossen. Viele Menschen hatten sich eingebracht und uns unterstützt. Auch mein alter Jugendfreund Engel hatte mitgebaut.

Die Räume sahen traumhaft schön aus. Als wir kurz vor der Eröffnung mit unserem Team durch das Gebäude gingen, konnten wir nur staunen. Gott hatte seine Versprechen gehalten und uns seine Möglichkeiten erleben lassen, seit wir ihm damals bei unserer Leitungsklausur die Bereitschaft signalisiert hatten, im Glauben neues Land zu betreten.

Am 3. Januar 2012 fuhr ich voller Freude nach Lichtenstein und nahm an der Einweihungsfeier unseres ersten NEW GENERATION-Clubs außerhalb von Chemnitz teil. Es waren bewegende Stunden, bei denen ich mich immer wieder an mein Erlebnis mit der Pusteblume erinnerte und Gott für alles dankte.

Die erste Leiterin unseres neuen Clubs in Lichtenstein wurde Tanja. Sie hatte schon immer ein besonderes Herz für junge Menschen, deshalb war sie auch Lehrerin geworden. In den letzten Jahren hatte sie bei uns bereits zahlreiche Projekte für Teenager und Jugendliche geleitet. Nun wagte sie den Schritt, ihren Beruf als Lehrerin auf Eis zu legen und unseren neuen Club anzuleiten.

Tanja fand schnell einen guten Draht zu den jungen Leuten. Der Club war montags bis freitags ab dem frühen Morgen geöffnet. Da das

Gebäude direkt neben einem Gymnasium lag, kamen die Jugendlichen in jeder Pause und in den Freistunden zu uns. Vor allem in der großen Mittagspause herrschte reger Betrieb, weil sich viele an unserer Club-Theke einen Imbiss holten. Täglich kamen bis zu hundert Besucher und unser kleines Küchenteam hatte alle Hände voll zu tun, um alle zu beköstigen.

Bereits wenige Monate nach der Eröffnung waren intensive Beziehungen zu vielen Jugendlichen gewachsen und für etliche wurde unser Club schnell zu einer zweiten Heimat. Es dauerte nicht lange, da kamen die ersten jungen Leute aus Lichtenstein samstags mit zu unseren JesusPartys nach Chemnitz.

Junge Leute im Club in Lichtenstein

Herausforderungen in Altenburg

„In Altenburg wird es sicher etwas länger dauern bis wir unser Gebäude eröffnen können", meinte Tanja, als wir über die wunderbare Entwicklung unseres neuen Clubs sprachen.

„Etwas länger...?!" gab ich lachend zurück. „Wenn kein Wunder passiert, werden wir für die Sanierung wohl wieder so lange brauchen wie in Chemnitz."

Die ersten Baueinsätze an dem sanierungsbedürftigen Haus hatten bereits begonnen. Und je länger wir daran arbeiteten, umso mehr wurde uns bewusst, was da für ein riesiges Projekt vor uns lag. Ein Architekt hatte uns die Kosten berechnet: Für die Sanierung und Ausstattung des Gebäudes würden fast eine Million Euro gebraucht.

Die Kostenschätzung war mehr als ernüchternd und manchmal lag das Ganze wie ein unüberwindbarer Berg vor uns. Aber als wir darüber beteten bekamen wir den Eindruck, wir sollten uns nicht zuerst auf das Gebäude fixieren, sondern auf die Menschen der Stadt.

„Was hältst du davon, wenn wir ein ‚Gebet für Altenburg' beginnen?'", fragte ich Rebekka eines Tages.

„Vielleicht ist das Gebet für die Stadt ja erstmal das Wichtigste. In Chemnitz hat ja damals auch alles mit Gebet angefangen.", meinte sie nach einer Weile des Überlegens.

Nur wenige Wochen später richteten wir einen Raum in unserem Altenburger Gebäude dafür her und dann luden wir die Christen der Stadt zu unserem monatlichen ‚Gebet für Altenburg' ein.

Parallel dazu begannen wir, vermehrt Kontakte zu knüpfen und an verschiedenen Stellen Jugendveranstaltungen durchzuführen. Im Laufe der Zeit entwickelten sich viele Beziehungen zu jungen Leuten und schließlich konnten wir eine Jugend-Community in Altenburg starten.

Obwohl immer noch der lange Weg der Sanierungsarbeiten vor uns lag, waren wir doch sehr glücklich. Denn das Wichtigste hatte bereits angefangen: das gemeinsame Gebet und der Beziehungsbau zu den jungen Leuten.

Rebekka zusammen mit Freunden
vor dem Gebäude in Altenburg

An neuen Orten

Im Frühjahr 2012 hatte ich ein besonderes Erlebnis. Ich war gerade auf der Autobahn nach Altenburg unterwegs und dachte über die weitere Entwicklung unserer Standorte nach. Plötzlich schwenkte vor mir ein Fahrzeug ein, auf dessen Rückseite eine riesige Reklame aufgedruckt war: „DRESDEN wir kommen!"

Sobald ich den Schriftzug las, bekam ich eine Gänsehaut und hatte das Empfinden, dass Gott mir sagen wollte: ‚Dort soll euer nächster Club starten' Ich war überwältigt.

Als ich wieder zu Hause war und meinen Freunden von dem Erlebnis erzählte, entstand der Eindruck, dass sich für einen Standort in Dresden noch im selben Jahr eine konkrete Tür öffnen würde.

Und tatsächlich dauerte es nicht lange, bis wir ein passendes Gebäude in der Stadt mieten konnten. Nur wenige Monate später begannen wir mit regelmäßigen Jugend-Events. Mit den jungen Leuten, die wir dabei kennenlernten, gründeten wir nach einer Weile auch eine Community in Dresden.

Bei einem Event in Dresden

Die Communitys

Unsere Communitys an den verschiedenen Standorten entwickelten sich zu lebendigen Freundeskreisen junger Christen. Besonderes glücklich war ich über unsere Chemnitzer Community. Sie hatte sich vor vielen Jahren aus unserer allerersten Jugendgruppe heraus entwickelt und war Jahr für Jahr immer weiter gewachsen. Und die ehemaligen Teens, in die ich vor mehr als zehn Jahren zu investieren begonnen hatte, waren inzwischen diejenigen, die das Ganze leiteten.

Wir verstanden unsere Communitys als ‚Gemeinde für junge Leute, die miteinander das Abenteuer Christsein leben möchten'.

Es kamen Jugendliche und junge Erwachsene aus unterschiedlichen Hintergründen. Alle verband die Leidenschaft, etwas gemeinsam als Freunde mit Gott zu erleben.

Wir waren viel miteinander unterwegs, trafen uns zum Bibellesen und Quatschen in Restaurants oder Parks, machten zusammen lustige Aktionen, veranstalteten Flashmobs oder feierten Partys.

Besonders beliebt waren die sogenannten Adventure-Partys. Im

Laufe der Jahre entstanden daraus ganze Adventure-Touren, bei denen wir mit großen Gruppen junger Leute quer durchs Land fuhren und unendlich viel Spaß miteinander hatten.

Und immer wieder lernten wir dabei neue junge Leute kennen, mit denen wir uns anfreundeten.

„Wann macht ihr denn endlich in unserer Stadt einen Club auf?", wurden wir zunehmend gefragt, wenn wir im Land unterwegs waren.

„Es dauert vielleicht gar nicht mehr lange", gab ich jeweils mit einem Augenzwinkern zur Antwort.

Kapitel 24
Die Vision zieht Kreise

Die Ausbildungsstätte

Ich saß in meinem Büro und rief meine E-Mails ab. Vor einigen Tagen war eine Reportage über uns im Fernsehen ausgestrahlt worden. Und wie immer nach solchen Anlässen bekamen wir danach etliche Mails mit verschiedensten Anliegen.

„Könntet ihr auch in unserer Region einen Club gründen?", fragte ein Mann aus dem Ruhrgebiet, während sich ein anderer über das Konzept unserer Communitys informieren wollte. Ein Ehepaar schrieb, dass es ein Jugendcafé gründen möchte und wollte wissen, wie man so etwas am besten beginnt.

Während ich vor dem Computer saß und die Anliegen beantwortete, ging mir durch den Kopf, wie oft ich in der Vergangenheit schon solche Post bekommen hatte. Immer wieder erhielten wir Anfragen von Menschen, die auf diesem Gebiet Beratung suchten.

Manche erzählten, dass es schon lange ihr Traum wäre, in ihrer Stadt auch so eine Arbeit ins Leben zu rufen. Einige hatten deshalb extra Sozialpädagogik studiert oder eine Bibelschule besucht. Doch nach Abschluss der Ausbildung wussten sie einfach nicht, wie sie solch ein neues Projekt konkret anfangen sollten und irgendwann war ihr

Traum schließlich wieder gestorben. Andere hatten zwar irgendwo eine Jugendarbeit, eine Jugendkirche oder eine neue Gemeinde gegründet, aber viele waren bereits nach kurzer Zeit mit der neuen Aufgabe überfordert. Sie waren nur wenig oder gar nicht darin geschult und trainiert worden, wie man so etwas beginnt und weiterentwickelt.

Je länger und tiefer ich derartige Einblicke bekam, umso mehr realisierte ich: Vielerorts fehlte es an einer wirklich praxisnahen Ausbildung, die gezielt auf die komplexen Herausforderungen von Gemeinde- und Jugendarbeit vorbereitet.

Eine neue Idee

„Bedrückt dich irgendwas?", fragte mich Kessi, als wir einige Tage später zusammen beim Essen saßen.

„Nein, nicht mich direkt. Aber mir gehen einfach die frustrierenden Geschichten von manchen Jugendleitern und Pastoren nicht mehr aus dem Kopf", gab ich grübelnd zurück.

Umso öfter ich darüber nachdachte, desto mehr spürte ich, dass Gott mir irgendetwas zeigen wollte. Zuerst konnte ich es gar nicht richtig greifen. Doch wenige Wochen später machte ich eine Beobachtung, die mich auf die entscheidende Spur führte.

Eine junge Frau hatte bei uns ein Praktikum begonnen und bereits nach wenigen Tagen hingen die jungen Leute dermaßen an ihr, dass selbst ein Blinder hätte sehen können: Sie ist für Jugendarbeit wie geschaffen. Und plötzlich begann sich in mir eine neue Vision zu formen: Was wäre, wenn wir eine eigene Ausbildungsstätte gründen würden...

Als ich die Idee bei unserer nächsten Leitungssitzung vorstellte, waren meine Kollegen hellauf begeistert. Andreas ergriff das Wort: „Wir könnten die Ausbildungsstätte doch gleich mit unserer bereits bestehenden Christlichen Trainingsschule verbinden."

„Das stimmt. Und zusätzlich könnten wir den Absolventen all das vermitteln, was wir in den vielen Jahren hier bei uns gelernt haben", meinte ich und fügte hinzu: „Aber das wirklich Besondere wäre, dass die Teilnehmer bei uns eine absolut praxisnahe Ausbildung bekämen. Denn sie würden ja hier Tag für Tag alles hautnah miterleben: unsere Events, Communitys, Gebetstreffen, Gottesdienste und all das andere."

„Und sie könnten in unseren Clubs mitarbeiten", warf Andreas ein und fuhr fort: „Sie könnten mal eine Zeit in Lichtenstein sein, dann in Dresden, in Altenburg..."

„...und vielleicht sogar eines Tages im Ausland, falls es da auch mal einen Club gibt", rief Tanja begeistert dazwischen. Alle lachten.

„Aber jetzt mal im Ernst", schaltete ich mich wieder ein. „Wisst ihr, was auch ein großer Vorteil wäre? Wir könnten manchen Absolventen sogar in Aussicht stellen, nach Ende der Ausbildung gleich als Mitarbeiter oder Leiter eines neuen Clubs von uns übernommen zu werden."

„Sehr gut!", meinte Dirk und fügte hinzu: „Zudem würden auch viele andere Jugendarbeiten und Gemeinden in unserem Land von unserer Ausbildungsstätte profitieren, indem sie hier junge Leute als Leiter und Mitarbeiter für sich ausbilden lassen könnten."

„Das ist echt genial! Dadurch könnten wir wirklich etwas in unserem Land bewegen!", gab ich begeistert zurück.

Kurz nach der Sitzung begannen wir die ersten Schritte für den Start des neuen Projekts vorzubereiten. Zu Beginn war erstmal viel Papier zu wälzen. Es mussten umfangreiche Konzeptionen und Schulungspläne für die Genehmigung durch die staatlichen Bildungsbehörden erstellt werden. Zudem mussten wir ein Dozententeam aufstellen. Durch unsere vielen freundschaftlichen Kontakte und Netzwerke konnten wir Theologen, Sozial- und Gemeindepädagogen und Lehrer als Dozenten für unsere Ausbildungsstätte gewinnen.

Die Vorbereitungen dauerten fast ein Jahr lang. Doch irgendwann war alles geschafft und wir bekamen grünes Licht von der Bildungsbehörde. Wir gaben der Ausbildungsstätte den Namen AfCJ (Ausbildungsstätte für christliche Jugendarbeit, Gemeinde und Mission).

Es dauerte nicht lange und wir konnten mit den ersten Auszubildenden starten. Und mit jedem weiteren Jahr kamen weitere dazu.

Neue Perspektiven

Die jungen Leute, die unsere Ausbildung absolvierten, brachten eine große Motivation mit. Sie wollten nicht nur die Schulbank drücken, sondern sich ausprobieren, an Herausforderungen wachsen und etwas bewegen. Und da waren sie bei uns genau richtig.

Wir beteiligten sie an der Gründung neuer Standorte und Communitys und ließen sie Veranstaltungen und Projekte leiten. Musikalisch begabte junge Leute integrierten wir in unsere Bands. Dadurch wuchsen immer neue Möglichkeiten. Mittlerweile waren wir auch zunehmend überregional aktiv. Wir organisierten Touren, bei denen wir im ganzen Land unterwegs waren und Veranstaltungen hielten und später kamen auch Einsätze in anderen Ländern dazu.

Auch im Bereich der Medien nahm unser Engagement Jahr für

Jahr zu. Durch die Leidenschaft und Kreativität unserer jungen Leute und unserer Mitarbeiter entstanden immer wieder neue Projekte, zum Beispiel eine interaktive Homepage mit Videoclips unter der Bezeichnung „Leben ist Abenteuer" (www.Leben-ist-Abenteuer.de).

Eine Vision wird Wirklichkeit

Fast 20 Jahre waren inzwischen vergangen seit ich damals den Impuls bekommen hatte, in Chemnitz einen christlichen Jugendclub zu starten. Aus dem kleinen Club hatte sich eine attraktive Location für junge Leute entwickelt. Wenn ich samstagabends durch die Räume des ehemaligen Kinogebäudes ging, kamen mir die Erinnerungen an frühere Zeiten manchmal vor wie ein alter Film, den ich vor Jahren einmal gesehen hatte. Weit weg waren die krassen Erlebnisse vergangener Zeiten mit zerbrochenen Fensterscheiben und randalierenden Hooligans. Solche Dinge hatten wir schon seit vielen Jahren nicht mehr erlebt. Die gesamte Atmosphäre in unseren Veranstaltungen hatte sich grundlegend verändert.

Mittlerweile kamen die ganz normalen jungen Leute aus Chemnitz und der Region zu uns. Auch der Altersdurchschnitt der Besucher war gestiegen. Unsere früheren Teenager waren inzwischen junge Erwachsene. Jetzt brachten sie samstagabends ihre Freunde und Arbeitskollegen mit zur JesusParty.

Unsere Räume waren eingerichtet wie eine moderne Diskothek, mit Konzertbühne, einer Tanzfläche und Gastronomiezone. Ab dem frühen Abend konnten die Besucher in unserem Lounge-Bereich chillen, Billard spielen oder an der Bar unsere alkoholfreien Cocktails, Drinks und leckere Speisen genießen. Später am Abend startete dann unser Jesus-Party-Programm. Verschiedene Bands spielten, DJs legten auf und es gab kreative Inputs. Nach Programmende blieb weiter geöffnet und die Leute konnten noch essen, trinken und miteinander quatschen.

Wunderbare Menschen

Ich fand es herrlich, Woche für Woche so vielen verschiedenen Menschen zu begegnen. Jeder war ein Original und ich war Gott so dankbar für die wunderbare Vielfalt seiner Geschöpfe. Manchmal konnte ich richtig spüren, wie viel Freude Gott an jedem Einzelnen hatte. Und immer wieder lernte ich neue Leute kennen.

„Kann man denn einfach so zu euch kommen?", fragte mich ein mit vielen Tattoos verzierter Mann im Fitnessstudio, als ich mit ihm ins Gespräch kam.

„Klar, du kannst auf jeden Fall kommen. Ich glaube, du wirst dich bei uns sehr wohlfühlen", antwortete ich ihm und lud ihn zu unserer nächsten JesusParty ein.

Als ich am darauffolgenden Samstagabend auf der Bühne stand, sah ich ihn plötzlich mitten im Publikum stehen und zur Musik mittanzen.

„Ist ja echt cool bei euch. Ich glaub, ich werde jetzt öfter kommen", meinte er, als ich nach Programmende mit ihm zusammen an unserer Bar stand.

Schon zur nächsten JesusParty tauchte er wieder auf und brachte gleich noch seine Kumpel mit.

„Es ist so herrlich zu erleben, wie sich diese Leute hier auf Anhieb wohlfühlen und unsere Lieder mitsingen" sagte unserer Sängerin Rebekka begeistert, als wir spät abends unsere Instrumente einpackten.

„Ja, das ist wirklich faszinierend", antwortete ich ihr und schaute sie dankbar an. Seit 15 Jahren sang Rebekka nun schon in unserer Band und hatte die ganze Entwicklung miterlebt. Auch Kessi war immer noch als Bassistin dabei, und ich empfand es als ein großes Geschenk, dass wir als Ehepaar gemeinsam in diesem Team sein konnten.

Die NEW GENERATION-Band

256

Zusammen mit den anderen Musikern und unserer Technikcrew hatten wir in all den Jahren mit großer Leidenschaft daran gearbeitet, unsere Musik weiterzuentwickeln und mit unserem Sound so nah wie möglich am Puls der Zeit zu sein. Und nun durften wir immer mehr erleben, wie sich diese Hingabe auszahlte.

Videoclip zum Kapitel anschauen

„Einblicke in die JesusPartys"

http://videoclip-4.newgeneration.de

Die Umfrage

„Wie kommt es, dass sich bei euch Menschen wohlfühlen, die sonst eigentlich wenig Interesse an religiösen Dingen haben?", fragte mich ein Pfarrer, als ich in Bayern einen Vortrag hielt und von NEW GENERATION erzählte.

„Hm... das ist eine gute Frage... Ich kann das gar nicht so eindeutig beantworten. Es sind sicherlich viele verschiedene Dinge", gab ich nachdenklich zurück.

Die Frage des Pfarrers ging mir auf der Rückfahrt nicht mehr aus dem Kopf.

Während ich weiter darüber nachgrübelte, kam mir plötzlich eine Idee: ‚Ich werde die Leute mal selbst fragen. Das ist es!'

Ich war von der Idee richtig begeistert. Sobald ich wieder in Chemnitz war, begann ich einige unserer Mitarbeiter zu interviewen. Denn die meisten von ihnen waren vor vielen Jahren selbst irgendwann einmal als Besucher in unseren Club gekommen.

„Wie war das damals für euch, als ihr das erste Mal zu uns kamt?", wollte ich wissen. „Was hat euch immer wieder hierher gezogen und warum seid ihr inzwischen selbst so begeistert mit dabei?"

Und es dauerte nicht lange, da hatte ich die ersten Antworten. Und diese waren ganz erstaunlich. Denn unabhängig voneinander drückten alle Befragten etwas völlig Ähnliches aus. Die meisten formulierten es in etwa so:

„Früher hatte ich ein festgelegtes Bild von Christsein. Für mich war das etwas altmodisches, etwas für die Generation meiner Großeltern.

Aber als ich hierher kam, konnte ich kaum fassen, dass das ein christlicher Club sein sollte. Alles war ganz normal eingerichtet wie ich es aus anderen Locations kenne und auch die Musik war richtig modern. Und die Leute sahen gar nicht so komisch aus, wie ich mir Christen eigentlich immer vorgestellt hatte, sondern waren ähnlich gekleidet wie ich selbst. Da habe ich mich irgendwie gleich zu Hause gefühlt.

Aber was mich wirklich fasziniert hat, das war die Aussrahlung der Menschen hier. Die waren so voller Leben und Leidenschaft und der Umgang untereinander war so, wie ich es noch nie zuvor irgendwo erlebt habe. Die Liebe und die Offenheit haben mich total angezogen. Ich habe richtig gespürt, wie die Leute hier an mir Interesse haben.

Und dann war da diese besondere Atmosphäre während dem Programm. Plötzlich war ich ganz tief berührt und wusste mit einem Mal, dass es diesen Gott wirklich gibt. Die Liebe und die Freundschaft, die ich seit dem erfahre, haben mein Leben verändert und das möchte ich auch an andere weitergeben."

„Ist das nicht herrlich?!", schwärmte ich, als ich kurze Zeit später einigen Freunden von den Umfrageergebnissen erzählte.

„Sie beschreiben ja im Grunde genommen genau unsere drei NEW GENERATION-Werte", meinte einer meiner Freunde: „Alles Äußere ist so, wie es die jungen Leute gewohnt sind, in unserer Gemeinschaft erleben sie ein liebevolles Miteinander und in unseren Veranstaltungen können sie Gottes Gegenwart spüren."

„Das stimmt. Diese drei Werte sind wie ein Schatz, den wir nie wieder verlieren dürfen", antwortete ich und fügte bewegt hinzu: „Ich glaube, die Vision beginnt Wirklichkeit zu werden..."

Der Weg

‚Ich hätte früher nie gedacht, dass mich so ein spannendes Abenteuer in meinem Leben mit Gott erwartet', dachte ich, als ich einige Zeit später einen Spaziergang machte und mich an dem herrlichen Frühlingswetter erfreute. Voller Dankbarkeit lief ich durch die kleine Gartenanlage, die sich in der Nähe unseres Chemnitzer Gebäudes befand.

Der Weg war mir sehr vertraut und steckte voller Erinnerungen. Hier hatte ich in den zurückliegenden Jahren schon oft in scheinbar ausweglosen Situationen gebetet, mich in Gedanken auf ein schwieriges Thema vorbereitet oder unmittelbar vor einer wichtigen Veranstaltung noch einmal Ruhe gesucht.

Während ich den Gartenweg entlang spazierte und über die bisherige Entwicklung nachdachte, fiel mein Blick auf einen großen Stein am Wegrand. Plötzlich erinnerte ich mich daran, wie ich mich vor vielen Jahren einmal auf diesen Stein gesetzt und gebetet hatte. Damals war ich gerade total verzweifelt und in unserer Arbeit gab es solche Schwierigkeiten, dass ich kurz davor stand, alles hinzuwerfen.

Innerlich bewegt betrachtete ich den Stein und als die Bilder der Vergangenheit wieder in mir wach wurden, überkam mich eine große Dankbarkeit. Mir wurde klar, wie liebevoll Gott mich in all den Jahren hindurch getragen hatte. Aber mir wurde auch bewusst, wie leicht ich hätte von diesem Weg abkommen können.

Ich setzte mich auf den Stein und blickte auf die Frühlingsblumen am Wegrand.

‚Wie gut, dass ich diesem wunderbaren Schöpfer damals die Führung meines Lebens übergeben habe. Wer weiß, was sonst aus mir geworden wäre‘, ging es mir durch den Kopf.

Während ich darüber nachdachte, zogen die verschiedenen Stationen meines bisherigen Lebens noch einmal an meinem inneren Auge vorbei: der Weg meiner Kindheit und Jugend, meine Sinnsuche als Musiker und Geschäftsmann, der Tod meines Vaters und schließlich der Tag, an dem ich mein Leben in Gottes Hände legte, mit all dem, was sich seit dem daraus entwickelt hatte.

Das Buch

„Schreibe das alles auf! Schreibe ein Buch!“, hörte ich plötzlich eine innere Stimme.

‚Ein Buch schreiben… Was?!‘, dachte ich. ‚Um alles in der Welt, wie soll das gehen? Und wen soll das interessieren, wo es doch schon so viele Bücher gibt!‘

Doch dann vernahm ich ganz klar Gottes Stimme: „Deine Geschichte ist nicht nur für dich. Ich habe sie mir ausgedacht, um damit viele Menschen zu ermutigen und ihnen zu zeigen, was für ein herrliches Abenteuer auf sie wartet, wenn sie ihr Leben in meine Hände legen.“

Ich war wie geplättet. Ein Buch schreiben! So etwas hatte ich noch nie gemacht und ich hatte auch überhaupt keine Vorstellung, wie ich so etwas angehen sollte. Zudem fragte ich mich, wo ich die Zeit für solch ein Projekt hernehmen sollte.

Doch unmittelbar als Antwort auf meine Gedanken hörte ich wieder Gottes Stimme in meinem Herzen: „Du hast jetzt genügend fähige

Mitarbeiter. Gib einfach noch mehr an sie ab und nimm dir die Zeit."

So begann ich schließlich mit dem Schreiben. Und je länger ich an dem Buch arbeitete, umso mehr staunte ich über die Geschichte, die Gott mit meinem Leben geschrieben hatte.

Und plötzlich wurde mir klar: Gott hat eigentlich für jeden Menschen wie eine Art Drehbuch geschrieben, einen einzigartigen Plan. Doch er zwingt niemandem seine wunderbaren Pläne auf, sondern er hält sie für diejenigen bereit, die zu ihm kommen und sich seiner Führung anvertrauen.

Wie glücklich konnte ich doch sein, dass ich diesen Gott gefunden hatte.

Kessi & Tilo im Februar 2015

Abspann

Die Geschichte meiner bisherigen Erlebnisse ist nun zu Ende erzählt. Doch das Abenteuer geht weiter. Ich weiß noch nicht genau, was in der Zukunft vor mir liegt, aber Gott hat einen Plan und ich bin mir sicher: Es wird spannend bleiben.

Auch für dich hält Gott ein einzigartiges Abenteuer bereit und deshalb möchte ich dich ermutigen: „Entdecke das Abenteuer *deines* Lebens!"

Es ist ganz einfach, den ersten Schritt zu gehen und Gott die Führung deines Lebens zu übergeben. Wenn du möchtest, kannst du folgendes Gebet sprechen, um diesen Weg zu betreten:

„Gott, hier ist mein Leben. Ich habe bisher versucht, mein Leben allein zu gestalten. Doch heute übergebe ich dir die Führung. Ich weiß, dass ich in meinem Leben Dinge getan habe, die dir nicht gefallen. Folgendes bekenne ich dir als Schuld: ...

Jesus, ich bitte dich, dass du mir meine Sünden vergibst. Danke, dass du für alle meine Schuld durch deinen Tod am Kreuz bezahlt hast. Danke für deine Vergebung. Ich nehme sie an und vergebe mir auch selbst. Ich lasse mein altes Leben jetzt hinter mir und folge dir nach. Bitte erfülle mich mit deinem Geist und erneuere mein Herz. Amen."

 **NEW**GENERAT**I**ON
CHRISTLICHE JUGENDBEWEGUNG

Clubs

Events

Communitys

Education & Network

NEW GENERATION kennenlernen

Wir möchten dich herzlich einladen, NEW GENERATION näher kennen zu lernen.

Auf unserer Homepage www.NewGeneration.de findest du alle aktuellen Informationen zu unseren Standorten, Events, Communitys und weiteren Angeboten.

Gern schicken wir dir auch unseren vierteljährlich erscheinenden Freundesbrief zu. Darin geben wir Einblicke in unsere Entwicklung, z.B. in welcher Stadt wir einen neuen Standtort planen.

Wenn du dich für unsere Ausbildungsstätte interessiert, findest du alle Infos unter: www.afcj.de

Falls du selbst Leiter oder Mitarbeiter einer Jugendarbeit bist, möchten wir dir die Angebote unseres Jugendleiternetzwerkes hopeline empfehlen: www.hopeline.de

Verschiedene Möglichkeiten, wie du die Arbeit von NEW GENERATION unterstützen kannst, findest du ebenfalls auf unserer Homepage.

Wir danken dir für dein Interesse!

Dein NEW GENERATION-Team

Church for young People

www.NewGeneration.de

NEW GENERATION-Club Chemnitz

Impressionen